U0097472

古典文獻研究輯刊

二三編

潘美月・杜潔祥 主編

第6冊

清代穀梁學（上）

吳連堂 著

國家圖書館出版品預行編目資料

清代穀梁學（上）／吳連堂 著 -- 初版 -- 新北市：花木蘭文化出版社，2016〔民 105〕
序 4+ 目 12+216 面；19×26 公分
（古典文獻研究輯刊 二三編；第 6 冊）
ISBN 978-986-404-845-8（精裝）
1. 穀梁傳 2. 研究考訂
011.08　　105015202

古典文獻研究輯刊
二三編　第六冊　　ISBN：978-986-404-845-8

清代穀梁學（上）

作　　者　吳連堂
主　　編　潘美月　杜潔祥
總 編 輯　杜潔祥
副總編輯　楊嘉樂
編　　輯　許郁翎、王筑　美術編輯　陳逸婷
企劃出版　北京大學文化資源研究中心
出　　版　花木蘭文化出版社
社　　長　高小娟
聯絡地址　235 新北市中和區中安街七二號十三樓
　　　　　電話：02-2923-1455／傳眞：02-2923-1452
網　　址　http://www.huamulan.tw　信箱　hml 810518@gmail.com
印　　刷　普羅文化出版廣告事業
初　　版　2016 年 9 月
全書字數　338628 字
定　　價　二三編 21 冊（精裝）新台幣 40,000 元

清代穀梁學（上）

吳連堂 著

作者簡介

吳連堂（1957～　）台灣雲林人，高雄師範學院國文研究所碩士，曾任國小、高職教師，現任正修科技大學副教授。著有《〈春秋穀梁經傳補注〉研究》（碩士論文）、《清代穀梁學》。

提　　要

本書為作者碩士論文《〈春秋穀梁經傳補注〉研究》之續作，旨在闡明清代《穀梁》著作之成就。全書分八章，第一章緒論，述研究動機、範圍、方去及撰述體例；二至七章依清代《穀梁》著作之性質，計分注疏之屬、論說之屬、考證之屬、校勘之屬、輯佚之屬、評選之屬六類，各立專章，同類之作復依著作先後之次，分立各節，述其成就、評其得失，凡五十四種；第八章結論，乃就清代穀梁學之風貌，作一整體之歸納。

序

本書爲余碩士論文《〈春秋穀梁經傳補注〉研究》之續作，旨在闡明清代《穀梁》著作之成就。全書分八章，第一章緒論，述研究動機、範圍、方法及撰述體例；二至七章則依清代《穀梁》著作之性質，計分注疏之屬、論說之屬、考證之屬、校勘之屬、輯佚之屬、評選之屬六類，各立專章，同類之作復依著述先後之次，分立各節，述其成就、評其得失；第八章結論，則就清代穀梁學之風貌特色，作一全面之觀照，以補各章節分述難見整體之不足。

初，余撰寫碩士論文，即擬以「清代穀梁學」爲題，請王熙元師指導研究，然以學力、時間均遠有不及，王師乃囑余先從鍾文烝《春秋穀梁經傳補注》入手。畢業後，因二度改易教職，加以心志蹉跎，直至五年前始復據王師《穀梁著述考徵》搜集、研讀、札記，期間値兩岸文化交流之日益暢通，原台灣地區未得見之著述，亦有幸搜得，其中惟劉曾騄《穀梁約解》因僅存孤本，館藏之北京圖書館適逢裝箱大修而未之見，是所憾焉；然尤感慟憾者，則王師於八十五年八月不幸遽歸道山，此誠學界之莫大損失，而余諸多疑難，更有求教無門之感。當日頗自責一己之蹉跎，未能於師之生前完成著作；今撰作初就，始稍堪告慰，或得以不負薰陶、指導之恩，然總覺若有所失。

余才學不敏，不敢期於創發，惟以勤謹自勉，其中疏陋，尚祈諸先進惠予賜正。

吳連堂　謹序

民國八十六年十二月于高雄澄清湖畔正修工商專校

再版序

本書 1998 年出版，時因館藏劉曾騄《穀梁約解》之北京圖書館大修，而未之見，之後有幸蒙該館複印搜得，並增補張佩綸《穀梁起癈疾補箋》一種，較原書多二種，都五十四種。今再版除新增前述二種，僅作少許文字校正。特爲序。

吳連堂　謹序

于高雄澄清湖畔正修科技大學

目次

上冊

下　冊

第一章　緒　論

第一節　研究動機

《穀梁》素稱孤微，不若《左》《公》之盛，清代以前僅存者惟晉范甯《集解》及唐楊士勛《疏》〔註1〕，至有清，經學復興，學者述作或兼及《穀梁》，如群經總義諸作即其顯例，而輯佚之學，亦以經部爲備，《穀梁》佚書之見爲徵引者，亦搜羅無遺，然皆非專著，其後公羊學勃興，而《穀梁》迄無專家，學者懔於微學將絕，而發憤述作，柳興恩〈穀梁大義述序〉云：

> 烏乎！自漢以來，《穀梁》師授既不敵二傳之多，至嘵嘵於癈疾、起癈疾之辨，抑末也。近阮相國刻《皇清經解》凡千四百卷，爲書百八十餘種，其中經師七十餘人，《公羊》《左氏》俱有專家，而《穀梁》缺焉；其著述中兼及之者，如齊侍郎《經傳考證》、王尚書《經義述聞》又多沿其支流，鮮克舉斯大義，故發憤卒業於此。

鍾文烝〈春秋穀梁經傳補注序〉亦云：

> 苟非有范甯、徐邈闡明於前，楊士勛輩纘述於後，則《穀梁傳》之在今日，幾何不爲十六篇《書》、三家《詩》之無徵不信哉？……竊以國家二百年來，經籍道盛，宜有專門巨編發前人所未發；且以范《注》之略而舛也，楊《疏》之淺而庬也，苟不備爲補正，將令穀

〔註1〕宋葉夢得有《春秋穀梁讞》，然爲駁詰《穀梁》之作；明鍾惺有《穀梁傳評》則爲文評之作，此略而不及。

梁氏之面目精采永爲《左氏》《公羊》所掩，謂非斯文之闕事乎哉？侯康著《穀梁禮證》，未能成書，亦曾囑陳澧以「此傳今爲絕學，君當努力」之語〔註2〕，此皆由《公羊》顯學而致意於《穀梁》述作，思欲繼此絕學，發其幽微，以顯其精采面目也。

清代《穀梁》，雖不及《左》《公》之盛，較諸前代，亦云盛矣！然今世《穀梁》學專著，亦僅數篇而已；其較著者有賴炎元《春秋穀梁傳義例》、王師熙元《穀梁范注發微》《穀梁著述考徵》、梁煌儀《春秋穀梁傳校證》、李紹陽《春秋穀梁傳時月日例研究》及拙著《〈春秋穀梁經傳補注〉研究》〔註3〕。賴氏、梁氏、李氏之作，分別就義例、校勘之專題而作；王師《穀梁著述考徵》於歷代《穀梁》著述，無論存佚，皆詳爲徵實考辨，《穀梁范注發微》則於歷來《春秋》《穀梁》之作，引述宏富，彙通眾說，蓋以范《注》所及之文字、義例、義理等分類系聯，可謂橫貫之統合，其中於清代《穀梁》著作，亦多所採擇，王師二書之作，有功於《穀梁》者大；拙著《〈春秋穀梁經傳補注〉研究》則王師指導完成之碩士論文，爲清代《穀梁》之專家研究。

本書之作，一爲前著之續作，由一家而擴及一代，且藉此對前作予增刪修訂；一則欲就清代《穀梁》著作，爲一全面之梳理，以明各家成就，亦前賢恐《穀梁》汩沒之意，並概見清代《穀梁》著作所呈顯之時代風貌。與王師之《穀梁范注發微》相較，師書引述諸家於各類之中，乃橫貫之統合，本書則著重呈顯各家完整之原貌，就諸作時代先後言，則有縱貫承繼之意味；師書取材不限時代，內容宏富，然無由得見范《注》所未及之諸多成績，本書以清代爲限，具時代性，於范《注》所未及之成績，欲藉此予以闡明，此研究之動機也。

〔註2〕參見第四章第三節。

〔註3〕賴炎元《春秋穀梁傳義例》見《慶祝林景伊先生六秩誕辰論文集》，政大中文研究所出版，58年12月；王師熙元《穀梁范注發微》爲王師博士論文（59年），後由嘉新水泥公司文化基金會出版，64年9月；《穀梁著述考徵》，台北：廣東出版社，63年2月；梁煌儀《春秋穀梁傳校證》爲梁氏碩士論文，文化學院中文研究所，67年；李紹陽《春秋穀梁傳時月日例研究》爲李氏碩士論文，國立臺灣師大國文研究所，84年12月；拙著《〈春秋穀梁經傳補注〉研究》爲碩士論文，國立高雄師院國文研究所，76年5月。又，王師著《穀梁著述考徵》，時兩岸尚未交流，或未得見原書而有未備或失考者，爲作〈穀梁著述考徵補正〉一文，《孔孟學報》第七十五期，87年2月。

第二節　研究範圍

本書以成書於清代之《穀梁》著作爲研究限斷，始張尚瑗《穀梁折諸》，終江愼中《春秋穀梁傳條指》，凡五十四種，其取捨原則如次：

《穀梁》專著：《穀梁》專著如柳興恩《穀梁大義述》、鍾文烝《春秋穀梁經傳補注》、侯康《穀梁禮證》等皆取之；唯姚鼐《穀梁傳補注》僅三頁九條，本書僅徵引一處，未專節論述。

二傳、三傳、四傳合論：《左》《公》《穀》三傳及胡安國《春秋傳》，有二傳、三傳、四傳合論者，概所不取，如汪中《公穀述義》、陳澧《東塾讀書記》之《春秋三傳》、萬斛泉《春秋四傳詁經》者是；然分述者取之，如張尚瑗《三傳折諸》之《穀梁折諸》、李富孫《春秋三傳異文釋》之《春秋穀梁傳異文釋》，而輯佚書劉兆《春秋公羊穀梁傳解詁》二傳分輯，江熙《春秋公羊穀梁二傳評》僅存《穀梁傳》部分，亦取之。

《春秋》通論：春秋通論不取，如毛奇齡《春秋毛氏傳》、江永《春秋地理考實》等是。

群經總義：群經總義類著作，其《穀梁》之部成績足道者取焉；篇卷寡少或成績不著者捨之。取之者有吳浩《十三經義疑》之《穀梁義疑》、惠棟《九經古義》之《穀梁古義》、余蕭客《古經解鉤沈》之《春秋穀梁傳經解鉤沈》、王引之《經義述聞》之《春秋穀梁傳述聞》、俞樾《群經平議》之《春秋穀梁傳平議》、《茶香室經說》之《春秋穀梁傳經說》、阮元《十三經注疏校勘記》之《春秋穀梁傳注疏校勘記》、汪文臺《十三經注疏校勘記識語》之《穀梁傳注疏校勘記識語》；不取者如何焯《義門讀書記》之《穀梁春秋》、馮登府《十三經詁答問》之《穀梁》。

此一研究範圍，與王師熙元《穀梁著述考徵》相較，除本書以專章論輯佚成績爲師書所無，另有吳浩《穀梁義疑》、余蕭客《春秋穀梁傳經解鉤沈》、王引之《春秋穀梁傳述聞》、俞樾《春秋穀梁傳經說》、汪文臺《穀梁傳注疏校勘記識語》、張佩綸《穀梁起癈疾補箋》亦爲《穀梁著述考徵》所未錄；至《穀梁著述考徵》所錄，本書未論者，則或未成書，或未刊、或未之見，其中確知其今存而本書未論者，除前述姚鼐《穀梁傳補注》，有蔡啓盛《穀梁傳窺》、楊國楨《春秋穀梁傳輯說》、《春秋穀梁傳音訓》及梁鼎芬、曹元弼同輯之《穀梁傳文鈔》四種。蔡氏《穀梁傳窺》僅六條，說無所見而未取；楊氏、梁氏之書，實非其著作，王師述作時兩岸尚未交流，未得見原書而失考也；此四種參見拙著〈穀梁著述考徵補正〉。

第三節　體例與方法

一、體　例

本書體例依一般述作原則，爲期名目清晰，特述其章節架構及書名省稱。

ㄅ、各章類屬

本書據王師熙元《穀梁著述考徵》之分類，計分注疏之屬、論說之屬、考證之屬、校勘之屬、輯佚之屬、評選之屬等六類，各立專章論述，其中輯佚之屬爲《穀梁著述考徵》所無，王師將輯佚之作述於原作者之存佚版本項下故也；如《起癈疾》之諸輯佚版本，均述於鄭玄《起癈疾》之目。此外，屬類與《穀梁著述考徵》異者，許桂林《春秋穀梁傳時月日書法釋例》原在〈條例之屬〉，廖平《起起穀梁癈疾》、《釋范》二書原在〈詰難之屬〉，本書均歸屬於〈論說之屬〉，以清代各僅得一、二種，不足成類也。另楊守敬《春秋穀梁傳考異》原在〈考證之屬〉，本書歸入〈校勘之屬〉，以其專校文字，與阮元《校勘記》爲近也。

又，同類之中依成書先後爲次。

ㄆ、各節架構

每節概分作者傳略、概述、成就、疏失、評價五項論述。輯佚之屬「作者」作「輯者」；其中或無疏失一項。

作者、輯者傳略者，述作者、輯者之生平、著作。

概述者，述該書之述作動機、態度、體制及大要等。

成就者，依各書體制大小、內容性質，或標目論述要義，或分類舉例分析，或羅列異同比較，各隨所宜，而以呈現該書成就爲歸趨，爲各節之主體。

疏失者，就作者態度、該書體制、理念、創說、論證、考據之誤謬失當處予以糾舉。其或無此項次者，或述其成就時已隨文論說；或無顯明疏失；或可道之成就小，乃特標其成就而略其疏失，以副此書闡揚《穀梁》精采之意旨。

評價者，綜論該書之成就、優劣、地位、影響等。

ㄇ、書名簡稱

本書所述著作，爲行文之便，或作簡稱，茲依章節先後之次，條列其全名及省稱對照。

作者	全名	簡稱
鍾文烝	春秋穀梁經傳補注	補注
廖平	穀梁春秋經傳古義疏	古義述
王引之	春秋穀梁傳述聞	穀梁傳述聞
許桂林	春秋穀梁傳時月日書法釋例	時月日書法釋例
柳興恩	穀梁大義述	大義述
俞樾	春秋穀梁傳平議	穀梁傳平議
廖平	起起穀梁癈疾	起起癈疾
張慰祖	穀梁大義述補闕	大義述補闕
江愼中	春秋穀梁傳條指	條指
齊召南	春秋穀梁傳注疏考證	注疏考證
李富孫	春秋穀梁傳異文釋	穀梁傳異文釋
阮元	春秋穀梁傳注疏校勘記	阮校
汪文臺	穀梁注疏校勘記識語	識語
丁寶楨	春秋穀梁傳校刊記	丁校
楊守敬	春秋穀梁傳考異	考異
劉承幹	穀梁疏校勘記	劉校

二、方 法

本書研究方法主要採內容分析法，以明各著作之要旨、特色；又《穀梁》乃逐條傳釋《春秋》，傳文之間多各明其義，故多數《穀梁》著作亦因之就經、傳、注、疏之單一義理、義例、文字訓校論述考辨，相互間之關涉少，缺少整體之體系架構，故時採逐一舉證分析論述。至輯佚之屬，或多家同輯一書則採比較法，羅列對照，以明其優劣；而同類屬之書，其成就，評價亦或予比較，以對顯各自成績。

第二章　注疏之屬

《穀梁》注疏，漢以下歷代有之，尤以兩晉為盛，今存者則僅范甯《集解》及楊士勛《疏》；至清代雖有數家，然或書未成，或未刊，或未得見，或篇帙寡少，〔註 1〕餘僅得鍾文烝《春秋穀梁經傳補注》及廖平《穀梁春秋經傳古義疏》兩家。

第一節　春秋穀梁經傳補注

一、作者傳略

鍾文烝（1818～1877）字朝美，號子勤，浙江嘉善人。道光二十六年舉人，候選知縣，歸，絕意仕進，同治二年入江蘇忠義局，主講敬業書院十二年，著有《春秋穀梁經傳補注》、《乙閏錄》等。生於嘉慶二十三年，卒於光緒三年，年六十。

二、概　述

鍾文烝《補注》二十四卷，卷首尚有〈論經〉二十條，〈論傳〉十五條，名「補注」者，〈自序〉云：

> 以范《注》之略而舛也……苟不備為補正……

是「補注」者，補正范《注》之謂。惟該書雖題「補注」，實不限於范甯《集

〔註 1〕參見王師熙元《穀梁著述考徵》（台北：廣東出版社，63 年 2 月）及第一章第二節〈研究範圍〉。

解》所及，於范氏所未及之義例、義理、訓詁、辭章及版本、校勘、三傳異文等亦多所論述。茲述其述作動機及態度。

ㄅ、述作動機

鍾氏補注《穀梁》之動機，在挽《穀梁》之微，並顯其面目精采也。鍾氏以爲《春秋》之大旨在正名盡辭，正隱治桓。而此義《左氏》《公羊》不能道，獨穀梁子稱述發明之；是《穀梁》者，《春秋》之本義也。惟自漢以來，《穀梁》頗爲幽微，蓋宣元以前《公羊》盛，明章以後《左氏》興，江左中興，謂《穀梁》膚淺，不足立學，至唐初謂之小書，《穀梁》益微，苟非有范甯、徐邈等之闡明，楊士勛輩之纘述，則《穀梁》恐不免亡佚之命運，至兩宋、元代，《春秋》學者皆沿唐啖助、趙匡、陸淳兼采三傳以成一家之通學之途，而不治歷來三傳各自爲說之專門，至有清二百年來，《穀梁》專門之學，亦僅柳興恩、許桂林數人，而鍾氏以范《注》略而舛，楊《疏》淺而庬，苟不備爲補正，將令《穀梁》之面目精采，永爲《左氏》《公羊》所掩，則誠斯文之憾事，故時時往來於心，所得漸多，乃詳爲補注，存范《注》之原文，擷楊《疏》之要義，繁稱廣引，起例發凡，敷暢簡言，宣揚幽理，條貫前後，羅陳異同，使典禮有徵，訓詁從朔，辭或旁涉，而事多創通，以補苴張皇二千年來說者之得失，而可無憾，此《補注》之所以作也。〔註2〕

鍾氏以大半心力，以成此書，其書之成，頗爲自重，亦頗自信，其〈略例〉云：

> 凡《春秋》中不決之疑，今悉決之，其未經人道者，竊比於梅鷟辯僞《書》，陳第談古韻。

其《乙閏錄》亦云：

> 梅鷟作《尚書考異》，確有見東晉古文之僞，而閻若璩、惠棟輩乃從而大明之；陳第作《毛詩古音考》，而顧炎武、江永輩乃從而大明之。道術之興有開，必先斯二人，雖章句之儒，抑豪傑之士矣。蒙之於《穀梁》，其能爲梅、陳乎？未乎？當俟後賢論定。

知鍾氏之於《穀梁》，自擬於梅鷟之辯僞《書》，陳第之談古韻，具開創之功。又云：

> 予於《春秋》之義理，有積思而自得者；有一見而即知者，要皆二

〔註2〕參見鍾氏〈補注自序〉。

千年來所未了，自以爲此中有天分矣！

足見鍾氏於《補注》之自重、自信。

ㄆ、述作態度

鍾氏補注《穀梁》經傳態度之較顯明者約有謹守穀梁、博采眾說及求詳能斷諸端，茲依次論述之。

1. 謹守穀梁

鍾氏以《穀梁傳》爲《春秋》之本義。(〈自序〉) 唯《穀梁》能闡明並詳盡《春秋》旨義，故《春秋》義即就《傳》解求之可也，不必另據他書，另起他解。於他家有可通於《傳》者，可取爲輔說，其有違異於《傳》者，則或駁之，或謂其不可通於《穀梁》。

范甯之注《穀梁》，有疑之者，有非之者，《補注》無之，且一一爲之釋疑駁斥，以迴護《傳》說。如范氏〈集解序〉云：「《穀梁》清而婉，其失也短」，鍾氏云：「文簡耳，非短也」，而《集解》中謂「甯所未詳」、「甯不達此義」、「《穀梁》義非」以疑《傳》非《傳》者計十三處，《補注》均一一申明駁斥。而何休之癈疾《穀梁》，鄭玄曾起之，鍾氏於鄭君之釋，大率從同，然亦偶有以鄭釋未備，或屈《穀梁》爲釋而未愜其意者，亦予申釋補正。如文三年，雨螽于宋，何休謂《穀梁》說與讖違，鄭釋以與讖無違，鍾氏謂鄭君意崇讖緯，姑作調人，以災異爲一，不復截然分別，於理固通，但非昔人家法。以《穀梁》自有其說，不必引讖緯作解。又如宣二年，宋師敗績，獲宋華元，《傳》云：「以三軍敵華元，華元雖獲不病矣」，何休以不病華元，當有變文，鄭君釋以兩書敗獲即爲變文，鍾氏則謂敗獲兩書爲常例，此經有盡眾救將之意，有不病華元之意，比類相校意自顯，鄭氏說無以折何氏，此不愜鄭釋而爲之補正者也。

其他之質《穀梁》者亦然，如隱四年《傳》以公子翬不稱公子爲與弒隱公而貶去，劉敞質以弒隱在七年後，不得預貶，鍾氏則謂史書記事，文有常體，自不得以後事追正前文，然《春秋》乃經書，主於明義，不必疑於預貶，《傳》之解經即爲經文之義，可見其守《傳》護《傳》之堅定周詳。

又鍾氏於他家說之見理者，則謂其「理固如此，非《傳》意」(隱元年)，「《左氏》一家之言，未可用也」(文元年)，「《公羊》之義，不可通於《傳》」(宣十年)。

由上以觀，足見鍾氏謹守《穀梁》之態度。

2. 博采眾說

鍾氏之補注《穀梁經傳》，凡足以補裨其說者，無不繁稱廣引，博采眾家以爲說。《左氏》《公羊》二家同說《春秋》，固無論矣，即群經、小學、群儒、諸子，並及同代同時之學者，或明引其文，或師用其意，或證成其說，或補其闕漏，隨處可拾，足見其於前人成就浸潤之深，用力之勤，而得以取精用宏，融會貫通，其〈自序〉云：

> 竊謂《穀梁》解《春秋》，似疏而密，甚約而該，《經》固難知，《傳》亦難讀，學者既潛心於茲，又必熟精他經，融貫二傳，備悉周秦諸子，及二千年說者之得失，然後補苴張皇，可無遺憾。

其讀《穀梁》如此，其補注《穀梁》則以此爲取材之源。鍾氏自云《補注》中明引姓名者三百餘焉〔註 3〕，其未明引及未知名姓者尚不知凡幾，則其搜羅，亦云盛矣，而其所以成其博大而無遺者以此。

3. 求詳能斷

《補注》於義例、義理、文字訓詁、禮制考證、版本校勘之說解，往往廣徵博引，羅陳異同，以求詳明。如桓二年《傳》:「以是知君之累之也」,《補注》於「累」字之訓解，即依次徵引《戰國策》、《玉篇》、《廣韻》、王逸、《毛詩傳》、〈康誥〉、《管子》、劉績、《公羊》、何休、糜信、孔廣森、李奇等十餘家之說，所論自正俗字、音切、字義、傳文正解，同傳他處訓解之同異，「累」與「及」之相通，以至他書於「累」字之訓解，他人訓解之不當與牽合，皆所謂求詳也。

惟求詳責備，非徒以輯列眾說、搜羅無遺而以爲能也，其旨在能窮究經義，正解文字，故求詳貴能通貫以明斷，方不致紛雜而無所歸趨，不惟無益，反致淆亂，〈自序〉云：

> 趙岐之拙，王弼之巧，皆失之不明，李鼎祚、衛湜之浩博，又苦於不斷；予期於明且斷而已矣。

如上例之「累」字，即明言其爲「延坐」，是所謂明斷也。

爲詳求詳不可，爲斷求斷而致武斷、妄斷亦不可，是以明斷雖爲鍾氏之所求，然《補注》中亦有「某氏之說亦以巧矣，姑記於此」（桓二年），「古書異說，不可強同」（桓四年），「其說皆未必然，姑記於此」（桓十八年），「古

〔註 3〕見〈春秋穀梁傳集解序注〉。

事無徵，群言殽亂，今姑並記之」（哀十二年）等語，知鍾氏《補注》有求斷而不必斷之謹愼態度。

鍾氏《補注》筆者曾撰有《〈春秋穀梁經傳補注〉研究》〔註 4〕，本文所述，概依該文作增刪改易，其增益之者如〈論經傳〉一節是；而刪削者多，約僅存原文十分之三，其中或近乎全章刪除者，如原文第一章〈作者生平述略〉，僅存前述之傳略，第五章〈論二傳及三傳異文〉，僅存〈三傳異文〉歸併於〈對經傳之發明〉，全節刪除者則有第二章第三節之〈體例〉，第三章第八節之〈刪移注文〉。刪除之者，或以其非要義，或以其體例不純；而留存之者亦力求精簡，如原文例證殊多，今則僅存一二例以概其餘；至如〈補注疏失〉一節，幾全錄之者，以其文短，且欲明疏失，如僅存一例，恐論證不足故也。

本文於該文之增刪改易，謹略述如上，爲行文之便，不復一一詳註。

三、成　就

甲、論經傳

ㄅ、論　經

鍾氏於《春秋》性質及旨義之見有〈論經〉二十條，《補注》中亦時述及，其中有承襲前賢，亦有證補闡發者，茲就其識見之可道者，分《春秋》以義爲重、《春秋》在立王綱、《春秋》在明是非決嫌疑、《春秋》在持世教、《春秋》在正人心五目，依次論說以明。

1. 春秋以義為重

鍾氏以孔子修《春秋》在修其辭以取其義，義明則止，於事或略，〈論經〉云：

> 孟子曰：「王者之跡熄而詩亡，詩亡然後《春秋》作，晉之《乘》、楚之《檮杌》、魯之《春秋》一也，其事則齊桓晉文，其文則史。孔子曰：其義則丘竊取之矣」，此言《春秋》以義爲重也。

又云：

> 《春秋》以義修辭，不以記事爲重。徐邈於重耳卒下論之曰：「事仍本史，而辭有損益」，又曰：「若夫可以寄微旨而通王道者，存乎精

〔註 4〕高雄師大國文研究所碩士論文，76 年 5 月。

> 義窮理，不在記事少多」，此數語包絡全旨，開釋群疑，爲諸儒所不及，學者先識此意，乃可與論《春秋》矣。

其〈論傳〉又云：

> 夫《春秋》之爲事，非董狐、南史、左史倚相、左丘明、司馬遷、班固之事也。乃欲以據事直書求之，或以網羅浩博考核精審求之，不亦淺乎？

以上皆論《春秋》以義爲主，所謂修辭以取義，假事以明義，因事以垂法，皆主於明義也。

2. 春秋在立王綱

孟子曰：「世衰道微，邪說暴行有作，臣弒其君者有之，子弒其父者有之，孔子懼，作《春秋》，《春秋》，天子之事也」，又云：「孔子成《春秋》，而亂臣賊子懼。」《穀梁》以隱公探先君之邪志，廢天倫，忘君父，以行小惠，故《春秋》深正之；桓公以弟弒兄，以臣弒君，天子不能定，諸侯不能救，百姓不能去，以爲無王之道，遂可以至焉爾，故《春秋》治討之。《補注》云：

> 隱之書正曰謹始也，又曰所以正隱也；桓之書王曰謹始也，又曰所以治桓也。文意一例，以明二字爲兩篇大要也。（桓元年）

又云：

> 無王之道，遂可以至此，孔子所以懼也。稱王治之，以大彰天下有王之義，此所以爲天子之事，而亂臣賊子懼也。內之變甚於外，桓之罪重於宣，故於桓特文以著義，明其餘皆從同矣。（桓元年）

知桓公不書王，以其不奉王法，元年書王，則是以王法治之，以立王綱，以彰天下有王之義，所謂天子之事也。《補注》云：

> 《春秋》撥亂反正，以當王法，故隱之始有正，桓之始有王，冠兩篇而冒全書者也……《春秋》成而亂賊懼，懼王治之也。（桓元年）

此皆論《春秋》在明王道，立王綱，以正王法。

3. 春秋在明是非決嫌疑

事有似是而非，似非而是，眞僞難明，邪正難分者，《春秋》則因之以定是非，別嫌疑，〈論經〉云：

> 以諸事之善惡、功罪、是非、眞似言之，如正隱則醇其善矣，治桓則盡其惡矣，美齊桓之正，則功多罪少矣，譏晉文之譎，則罪多功少矣。至如紀侯棄國，衛專避兄，荀息死不正，伯姬坐待火之類，似非而眞是也……宋襄守正非信，楚靈討罪非義，曹世子從父非孝，

> 臧武仲多智非道之類，似是而眞非也。

是《春秋》在明是非，斷疑似，別分善惡功罪。僖二年，城楚丘，《傳》云：

> 楚丘者何？衛邑也。國而曰城，此邑也，其曰城何也？封衛也。則其不言城衛何也？衛未遷也。其不言衛之遷焉何也？不與齊侯專封也。其言城之者，專辭也。故非天子不得專封諸侯，諸侯專封諸侯，雖通其仁，以義而不與也。

此《傳》論經不書「城衛」，在不與齊桓專封，以王法非天子不得專封諸侯。《補注》云：

> 竊意當日周既衰矣，衛既滅矣，設以聖人而爲齊桓，亦不過告王而封之，亦必不聽其終滅；而在齊桓，則謂之專封。

是以齊桓雖有存亡繼絕之德，以大法論，猶不得專封，所謂不以恩掩義也。

又如僖八年，禘於大廟，用致夫人，《傳》云：

> 用者不宜用者也，致者不宜致者也。言夫人必以其氏姓，言夫人而不以氏姓，非夫人也，立妾之辭也，非正也。夫人之，我可以不夫人之乎？夫人卒葬之，我可以不卒葬之乎？一則以宗廟臨之而後貶焉，一則以外之弗夫人而見正焉。

《補注》云：

> 貶者，謂貶去夫人氏姓，……正者，謂不直言成風，而言僖公成風也。……夫夫人之，夫人卒葬之者，紀其實也。貶焉，見正焉者，所謂《春秋》視人所惑，立說以明之也。

此謂稱夫人，紀卒葬，乃從實載紀，然又恐吾人誤以實然即爲可然、應然，故又從而貶焉，正焉，以釋人之疑，解人之惑。《補注》又舉證云：

> 桓也而公，我亦公之，文姜也而夫人，我亦夫人之，楚商臣、蔡般而楚子、蔡侯，我亦楚子、蔡侯之。惑則有說焉，桓不可爲公，而王不討，疑若可也，故將公之，則先謹之；文姜不可爲夫人，而子念母，疑若可也，故既夫人之，而又貶之也。不惑則無說焉，楚商臣、蔡般，夫人而知其不可爲楚子，不可爲蔡侯也，故楚子之，蔡侯之，如恆文也。

此皆《春秋》在明是非、決嫌疑也。

4. 春秋在持世教

《春秋》褒諱貶損，因事立法以垂教，〈論傳〉云：

《穀梁》多特言君臣、父子、兄弟、夫婦與夫貴禮賤兵，內夏外夷之旨，明《春秋》爲持世教之書也。

桓二年夏四月，取郜大鼎于宋，戊申，納于大廟，《傳》云：

桓內弒其君，外成人之亂，受賂而退，以事其祖，非禮也，其道以周公爲弗受也。

《補注》云：

以亂助亂，以賂事祖，非禮如是，書不可遺。

此謂桓公成亂助亂，受賂以事祖，非禮之大，不可不書，故《春秋》書納以示弗受之義，所謂持世教也。

宣十七年，公弟叔肸卒，《傳》云：

其曰公弟叔肸，賢之也。其賢之何也？宣弒而非之也？非之則胡爲不去也？曰：「兄弟也，何去而之？」與之財則曰：「我足矣」，織屨而食，終身不食宣公之食，君子以是爲通恩也，以取貴乎《春秋》。

范《注》云：

泰曰：宣公弒逆，故其祿不可受，兄弟無絕道，故雖非而不去，論情可以明親親，言義足以厲不軌，書曰公弟，不亦宜乎？

《補注》云：

以是爲通恩者，謂不去也。《疏》曰：「衛侯之弟鱄去君，《傳》云合於《春秋》；此不去君，云取貴於《春秋》者，《易》稱君子之道，或出或處，或默或語，鱄以衛侯惡而難親，恐罪及己，故棄之而去，使君無殺臣之惡，兄無害弟之愆，故得合於《春秋》。此叔肸以君有大逆，不可受其祿食，又是孔懷之親，不忍奮飛，使君臣之節兩通，兄弟之情俱暢，故取貴於《春秋》。叔肸書字，鱄直稱名者，叔肸內可以明親親，外足以厲不軌，比鱄也賢乎遠矣，故貴之稱字；鱄雖合於《春秋》，無大善可應，故直書名而已。」

此論兄弟之道。叔肸與鱄，一處一出，皆合於《春秋》，而叔肸與宣公，鱄與衛獻，情境不同，因應之道亦自有別。叔肸非之而不去，論情可以明親親，言義足以厲不軌者，正所以明世教也。

又如書趙盾、許止之弒君，《傳》云：

於盾也見忠臣之至，於許世子止見孝子之至。（宣二年）

《補注》引《疏》曰：

《春秋》必加弒於此二人者，所以見忠孝之至故也。忠孝不至，則加惡名，欲使忠臣睹之，不敢惜力，孝子見之，所以盡心，是將來之遠防也。盾與止加弒是同，而許悼書葬，晉靈不書葬者，止失嘗藥之罪輕，故書葬以赦止，盾不討賊之罪重，故不書晉侯葬，明盾罪不可原也。

又引蘇轍曰：

言忠臣之至，孝子之至者，所以爲教也，非以爲法也。

以上所論，皆所以證《春秋》在持世教也。

5. 春秋在正人心

人事本於人心，欲正人事，先正人心，《春秋》者，正人心之書也。〈論傳〉云：

《穀梁》往往以心志爲說，以人己爲說，桓文之霸，曰信、曰仁、曰忌；僖文之於雨，曰閔、曰喜、曰不憂，明《春秋》爲正人心之書也。持世教，易知也，正人心，未易知也；然而人事必本於人心，則謂《春秋》記人事即記人心可也。

齊桓晉文爲春秋二霸，同以尊周室，攘夷狄，見賢於《春秋》，而《傳》之論齊桓曰：

桓會不致，安之也，桓盟不日，信之也，信其信，仁其仁。（莊二十七年）

於晉文之侵伐曹、衛則曰：

忌也。（僖二十八年）

此乃因齊桓開誠佈公，得信於諸侯，故衣裳之會，未嘗有歃血之盟，與其信，與其仁，以其誠心也；而晉文之侵曹、衛，徇私以報怨也。《補注》云：

晉文初念，實主修怨，故經以忌爲義。

桓文之異，非事功之異也，其心之異也，知《春秋》之褒貶稱抑，往往究極其行事之根源，斷之於其意動之初。僖公於雨之勤閔，文公之不憂，亦皆論其心也。故《補注》云：

《春秋》以一心正萬心，《傳》諸解經曰「探邪志」，曰「處心積慮」，曰「以入人爲志」。……呂祖謙曰：「史，心史也；記，心記也。」（隱二年）

皆所以明《春秋》在正人心。

ㄆ、論　傳

鍾氏於《穀梁》有〈論傳〉十五條，《補注》中亦時論及之，撮其要者有以《傳》爲《春秋》之本義、以《傳》能盡《春秋》之精微、以《傳》專釋經義，茲分述之。

1. 穀梁為春秋之本義

鍾氏以正隱治桓在立王法，爲《春秋》之大旨總要，《穀梁》揭之卷首，此爲《左氏》《公羊》所不能道，且《左氏》不傳《春秋》，而《公羊》既缺《春秋》大旨，又以去聖久遠，多所疏略，且爲齊學，語多妄說，故以《穀梁》爲《春秋》之本義。其〈自序〉云：

> 魯之《春秋》，魯所獨也，孔子之《春秋》，孔子所獨也。……孔子所獨者，是非二百四十二年之中，修其辭以明其義，子游子夏不能贊一辭，改一字，故梁、鄭正其名，石鷁盡其辭，正隱、治桓，皆卓然出於周初典策之上，夫梁、鄭之事，舊文也，而名有所必正，則其加損舊文者可知矣。石鷁之事，微物也，而辭有所必盡，則大焉者可知矣。正隱、治桓，揭兩字於卷首，則全書悉可知矣。然斯義也，《左氏》《公羊》不能道，獨穀梁子稱述而發明之，實爲十一卷大旨總要之處，推之千八百事，無所不通，故《穀梁傳》者，《春秋》之本義也。

又云：

> 漢博士言《左氏》不傳《春秋》，實以其書專主記事，不若二家純論經義。二家之中，《公羊》當六國之亡，《穀梁》去孔子近，則見聞不同；公羊五傳至其玄孫，當漢孝景時，始著竹帛，穀梁作《傳》，親授荀卿，則撰述亦不同；《公羊》爲齊學，《穀梁》乃魯學，則師承又不同。今觀《穀梁》隕霜不殺草之傳，據《韓非書》，乃夫子答哀公問《春秋》之語，而《公羊》無之。《穀梁》引尸子、公子啓、蘧伯玉、沈子之外，有稱「傳曰」者十，傳者，七十子所記，其來甚古。……而《公羊》又無之，以公羊氏所未聞，明穀梁氏之近古。……知其爲《春秋》之本義無疑也。

以上皆論《穀梁》爲《春秋》之本義，爲《左》《公》所未能及。

2. 穀梁能盡春秋之精微

鍾氏以《穀梁》爲《春秋》之本義，且能盡《春秋》之精微奧義，〈自序〉云：

《穀梁》解《春秋》，似疏而密，甚約而該。

〈論經〉云：

> 魯史記之爲信史也，其體嚴，其事重也，修之若無可修也，以義斷之，又甚難言也。而觀於《穀梁傳》，則述作新舊之間，去留加損之際，章之離合，句之繁約，字之先後，亦既一一精其義而深其文辭矣。

此謂《穀梁》之釋經，能明切入深，於述作、加損、離合、繁約、先後，皆能既精且深，闡發幽微。〈論傳〉亦云：

> 《穀梁》往往以心志爲說，以人己爲說。桓文之霸，曰信、曰仁、曰忌；僖文之於雨，曰閔、曰喜、曰不憂，明《春秋》爲正人心之書也。持世教，易知也，正人心，未易知也，然而人事必本於人心，則謂《春秋》記人事即記人心可也。謂孟子亦欲正人心，直承上文成《春秋》可也。災異以人事統之，又所謂洛水警余者也。故《春秋》非心學，亦心學也，唯《傳》知之。

此謂持世教《左》《公》亦可及之，至《春秋》爲心學，則唯《穀梁》能盡幽微。

又如《傳》論隱公不書即位云：

> 公何以不言即位？成公志也。焉成之？言君之不取爲公也。君之不取爲公何也？將以讓桓也。讓桓正乎？曰：不正。《春秋》成人之美，不成人之惡，隱不正而成之何也？將以惡桓也。其惡桓何也？隱將讓而桓弒之，則桓惡矣，桓弒而隱讓，則隱善矣。善則其不正焉何也？《春秋》貴義而不貴惠，信道而不信邪，孝子揚父之美，不揚父之惡。先君之欲與桓，非正也，邪也；雖然，既勝其邪心以與隱矣，已探先君之邪志，而遂以與桓，則是成父之惡也。兄弟，天倫也，爲子受之父，爲諸侯受之君，已廢天倫，而忘君父，以行小惠，曰：小道也。若隱者可謂輕千乘之國，蹈道則未也。

《補注》云：

> 《傳》云：「隱十年無正，隱不自正也；元年有正，所以正隱也」，是即《春秋》不正隱讓之微文也。

楊士勛《疏》以隱公上奉天王之命，下承其父之託，百姓已歸，四鄰所與，苟探先君之邪心，而陷父於不義，開篡弑之原，啓賊臣之路，卒使公子翬乘釁而動，自害其身，故謂之小道。《補注》云：

小惠非義也，小道非道也，邪也。

其說甚正。讓美則成之，惠小則不正之，所謂《春秋》常於其嫌得者見其不得也。《傳》所以詳論隱之不正者，即懼世之以惠爲義，以隱讓爲合道，故闡其幽微，別其嫌疑，《補注》云：

《傳》以成志之文著，而不正之文微，故詳言以明之。

此知《穀梁》能隨輕重而曲直之，以盡《春秋》之隱微。

3. 穀梁專釋經義

鍾氏以《穀梁》釋經在明義理，義明則止，不論事跡，故於史實概從簡略。《補注》云：

凡《傳》專釋經之取義。（隱元年）

《傳》不論史。（隱三年）

於隱公薨下又云：

桓公與公子翬弒隱公，《傳》不如《左氏》《公羊》明言其事，但於前後略見之。《傳》似此者多矣：以內之大事言之，如文姜、齊襄之殺桓公，哀姜、慶父之賊般、閔，季子之討慶父，宣公、仲遂之殺惡、視，意如之出昭公，陽虎之竊國寶，《左氏》載其事甚詳，《公羊》亦明述其事，獨此《傳》於經各當文下既不一言，其發傳於他處者，亦皆隱約其辭，而無紀錄事跡之語，若此者何也？《傳》之釋經，主於明義，義明則止也，經文書法簡婉深微，其實經之當文及前後文，未嘗無以見之，故《傳》亦於當文前後文明其義，所見而止，不復敘述事跡也。（隱十一年）

鍾氏以爲，《穀梁》不論史事，乃義明則止，好從簡略，非所知之事少。〈論傳〉云：

於事雖略，未嘗多所遺失。

《補注》云：

全《傳》十一卷，義最該密，而文或簡略，季子之鴆叔牙，叔彭生之死，歸父之遣，與夫宋宣、繆之讓國，殤、閔之被弒，孔父、仇牧之死難，華元之平楚，陳袁濤塗之誤齊桓，晉荀息之死難，齊豎刁、易牙之爭權，逢丑父之救君，陳乞之迎陽生，衛叔武之被殺，甯殖之命子，鄭弦高之犒秦師，楚莊王之赦鄭，靈王之經死，《左氏》《公羊》皆有明文，《傳》絕無之，又《公羊》載曹子之劫齊桓，孔子之行乎季孫，曹羈之諫君，齊高子之城魯，《傳》亦絕無之。又《公羊》解經有衛石踖、鄭高克、楚子玉、得臣、晉先軫、曹公子喜時等姓氏名字，《傳》皆不具，夫此數十事者，公羊高尚能得之於師，則穀梁子尤當知之，今皆隱約其辭，或沒而不說，是其好從簡略矣。（隱十一年）

是鍾氏以爲《穀梁》於史事之無文、隱約，乃沒而不說，好從簡略。然亦有以習知其事，習聞其義，而備述之者，《補注》云：

然則內事如獲莒挐、敗鹹、叔肸卒、叔倪卒、至自頰谷，外事如滅夏陽、盟召陵、盟葵丘、殺里克、滅黃、戰泓、敗殽、殺陽處父、弒夷皋、殺泄冶、戰鞍盟爰婁、梁山崩、宋災、伯姬卒、殺慶封、宋衛陳鄭災、弒買、唁乾侯、戰伯舉、入楚、歸脤、會黃池，此二十七傳者，何以述事獨詳，蓋作書時，意有所到，偶然詳之，或以當時習知其事，習聞其義，因備述於《傳》，如滅夏陽一條，則《戰國策》魏謂趙王論晉人伐虢之事，《春秋》罪虞之義可相證也。桓譚謂《穀梁》之書殘略，多所遺失，是謂《傳》所不載者，並是不知其事，豈其然乎？（隱十一年）

綜言之，《穀梁》釋經，取義爲主，義明則止，史事非其所著重，故大體從略。

乙、對范注之證補

鍾氏以范《注》簡略，又舛誤多有，苟不備爲補正，將令《穀梁》之面目精采，永爲《左氏》《公羊》所掩，此《補注》之所以作也。〈略例〉云：

凡范《注》全載。

而後繁稱廣引，起例發凡，敷暢簡言，宣揚幽理，條貫前後，羅陳異同，使典禮有徵，訓詁從朔，此即證補范《注》之舛略也。

綜言之，《補注》於范《注》之證補有指明范《注》取材之源、文詞訓釋之證補、禮制說釋之證補、史實徵引之證補、地名考釋之證補、補「甯所未詳」、糾《注》失當等，此一證補，拙著《〈春秋穀梁經傳補注〉研究》第三章〈對范注之證補〉已作詳論，本文僅撮取其大要，並略引一二例以爲輔說，其中論述、例證，亦間有改易，附說於此，不另一一詳註。

ㄅ、指明范注取材之源

范注《穀梁》多所取材〔註 5〕，其中或明引其書其人，或直引而不名，《補注》往往爲之指明，其大要有以《穀梁》傳例爲注，《補注》指明傳例之所在；有指明范《注》本諸《左氏傳》、《注》、《公羊傳》、《注》，或群書諸儒等，茲舉二例以明。

△桓六年：「子同生。」

《傳》：「時曰：同乎人也。」

范《注》：「時人僉曰：齊侯之子，同於他人。」

《補注》：「范解同乎人，本《左傳》徵舒似女亦似君之意。」

連堂案：《左傳》宣十年：「陳寧公與孔寧、儀行父飲酒於夏氏，公謂行父曰：『徵舒似女。』對曰：『亦似君。』」《補注》以范《注》本此。

△宣八年：「葬我小君頃熊。」

范《注》：「文夫人姜氏大歸於齊，故宣公立己妾母爲夫人，君以夫人禮卒葬之，故主書者不得不以爲夫人。」

《補注》：「《注》首二語本鄭君《駁異義》說，見《通典》。」

連堂案：此指明范《注》本諸鄭君，語出《通典》卷七十二〈諸侯崇所生母議〉引。

ㄆ、文辭訓釋之證補

范《注》於經傳文詞之訓釋，或有缺略，鍾氏爲之證補，其大要有文字訓詁之證補、文意說解之證補、名氏稱謂之證補，茲依次述之。

1. 文字訓詁之證補

范注《穀梁》，訓詁之成績多有可觀，然或有簡略未盡之處，《補注》或引字書、古注，以明其爲本義，爲引申義，爲假借義，爲古今字，或間亦闡釋訓詁之理。

△文十一年《傳》：「弟兄三人，佚害中國。」

范《注》：「佚，猶更也。」

《補注》：「佚即迭字，故訓更。《孟子》『迭爲賓主』，張鎰所見本或作『佚』。宋本《大戴禮・禮三本》『情文佚興』，元本作『迭』」。

〔註 5〕王師熙元《穀梁范注發微》（嘉新水泥公司《文化基金會叢書・研究論文》第二七〇種，64 年 9 月）有專章詳析范氏取材之源，見該書第二章。

連堂案；范以更訓佚，知佚即迭之假借字，然未明言而直爲之釋，《補注》明之。

2. 文意說解之證補

范注經傳有言其然，而未言其所以然者，《補注》或闡明之，有釋義而未盡者，舉證未盡者，《補注》增補之，備舉之。

△隱五年：「宋人伐鄭圍長葛。」

《傳》：「伐國不言圍邑，此其言圍何也？久之也。」

范《注》：「古者師出不踰時，重民之命，愛民之財，乃暴師經年，僅而後克，無仁隱之心，而有貪利之行，故圍伐兼舉以明之。」

《補注》：「《注》以重命愛財說不踰時義，其說未備。《詩》曰：『女心悲止，征夫歸止』，毛《傳》曰：『室家踰時則思』，《白虎通》曰：『古者師出不踰時者，爲怨思也。天道一時生，一時養，人者天之貴物也，踰時則內有怨女，外有曠夫。』」

連堂案：《補注》引怨女曠夫之說，以補《注》說，契合人倫情性，而傳義完足。

△隱十一年《傳》：「其不言葬何也？君弒賊不討，不書葬，以罪下也。」

范《注》：「責臣子也。」

《補注》：「《公羊》曰：『以爲無臣子也』，又曰：『子沈子曰：葬，生者之事也。《春秋》君弒賊不討，不書葬，以爲不繫乎臣子也。』」

連堂案；范《注》「責臣子」之說，有斷無案，過於簡略，《補注》引《公羊》釋其所以然之理。

3. 名氏稱謂之證補

《春秋》紀人，或稱名，或稱字，或稱爵，或稱人，或進而稱子，或退而不名，其稱謂不同，義亦有別，而褒貶進黜亦由是而顯。范注《穀梁》，於此義例亦多所發明，而《補注》補其缺略。

△僖二十八年：「晉侯入曹，執曹伯，畀宋人。」

《傳》：「畀，與也。其曰人何也？不以晉侯畀宋公也。」

范《注》：「畀，上與下之辭，故不以侯畀公。」

《補注》：「此猶桓三年不以齊侯命衛侯也。人者眾辭，故不嫌也。」

連堂案：此宋人爲宋公，《補注》以人爲眾辭，不嫌有下與上之不合尊卑情事，使范《注》更詳明。

ㄇ、禮制說釋之證補

禮者所以定名分，分定而人人各守其職，各盡其分，且得免於爭亂，故古人爲別政治、倫常之貴賤尊卑，有一繁複細密之禮制，惟禮制具時代性，往往代有因革，故雖古籍備載，然眾說紛陳，莫衷一是。惟苟不究明之，則何者循禮？何者悖禮？無以爲斷，致名分難分，是非莫辨，故《補注》於范說未盡處，時詳加徵引，而善加取抉。

△莊三十二年：「公薨于路寢。」

《傳》：「路寢，正寢也，寢疾居正寢，正也。」

范《注》：「公薨皆書其所，謹凶變。」

《補注》：「平時恒寢於燕寢，或夫人之寢。《詩》言『與子同夢』是也。疾則移居正寢，此是正禮，自天子通於士。」

連堂案：公夫人其平時寢處，疾時寢處，皆有定所，此儀節禮制所規範者也。合則順禮，違則悖禮，《春秋》時辨明之。僖三十三年，公薨于小寢，《傳》曰：「小寢，非正也」，范《注》：「小寢，內寢，非路寢」，《補注》：「《左傳》曰：『即安也』，服虔曰：『小寢，夫人寢也，譏其近女室』，杜亦曰：『夫人寢也，譏公就所安，不終於路寢』，故傳以薨于路寢爲正，薨于小寢爲非正。夫人亦然，隱二年，夫人子氏薨，《傳》曰：「夫人薨不地」，范《注》：「夫人無出竟之事，薨有常處」，《補注》云：「常處者，小寢也」，是皆有其定所也。

ㄈ、史實徵引之證補

《春秋》之旨要，非所記之事，非所記之文，而在其事其文所寄託之義。惟《春秋》者，原爲史書，孔子之寄託，乃因事以明義，非隱沒史事，改易史事而別出義理，故苟不明史實，而曲爲解說，則於理雖辯，亦恐非經傳之義。《補注》中有補范《注》史實徵引者。

△僖二十三年：「齊侯伐宋圍閔。」

《傳》：「伐國不言圍邑，此其言圍何也？不正其以惡報惡也。」

范《注》：「前十八年，宋伐齊之喪，是惡也。今齊乘勝而報，是以惡報惡也。」

《補注》：「胡銓、趙鵬飛、家鉉翁並謂齊孝公以怨報德，此似是而非也。宋伐齊喪，立孝公，自一人言之，則以立我爲德，自一國言之，則以伐喪爲惡，《春秋》貴義而不貴惠，故當以惡論。」

連堂案：此《補注》以立齊孝公之史實，以辨明宋於齊之德與惡。《左傳》：「僖十七年冬十月乙亥，齊桓公卒。易牙入，與寺人貂因內寵以殺群吏，而立公子無虧，孝公奔宋。……十八年春，宋襄公以諸侯伐齊，三月，齊人殺無虧，齊人將立孝公，不勝四公子之徒，遂與宋人戰，夏五月，宋敗齊師于甗，立孝公而還。」是就齊孝一人言之，是德也；就一國言之，則宋伐齊喪，是爲惡也。今孝公以國君之位，是代一國而報之，不得以「以怨報德」責之，仍當如傳之「以惡報惡」；此明史實以釋義而義正。

ㄉ、地名考釋之證補

《補注》云：

范諸說地名皆本杜預。（隱元年）

《補注》說是也。范注地名，絕大多數皆同杜預，其異於杜者，或范未考知杜之注處，或不明杜《注》，因而誤注，或杜誤注，范氏不從，或杜《注》與《穀梁》異，范從傳不從杜。《補注》於兩者之異，及范《注》誤者，輒正定之。

△襄八年：「季孫宿會晉侯、鄭伯、齊人、宋人、衛人、邾人于邢丘。」

范《注》：「邢丘，地。」

《補注》：「當云晉地，見《左氏》宣六年傳，故此處杜無注，甚矣，范之疏也。」

連堂案：《左傳》宣六年：「赤狄伐晉，圍懷及邢丘」，杜《注》：「邢丘，今河內平皋縣」，此由《左傳》可知邢丘爲晉地，故杜未注國名，直云其屬縣。而范未考邢丘於《左傳》，已前見於宣六年，見此經杜預未有注，故注曰「地」，而《補注》責其疏矣。

△莊三十二年：「城小穀。」

范《注》：「小穀，魯邑。」

《補注》：「杜預曰：『小穀，齊邑，濟北穀城縣城中有管仲井』，范不從之，范是也。《左氏》昭十一年傳：『楚申無宇曰：齊桓公城穀，而寘管仲焉』，則是『穀』也，非『小穀』也。齊有『穀』，魯有『小穀』，孫復曰：『曲阜西北有小穀城。』」

連堂案：杜預《釋例・土地名・齊地》云：「穀、小穀，二名，濟北穀城縣城中有管仲井」（卷六），是杜預以「穀」、「小穀」爲一。江永《春秋地理考實》云：「《彙纂》程氏迥曰：『齊地別有穀，在濟北，有管仲井，非小穀也』，今案：齊之穀，今為東河縣，見莊七年夫人姜氏會齊侯于穀，又莊二十三年公及齊侯遇于穀，僖二十八年公以楚師伐齊取穀，文十七年公及齊侯盟于穀，成五年叔孫僑如會晉荀息于穀，哀二十七年傳齊師違穀七里，皆齊穀；若此年小穀，自是魯地。」（卷一）今復以《春秋》書法證之。《春秋》書「城某」者凡二十一，其中十九例為魯內邑，餘二例，一為僖二年「城楚丘」，此為特例，《穀梁》有說，如非特筆，則當書「齊侯城衛」，不與「城某」同書例矣。另一為定十五年「城漆」，然襄二十一年：「邾庶其以漆、閭丘來奔」，是漆近於魯，此時蓋已屬魯邑。是由《春秋》書法考之，此經「城小穀」亦當為魯之內邑，范是杜非也。

七、補甯所未詳

范注《穀梁》，於經傳意旨未能確審之處，多出以「甯所未詳」或「甯不達此義」，考之全書凡十三處。陳澧《東塾讀書記》云：

> 范《注》多稱「甯所未詳」：隱九年，天王使南季來聘，《傳》云：「聘諸侯，非正也」，范《注》云：「《周禮》：天子時聘以結諸侯之好。《傳》曰聘諸侯非正，甯所未詳」，此因《穀梁》與《周禮》不合，不敢定是非也。莊元年，齊師遷紀郱鄑郚，范《注》云：「或曰之說，甯所未詳」，此以或說為非，而不駁之也。定六年，仲孫何忌如晉，《注》云：「仲孫忌而曰仲孫何忌，甯所未詳」，《公羊傳》曰：「譏二名」，此不信《公羊》之說，而不駁之也。有因何邵公之說不通，范氏但云「甯所未詳」者，桓四年夏，天王使宰渠伯糾來聘，范《注》云：「下無秋冬二時，甯所未詳」，楊《疏》云：「何休云：『桓無王而行，天子不能誅，反下聘之，故去二時以見貶』，范以五年亦使臣聘，何以四時皆具？七年不遣臣聘，何因亦無二時？故直云甯所未詳也。」（澧案：桓七年無秋冬，定十四年無冬，昭十年十有二月不書冬，莊二十有二年以五月首時，何休之說皆謬，范皆云「甯所未詳」。）莊三十二年，公子牙卒，成十六年，公至自會，昭十二年，晉伐鮮虞，《注》皆引鄭君說，而云「甯所未詳」，范氏最尊鄭君，而猶云未詳，慎之至也。（卷十）

陳氏所舉凡十一，另有僖八年秋七月，禘于大廟，范以〈雜記下〉云：「七月而禘，獻子為之」，然此時未有獻子，故謂「〈雜記〉之云，甯所未詳」。哀二年，晉趙鞅帥師納衛世子蒯聵于戚，《傳》曰：「以輒不受父之命，受之王父」，范以如傳說乃是拒父，故引江熙說以駁傳，而稱「甯不達此義」。於此十三處，鍾氏《補注》皆一一釋疑駁辯，茲舉二例以概見。

△桓四年：「夏，天王使宰渠伯糾來聘。」

范《注》：「下無秋冬二時，甯所未詳。」

《補注》：「下無秋七月、冬十月者，十四年《傳》曰：『立乎定哀，以指隱桓，隱桓之日遠矣！夏五，傳疑也』，明此亦爲世遠之故，仍史之闕，以示傳疑，傳於彼言之，則此可不發也。」

連堂案：范以何休說未洽，故闕疑，《補注》以傳世遠傳疑釋之。又桓七年無秋冬二時，莊二十二年以五月首時，范皆云「甯所未詳」，《補注》皆以爲世遠之故，史文殘闕，其說是也。

△昭十二年：「晉伐鮮虞。」

《傳》：「其曰晉，狄之也；其狄之何也？不正其與夷狄交伐中國，故狄稱之也。」

范《注》：「夷狄，謂楚也。何休曰：『春秋多與夷狄並伐，何以不狄也？』鄭君釋之曰：『晉不見因會以綏諸夏，而伐同姓，貶之可也，狄之太重。晉爲厥慭之會，實謀救蔡，以八國之師而不能救，楚終滅蔡，今又伐徐，晉不糾合諸侯，以遂前志，舍而伐鮮虞，是楚而不如也，故狄稱之焉。』厥慭之會，《穀梁》無傳，鄭君之說，似依《左氏》，甯所未詳，是《穀梁》意非。」

《補注》：「《疏》曰：『麋信云：「與夷狄交伐，謂楚伐徐，晉伐鮮虞是也」，范意與麋信同，范云甯所未詳，是《穀梁》意非者，疑鄭以厥慭之會謀救蔡者作《穀梁》意也。若然，范答薄氏亦言楚滅陳蔡，而晉不能救，棄盟背好，交相攻伐者，范意以晉不能救陳蔡者，不據厥慭之會故也。』文烝案：范謂如鄭所言，則《穀梁》意非矣。以傳指楚伐徐，而鄭乃指楚圍蔡滅蔡，疑未可用，與答薄氏意自是不同。《疏》誤會范意，而范又誤會鄭意也。鄭意亦謂傳指伐徐，特連圍蔡滅蔡言之，以盡其義，晉合諸侯，不能救蔡，致爲楚滅，今楚又伐徐，晉並不能合諸侯，乃伐鮮虞，《春秋》不正其交伐，故上書楚子，而此則狄晉，以明晉不如楚也。會厥慭不能救蔡，既據《左傳》文，亦本何氏意，觀《公羊注》可知。此條晉不見因會二句，亦是何氏自爲說，以釋狄晉之義，不復取義於伐徐，故鄭駁之，以爲狄之太重也。文烝統觀何、鄭、麋、范諸說，鄭最爲近之，而亦終有未盡。今案：襄二十七年盟于宋，晉楚弭兵，而三十年《傳》曰：『無侵伐八年』，則明昭元年晉荀吳敗狄一事，經所不論，以其絕遼遠也。自後楚三伐吳、滅厲、滅陳、圍蔡、滅蔡、殺蔡二君，至此又伐徐，背盟用兵，暴橫不道者，皆楚也；晉未嘗一用兵，用兵於此爲始，舍此不問，乃伐鮮虞，非有特文，不足著義，以其與夷狄交伐，則亦夷狄而已矣；故曰：『不正其與夷狄交伐中國，故狄稱之也』，中國兼陳、蔡、徐、鮮虞言之，成九年《傳》曰：『莒雖夷狄，猶中國也』，徐亦其比也，鮮虞則地近而同姓也。傳連陳、蔡，通謂之中國，要以晉不能伐楚，而反與楚共伐人，大概言之也。弭兵則善之，用兵則狄之，取義之相因也。楚則生名之，晉則狄之，立文之相稱也。經既深微，傳亦簡淡，自來遂失其解，實則前後貫通。」

連堂案：此《補注》釋范氏之疑，舉《疏》之誤，並補鄭玄說之未盡者。

3、糾注失當

范注經傳之誤失，《補注》有糾舉駁斥之者，其大別有誤據經例、不明經義、訓詁失當、不明史事、地名失考，茲各舉一例論述以概其餘。

△隱七年：「春王三月，叔姬歸于紀。」

《傳》：「其不言逆何也？」

范《注》：「據莊二十七年莒慶來逆叔姬言逆。」

《補注》：「其事全異，不得據也，當言據言歸當言逆。」

連堂案；此指范誤據經例。

△隱六年：「公會齊侯盟于艾。」

范《注》：「隱行皆不致者，明其當讓也。」

《補注》：「杜預曰：『凡公行還不書至者，皆不告廟也。隱不書至，謙不敢自同於正君書勞策勳』，杜意隱無告廟飲至之事，史不書至，此即大夫不爵命而不氏之比也；范意似謂史書至而經去之。經本不正其讓，成志之文，止可一見，不當屢見，則知注意非也。」

連堂案：《春秋》不以隱讓爲正，《穀梁》曰：「讓桓正乎？曰：不正」（隱元年），而范注「明其當讓」，故《補注》駁范不明經義。

△僖三十一年：「夏四月，四卜郊，不從，乃免牲。」

《傳》：「乃者，亡乎人之辭也。」

范《注》：「亡乎人，若曰無賢人也。」

《補注》：「《注》以亡爲無，以人爲賢人，凡傳言亡乎人者，《注》皆如此解之，皆非也。王引之曰：『亡讀存亡之亡，亡者，不在也，凡言亡乎人者，皆謂不在乎人。《荀子》曰：「制與在我，亡乎人」，與讀爲舉，舉，皆也，言制皆在我，而不在人，是「亡乎人」爲「不在乎人」之證也。《管子》曰：「邪行亡乎體，違言不存口」，《莊子》曰：「其在彼邪，亡乎我；在我邪，亡乎彼」，《准南子》曰：「物物者亡乎萬物之中」，是「亡乎」爲「不在乎」之證也。《禮・檀弓》曰：「亡於禮者之禮也，其動也中」，《荀子》曰：「禮以順人心爲本，故亡於禮經而順人心者皆禮也」，又曰：「然則鬥與不鬥邪，亡於辱之與不辱也，乃在於惡之與不惡也」，又曰：「故治亂在於心之所可，亡於情之所欲」，又曰：「吾所以得三士者，亡於十人與三十人中，乃在百人與千人之中」，《准南子》曰：「聖亡乎治人，而在於得道；樂亡於富貴，而在於得和」，是又「亡於」爲「不在於」之證也。《詩・唐風》曰：「予美亡此」，《禮・祭法》曰：「有天下者祭百神，諸侯在其地，則祭之；亡其地，則不祭」，《公羊傳》曰：「季子使而亡焉」，是又「亡此」爲「不在此」，「亡其」爲「不在其」，「亡焉」爲「不在焉」之證也。』文烝案；王說是也。李光地以爲亡乎人，猶俗言不由人意，亦是也。」

連堂案：此《補注》引王引之《穀梁傳述聞》駁范氏訓詁之失當也。

△昭十三年：「同盟于平丘，公不與盟。」

范《注》：「公以再如晉不得入，故不肯與盟。」

《補注》：「《注》非也。既曰不肯，何云不與。鄭伯逃歸不盟，直言不盟，爲不肯盟之文。此言不與盟，明其不得與於盟，非不肯也。據《左傳》，既會之後，邾、莒愬於晉，晉侯不見公，使叔向辭魯毋與盟，與沙隨不見公略相似，……今此不書不見公者，公既列會，則盟有可與之理，乃因不能治國，啓釁邾、莒，至爲所愬，屏不得與，故以公主其文，而書不與盟，不譏諸侯，獨譏公也。」

連堂案：此舉《左傳》證公不得與盟，以駁范《注》不明史事，謂公不肯與盟之說，並推論不得與盟，咎在公不能治國，故經譏之也。

△昭十八年：「許遷于白羽。」

范《注》：「白羽，許地。」

《補注》：「當云楚地。」

連堂案：杜預《左傳注》：「自葉遷也，畏鄭而樂遷，故以自遷爲文」，《左傳》:「遷許於析,實白羽」,杜《注》:「白羽改爲析」,杜注經傳多未明屬國,其未明者,已前見也。《左傳》僖二十五年:「秦人過析」,杜《注》:「析,楚邑,一名白羽」,而范未之考。程發軔《春秋左氏傳地名圖考》引《一統志》云:「析縣故城在河南內鄉縣西北,春秋時楚白羽地」〔註 6〕,知《補注》說是。而范所以誤者,此處杜預未言屬國,而經書「許遷于白羽」乃自遷之文,自是許之某地,故誤注爲許地也。

丙、對經傳之發明

《補注》除對范《注》之舛略予以證補外,其成就尤在於前人未及處多所創通。其大要有經文義例之發明、《穀梁》解經方式之析論、經傳文字之訓詁、經義之闡發、傳義之析論、《穀梁》文章特色之闡明、經傳文字之校勘、三傳異文之考釋諸端,茲依次論述。

ㄅ、經文義例之發明

《補注》於經文義例,據傳之釋經,多所闡明創通,茲分志疑、書重、以尊及卑以內及外、發凡、兩文互見、論諱、論史法經法、論遣詞造句等論述之,其中發凡亦兼及傳例。

1. 志　疑

《春秋》視人所惑,因人所疑而書,桓六年,子同生,《傳》云:「疑,故志之」,《補注》云:

> 《左傳》十八年:「文姜如齊,齊侯通焉」,彼時莊年已十三,次年而即位,人共見之,無所可疑;其所以疑者,時謂姜氏未嫁,已亂其兄,……君子案:「史記既書夫人至,又志子同生,使習其讀者,知夫人嫁魯,四年而生子,中間無如齊出會之事,則文姜雖惡,疑可釋矣。」〈內則〉說:「大夫生子,夫告宰名,宰書曰『某年某月某日某生』而藏之,宰告閭史,閭史書爲二。」以是推諸侯之禮,魯史書生,必不止此,君子於此獨存之,其爲以疑特志,不亦明乎?

此謂《春秋》所以書者,當時或疑莊公爲文姜通齊襄所生,故志疑以破疑,明疑非所疑也。

又如桓公以弟弒兄,以臣弒君,而仍君之,文姜弒夫,而仍夫人之,肆

〔註 6〕見第二篇〈春秋地名今釋〉,昭公十八年。台北:廣文書局,56 年 11 月,頁 233。

其大眚以葬之，人所疑也，《補注》云：

> 桓不可爲公，而王不討，疑若可也，故將公之，則先謹之也；文姜不可爲夫人，而子念母，疑若可也，故既夫人之而又貶之也。（僖八年）

此謂桓無王，元年書王以謹之；文姜弑夫，故書「夫人孫于齊」，不書姓以貶之，皆釋人以桓得爲公，文姜得爲夫人之疑。

此皆明《春秋》志疑之例。

2. 書　重

《春秋》之法，舉重而書，以其重可以包輕，又地位影響均大也。如書君不書某帥師，君行師從，君重於師也；書某師，不書某帥師，以帥師者非卿，重不如師，重眾也。《傳》云：「伐國不言圍邑，舉重也」（襄二十年），范《注》：「伐國重，圍邑輕，舉重可以包輕也」；書敗不書戰，《傳》云：「內不言戰，舉其大者也」（隱十年），《補注》云：

> 大猶重也，敗重於戰，言敗則戰可知，故舉重而書。

外災不志，災重則志，莊二十年，齊大災，《傳》云：「其志，以甚也」，范《注》：「外災不志，甚，謂災及人也」，《補注》云：

> 災及人故大，大，故志，重人也。宋災、伯姬卒，與此相似，雨、螽及沙鹿、梁山崩，皆以害大變重，志於魯策，亦此之類。

他如趙盾以正卿位尊，反不討賊受責，書「晉趙盾弑其君夷皋」（宣二年），夏陽以位居要衝，以邑當國，書「虞師滅夏陽」（僖二年），皆明《春秋》之例，舉重而書。

3. 以尊及卑，以內及外

正名分定尊卑，序上下，別內外，《春秋》之教也。然則何由見之？書尊及卑，書內及外之例也。《補注》云：

> 凡及皆以尊及卑，君臣也，夫婦也，內外也，主客也，華夷也，一也。（桓二年）

孔父先與夷而死，而《春秋》書「宋督弑其君與夷，及其大夫孔父」（桓二年），以君及臣也；「公及夫人姜氏會齊侯于陽穀」（僖十一年），以夫及婦也；災自兩觀始，書「雉門及兩觀災」（定二年），《傳》云：「先言雉門，尊尊也」，皆以尊及卑也。

以內及外者，「公孫敖會宋公、陳侯、鄭伯、晉士穀盟于垂歛」（文二年），公孫敖，人臣也，宋公、陳侯、鄭伯，人君也，以公孫敖及宋公、陳侯、鄭伯者，《春秋》魯史，以親及疏，以內及外也，內其國而外諸夏也。「衛孫良夫帥師及齊師戰于新築」（成二年），以衛及齊者，乃衛主兵，衛主齊客，主客猶內外也。「晉荀林父帥師及楚子戰于邲」（宣十二年），荀林父，人臣也，楚子，人君也，以荀林父及楚子者，以華及夷也，內諸夏而外夷狄也，亦以內及外之例也。

4. 發　凡

《穀梁》解經，有發經之凡例者，如「入者內弗受也」（隱八年），「會者內為主焉爾」（隱九年），此雖未繫凡字，實為經發凡；范注《穀梁》經傳，亦曾歸納經傳凡例，如「凡書取國皆滅也」（隱十年），此為經發凡也；「凡非正嫡則謂之嫌」（隱四年），此為傳發凡也，皆求能以簡馭繁，得其統貫也。鍾氏《補注》，於經傳凡例，而范《注》未盡者，亦發明之，茲分經、傳，各舉二例以證。《補注》云：

凡言伐者，皆國也。（隱七年）

傳有「國而曰伐」，《補注》據以發凡，如「蔡人、衛人、陳人從王伐鄭」（桓五年），「公伐齊納糾」（莊九年）是。又如：

凡諱皆不沒其實也。（僖十七年）

此非為經文發例，經無「諱」字者，此乃為《春秋》之書法發凡，謂《春秋》有諱筆，然皆不沒其實，如僖十七年，滅項，《傳》云：「孰滅之？桓公也。何以不言桓公也？為賢者諱也」，《補注》云：

承上齊人言滅，則是桓公可知，故可為諱。

此謂已知為桓公，故雖諱不沒其實，故可為諱矣。

以上為經發凡。

《補注》云：

凡傳言謹者，皆謂詳其文以慎其事。（隱元年）

如「雖無事必舉正月，謹始也」（隱元年），「夏四月丁巳，楚子虔誘蔡侯般殺之于申」（昭十一年），《傳》云：「稱時、稱月、稱日、稱地，謹之也」，皆其例。又如：

諸釋經言正也者，謂常理常例；而諸侯卒之為正，又兼有嗣立正不正之義。（隱三年）

隱十一年《傳》：「天子無事，諸侯相朝，正也」，此常理常例也；隱三年，八月庚辰，宋公和卒，《傳》云：「諸侯日卒，正也」，范《注》：「正謂承嫡」，此兼嗣立正不正之義也。

以上爲傳發凡。

5. 兩文互見

《春秋》之文，屬辭比事以見義，其中之是是非非，即見於其詳略異同之間，前後相顧，彼此互明，周密謹嚴，經義賅備而無遺。《補注》云：

> 凡《春秋》之義，多以兩文相對而見。（襄二十七年）

襄十六年春三月，公會晉侯、宋公、衛侯、鄭伯、曹伯、莒子、邾子、薛伯、杞伯、小邾子于湨梁，戊寅，大夫盟。二十七年，豹及諸侯之大夫盟于邾。《傳》云：「湨梁之會，諸侯在，而不曰諸侯之大夫，大夫不臣也，晉趙武恥之；豹云者，恭也，諸侯不在，而曰諸侯之大夫，大夫臣也，其臣恭也，晉趙武爲之會也。」由十六年之諸侯會而大夫盟，與二十七年諸侯不在而書諸侯之大夫盟，比而觀之，而《春秋》與臣及誅不臣之義顯。

《補注》云：

> 楚世子商臣與公子比，兩文相對爲義：商臣弒日則爲謹之，比弒不日則不弒也；蔡世子般與許世子兩文相對爲義：般弒不日則爲夷之，止弒日則不弒也。其義互相易。（襄三十年）

范《注》引徐乾曰：

> 凡中國君正卒，皆書日以錄之，夷狄君卒，皆不日以略之，所以別中國與夷狄。夷狄弒君而日者，閔其爲惡之甚，謹而錄之，中國君卒例日，不以弒與不弒也，至于卒而不日者，乃所以略之，與夷狄同例。（襄三十年）

知商臣與公子比相對爲義，皆從夷狄之例，以不日爲常，故書日爲謹之。許世子與蔡世子相對爲義，皆從中國之例，以書日爲正卒，故明止不弒，以不書爲有故，故去日以夷蔡般，皆所謂兩文以見義也。而中國與夷狄書例有異，亦相對爲義，所以見中國夷狄之有別也。

再如桓六年秋八月壬午，大閱，《傳》云：「平而脩戎事，非正也」，昭八年秋，蒐于紅，《傳》云：「正也，因蒐狩以習用武事，禮之大者也」，《補注》云：

> 《傳》於大閱曰：「平而脩戎事，非正也」，謂大閱之禮，當因四時田獵行之，明蒐與大蒐之禮，必於秋蒐行之矣。彼傳以平而脩戎事

為非正，此傳曰:「因蒐狩以習用武事，禮之大者」，其義正互相發。

《補注》謂其義互相發者，正謂兩文相對為義，明大閱與蒐皆例時，蒐于紅書秋，以見其合於禮，大閱書月書日，以見其非正，傳所謂「其日，以為崇武」也，如此一正，一非正，而戎武之義始見賅備。

再如僖十五年，晉侯及秦伯戰于韓，獲晉侯；宣二年，宋華元帥師及鄭公子歸生帥師戰于大棘，宋師敗績，獲宋華元，兩文比而觀之，晉未敗，而晉侯已獲，明晉侯失民，軍將未能死君命，《春秋》責之；而宋師已敗，華元始見獲，明華元能得眾心，雖被獲，而《春秋》無貶責之義，如此對顯，則一失民，一得眾，其義顯然。

6. **論　諱**

《春秋》書法有所謂諱者，蕭楚《春秋辨疑》云：

諱者何？不斥言也；避其名而遜其辭，以盡愛敬之道也。（卷三）

然則為誰而諱？《傳》云：

為尊者諱恥，為賢者諱過，為親者諱疾。（成九年）

是諱者乃於尊親賢者之失，不直指其名，不直斥其辭，而為之避名曲辭，以盡愛親敬賢之道。惟諱有其法，曰：諱莫如深，曰：有所不諱。《傳》云：

諱莫如深，深則隱，苟有所見，莫如深也。（莊三十二年）

《補注》云：

文雖深諱，事不竟沒，隱而有不隱者焉，則深諱可也。

夫諱所以盡愛親敬賢之義，苟未能深諱，則於愛敬有不盡也，故欲諱之，則從其深。如公子慶父弒子般，出奔於齊，閔公、季子不能討，恥也，疾也，過也，然尊且親也，親且賢也，故《春秋》書「如齊」以諱「奔」，使若慶父未弒也，未奔也，如也，此諱文之幽深者也。

然雖諱其文，仍不沒其實，乃因其事以明義，非改其事以見義，不然，事義具隱，欺誣後人有之矣，而愛親敬賢未必也。故「諱莫如深」必得「有所見」，所謂文雖深諱，事不竟沒，隱而有不隱者焉。故《補注》又云：

有所不諱，而後所諱顯，若全沒其實，亦不得謂之諱。（成元年）

是之謂微而顯，隱而彰者，不致因諱失實，飾非以養奸。故有一諱，必有一見，諱以避指斥之言，見以著莫見乎隱之義。如上文慶父弒子般奔齊，經書「如」以為諱，然必有所見，閔公以繼故不言即位，則般之被弒可知，而慶父之弒般而奔明矣又如文二年春三月乙巳，及晉處父盟，《傳》云：「不言公，處父伉也，爲公諱也。何以知其與公盟？以其日也。何以不言公如晉？所恥也」，此以公如晉，盟于晉都，晉君不出，而使大夫與公盟，卑公太甚，是魯公之恥也。《春秋》爲魯諱恥，故不言「公及陽處父盟」，使若內卑者與外卑者盟。然仍有所見，傳所謂「以其日也」，故《補注》云：

緣盟既書日，不嫌非公，得以成其諱文。

7. 論史法經法

《補注》於史書、經書之目的、要件、書法等差異及相關性有所辨析，茲論述之。

（1）史在紀實，經在立義

〈論經〉云：

韓子〈答劉秀才論史書〉曰：「凡史氏褒貶大法，《春秋》已備之矣。後之作者，在據事跡實錄，則善惡自見。」司馬光作《通鑑》，於〈魏紀〉特言之曰：「臣今所述，止欲敘國家之興衰，著生民之休戚，使觀者自擇其善惡得失，以爲勸戒，非若《春秋》立褒貶之法，撥亂世反諸正也。」

又云：

讀《春秋》者，當知其辭之深微隱約，而不可以史家之學求之。

知史者在求客觀、忠實之載事，據事實錄以求眞；而經爲主觀修辭，書微言大義，以寓褒貶，別善惡，期於撥亂反正，是兩者有別。

（2）史法求備故詳，經法取義故略

史在紀實，故求能詳文賅事，史文愈詳備，愈能得其眞，而經在取義，義明則止，故經文簡略，《補注》云：

內外諸取邑，史必備文，君子於外取邑皆略去，其存之者欲以見義，外圍邑亦然。汪克寬曰：「隱公以後，爭地爭城，殺人盈野，諸侯城邑，得失無常，不足悉書，故《左傳》言取地，而經不書取者甚多。」（隱四年）

是史實求備，凡取邑、爭城，史必備載，此《左傳》所以詳贍也。經則不然，無關於義者，皆略去不載，其存之者，欲以見義也。《補注》云：

大氏《左氏》考史，博采而尚詳，聖門解經，核實而舉要。（文十一年）

皆見經史之有別也。

（3）史例經例書法不同

史爲求眞求備，經爲立法見義，旨意不同，書法亦別。史有史例，經有經例，史例以據事直書爲原則，經例則有筆削、修辭、諱尊諱親等書法。隱四年，翬帥師會宋公、陳侯、蔡人、衛人伐鄭，《傳》云：「翬者何也？公子翬也。其不稱公子何也？貶之也」，翬與弑隱公，故削去「公子」以貶之，惟翬之弑在七年後，故或疑於預貶，宜於此稱公子，既弑君而後去之，無爲先事而貶也。鍾氏則謂：

> 不可以史法論也，史法隨時記事，文有常體，自不得以後事追正前文矣。

是以經法立褒貶，無妨預貶。即或不然，臣弑其君，子弑其父，非一日之積也，所由來者漸矣，由辨之不早辨也，而明主早絕之，若推早辨早絕之義，亦可無疑於預貶之法也。

昭十三年，蔡侯廬歸于蔡，陳侯吳歸於陳，《傳》云：「此未嘗有國也，使如失國辭然者，不與楚滅也」，《補注》云：

> 稱爵稱名而言歸，是諸侯失國之辭，以失國辭言之，若其本有國，明不與夷狄滅中國，苟可以寄其意者，即寄之也。

此謂陳於昭八年，蔡於昭十一年即已爲楚所滅，經爲寄「不與楚滅」之意，故修之如此，使若其本有國。

閔二年，公子慶父出奔莒，《傳》云：「其曰出，絕之也，慶父不復見矣」，《補注》云：

> 慶父後雖被逼縊死，經爲魯諱，又諱季子之行誅，故不復記。

此謂史實舊文當詳載慶父出奔及季子逼縊慶父事，今爲諱親諱賢，故削之使不復見。

由上之公子翬可預去「公子」，蔡侯、陳侯本未有國可以書「歸」，季子縊慶父之事可削，知經史書法不同。

（4）史經非截然可分

史例經例之不同概如上述，然兩者非截然而分者，〈論經〉云：

> 黃氏（澤）之言，尤切中樞要者，曰：「史記事從實，而是非自見，雖隱諱而是非亦終在，夫子《春秋》多因舊史，則是非亦與史同，但有隱微及改舊史處，始是聖人用意，然亦有止用舊文而亦自有意

義者。」黃氏所獨得者，史法經法之說也，趙汸繼黃而加詳，其大致亦自足取，但因求詳之故，遂欲舉史法經法截然分之則非也。……梁亡，鄭棄其師，義主正名，而文仍舊史，以此推之，則不論其文之加損不加損，而其義皆有所取，不計其與舊史本意同異何如也。說經者若必截分史法經法，而一一臆斷其孰爲策書本文，孰則聖人修改，無論其未必是，即使盡得之，亦將疑於仍舊者之無所取義，此說者之大蔽也。杜預雖專治《左氏》，而於《釋例》終篇特言之曰：「仲尼雖因舊文，固是仲尼之書也；丘明所發，固是仲尼之意也」，此實開通洞達之言，可破百家曲說。

鍾氏史法經法不能截然分之之論，平順見理。

8. 論遣詞造句

《春秋》修其辭以取其義，其中之是非褒貶，內外上下，輕重緩急，皆於文辭見之，故《春秋》用字，特爲謹嚴，雖一字之別，亦無所苟。《補注》云：

凡訓詁相同字，如還復、獲得、及暨、弗不、而乃、奔孫、刺殺之類，《春秋》別白其辭，無所假借。蓋訓詁之法，同類相通，制作之文，正名不苟。（莊八年）

還復同訓返，而乃同訓難，奔孫同訓遁，所謂訓詁之法，同類相通也；而事畢用復，未畢用還，足乎日之緩辭用而，不足乎日之急辭用乃，常文用奔，諱文用孫，所謂制作之文，正名不苟也。

一字如此，一句亦然，尤以句中文字先後次序之推敲，更見周密。文二年，自十有二月不雨，至于秋七月，《補注》云：

不雨之文，不在七月下者，雨而後書不雨，則七月雨矣，其文不得在下。

意謂七月雨，而後得書「至于秋七月」，又因七月雨，故不得書「自十有二月至于秋七月不雨」，否則，七月是雨？是不雨？不得確知。今書「不雨」於「七月」之上，則七月雨，經意判然。《補注》之說，頗能顯《春秋》句法之謹嚴。

又如定二年，雉門及兩觀災，《傳》云：「其不曰雉門災及兩觀何也？災自兩觀始也。不以尊者親災也，先言雉門，尊尊也」，其始災者，兩觀也，當書「兩觀災及雉門」，然門爲主，爲尊，觀爲飾，爲卑，卑不可以及尊，故不書「兩觀災及雉門」。然如書「雉門災及兩觀」，一則使尊者親災，一則又沒兩觀始災之實；《春秋》既不使卑及尊，故書「雉門及兩觀」，又不使尊者親災及不沒兩觀始災之實，故書「災」於「兩觀」下。此等周密謹嚴，皆所以顯隱發微，使義理判然，不疑於似是而非，似非而是也。故《補注》云：

> 《中庸》曰：「文理密察，足以有別也」，《春秋》之謂乎？（隱五年）

ㄆ、穀梁解經方式之析論

鍾氏於《穀梁》解經方式，有所闡發，〈論傳〉云：

> 至其解經之妙，或專釋，或通說，或備言相發，或省文相包，或一經而明眾義，或闡義至於無文。

《補注》中又發明「多設疑問辭」、「訓詁解經」及由「一經而明眾義」衍析之「一經明一義」，以下依次舉例說明。

1. 專　釋

專釋者，傳之釋經，專就此經而發，無關其他經文。隱九年三月癸酉，大雨震電，庚辰，大雨雪，《傳》云：「八日之間，再有大變，陰陽錯行，故謹而日之也」，十年六月辛未，取郜，辛巳，取防，《傳》云：「取邑不日，此其日何也？不正其乘敗人而深爲利取二邑，故謹而日之也」，此皆以經文災異、取邑，例不書日，而此八日、十日之間，接連災異，取邑，爲《春秋》所獨有，故傳之解經爲專釋，不及其他也。

2. 通　說

通說者，傳之釋經，雖發於某經，而其義則通貫全經，不專爲該經而釋。隱元年九月，及宋人盟于宿，《傳》云：「及者何？內卑者也；宋人，外卑者也。卑者之盟不日」，《補注》云：

> 此傳解及，兼爲內諸直書事者發例；解宋人，兼爲列國盟會言人者發例也。

此謂傳解及爲內卑者，除解本經魯之與盟者爲卑者外，全經不書某人及者，皆示魯爲卑者與盟與會；傳解某人爲外卑者，除解本經宋人爲宋之卑者外，並釋全經書某國人者，皆爲外之卑者。是此二傳雖發於此，而實則通說全經。《補注》於「卑者之盟不日」下又云：

> 傳發通例。

亦謂「卑者之盟不日」，雖發於此經，而實全經皆然也。又傳凡云「《春秋》」云云者，亦其類也，如「《春秋》成人之美，不成人之惡」（隱元年），「《春秋》之義，諸侯與正而不與賢也」（隱四年），皆是也。

《穀梁》以通說釋經者多，此不備舉。

3. **備言相發**

備言相發者，於此經發傳是一義，於彼經發傳又別一義，合兩義而義始賅備者屬之；或此經發傳，彼經復發傳，惟其義無別，其所以多次發傳者，以其情況有別，嫌其有異，故備言始明者皆是。

莊十一年，宋大水，《傳》云：「外災不書，此何以書？王者之後也」，襄九年，宋災，《傳》云：「外災不志，此其志何也？故宋也」，《補注》云：

> 莊十一年傳及此傳，皆以外災不志發義，而彼言王者之後，此言故宋者，兩傳之意互相備也。魯史本以宋爲王者後，特志災異，君子存而不削，又因以著故宋之義，明經中包此二旨，故與彼傳各見之也。

此謂《春秋》不志外災，而宋災志者有二義，其一乃以宋爲王者之後，其一則爲孔子以故國視宋，故於莊十一年發「王者之後」義，於襄九年發「故宋」義，所謂備言相發也。

隱二年，莒人入向；無侅帥師入極。五年，衛師入郕，《傳》於三處皆云：「入者，內弗受也」，楊《疏》以「入極」重發者：

> 恐內外不同，故兩發以同之。

於「入郕」復發云：

> 前起者邑，今是國，故重發之。

知多處發傳者，所以明內、外、國、邑皆然。如此釋經者，所謂備言相發也。

4. **省文相包**

省文相包者，傳之釋經，於同類之情事，於此發傳，於彼不復發傳，以其義顯明，發此足以包彼，故省其文也。僖七年，公會齊侯、宋公、陳世子款、鄭世子華盟于寧毋，《傳》云：「衣裳之會也」，《補注》引楊《疏》云：

> 衣裳之會十有一，或釋或不釋者，省文以相包。

此謂齊桓衣裳之會十有一，寧毋之盟傳釋之，餘不釋者，以其可推知，故省其文，不一一發傳也。又如莊二十三年《傳》云：「往時，正也；致月，故也」，《補注》云：

> 於往言時，則月可知；於致言月，則時可知，互句以省文。

此謂傳言「往時，正也」，則往月乃危往可知，傳言「致月，故也」，則致時爲正可知，既可推知，故傳省其文也。

5. 一經明一義

一經明一義者，傳之釋經惟見一義，此或經文惟寓一義，或餘義已發於他處，此經特顯此義，而略去其餘。隱三年秋八月庚辰，宋公和卒，《傳》云：「諸侯日卒，正也」，此惟寓一義者也。莊二十五年，陳侯使女叔來聘，《傳》云：「其不名何也？天子之命大夫也」，此傳專明「天子之命大夫不名」之義，而「來」「聘」之義，已分別發於莊二十七年「來者，接內也」及隱九年「聘，問也」，故此不及之，此餘義發於他處者也。

6. 一經明眾義

一經明眾義者，傳之釋經，於經文所寓諸義，兼釋並陳。隱元年三月，公及邾儀父盟于眛，《傳》云：「及者何？內爲志焉爾？儀，字也，父，猶傳也，男子之美稱也。其不言邾子何也？邾之上古微，未爵命於周也。不日，其盟渝也」，此傳並釋及之內爲志，稱字稱父之褒美邾君，微國未爵命於周者不稱爵，及盟不書日爲渝盟諸義。又如隱三年，天王崩，《傳》云：「高曰崩，厚曰崩，尊曰崩，天子之崩以尊也。其崩之何也？以其在民上，故崩之。其不名何也？大上故不名也」，此經文雖僅三字，而傳之釋乃並明之。先釋稱崩之道有高、厚、尊三者，而天子之崩以尊。又釋天王不名之由，以名所以相別，而天子太上，天下一人耳，故不名也。此傳於一經兼明眾義之法也。

7. 闡義至於無文

闡義至於無文者，經雖無文，而義蘊其中，傳亦詳爲闡釋，亦或衍申之，以盡《春秋》之義。如隱元年唯書「春王正月」，而《傳》云：

> 雖無事必舉正月，謹始也。公何以不言即位？成公志也。焉成之？言君之不取爲公也。君之不取爲公何也？將以讓桓也。讓桓正乎？曰：不正。《春秋》成人之美，不成人之惡；隱不正而成之何也？將以惡桓也。其惡桓何也？隱將讓，而桓弒之，則桓惡矣，桓弒而隱讓，則隱善矣。善則其不正焉何也？《春秋》貴義而不貴惠，信道而不信邪。孝子揚父之美，不揚父之惡，先君之欲與桓，非正也，邪也。雖然，既勝其邪心以與隱矣，已探先君之邪志，而遂以與桓，則是成父之惡也。兄弟，天倫也，爲子受之父，爲諸侯受之君，已廢天倫，而忘君父，以行小惠，曰：小道也。若隱者，可謂輕千乘之國，蹈道則未也。

此傳自「公何以不言即位」以下，《春秋》無文，其謂「成公志」、「讓桓不正」、「《春秋》成人之美，不成人之惡」、「桓惡隱善」、「《春秋》貴義而不貴惠，信道而不信邪」、「廢天倫，忘君父，以行小惠」諸義，皆傳之闡義或衍釋。又如閔二年，公薨，《傳》云：「其不書葬，不以討母葬子也」，此經未書葬，而傳明其義，皆所謂闡義至於無文也。傳之此法，所以盡《春秋》之義。

8. 多設疑問辭

《補注》云：

凡傳多設疑問辭。（隱元年）

此乃經義口傳，儒者衍釋傳義，反覆辯說，以明《春秋》之大義微言，後經寫定，而存其問難，故傳具此特色。

隱元年《傳》云：「公何以不言即位？成公志也。焉成之？言君之不取爲公也。君之不取爲公何也？將以讓桓也。讓桓正乎？曰：不正。」又云：「隱不正而成之何也？將以惡桓也。其惡桓何也？隱將讓而桓弒之，則桓惡矣。」又如隱三年《傳》云：「武氏子何也？天子之大夫也。天子之大夫，其稱武氏子何也？未畢喪，孤未爵。未爵使之，非正也。其不言使何也？無君也。」全傳一問一答，環環相扣，反覆辯說者，比比皆是，如此一層層深究入裡，而《春秋》之微言隱義，因以顯發。鍾惺《穀梁傳評》云：

大義只一語便明透者，妙在先反覆問難，令意中無一痕疑辨故耳。《穀梁》往往如此。（卷一）

鍾評是也。

9. 訓詁解經

訓詁解經者，傳之釋經，往往以訓詁方式訓釋經文，以顯經義。莊三年，葬桓王，《傳》云：「其曰王者，民之所歸往也」，《補注》云：

《史記正義》引《逸周書・謚法》：「仁義所往曰王」，謂身有仁義，爲眾所歸往也。王往同聲爲訓。

隱六年，鄭人來輸平，《傳》云：「平之爲言以道成也」，《補注》云：

平成疊韻爲訓。

此傳以音同音近爲訓以釋經。

莊三十年，齊人降鄣，《傳》云：「降猶下也」，《補注》云：

戰國秦漢之際，多言下。降，古語；下，今語也。

此以今語釋古語。

昭二十年，盜殺衛侯之兄輒，《傳》云：「輒者何也？曰：兩足不能相過。齊謂之綦，楚謂之踂，衛謂之輒」，此傳除釋輒之義外，並以齊楚方言爲釋。

以上皆傳以訓詁方式解經之例。

ㄇ、經傳文字之訓詁

清代學者於文字訓詁上之成就可謂空前，鍾氏於此雖未能有所創發，然其於前人成就上，運用其理論及方法，以訓解《穀梁》經傳，其中於范《注》所未及者，亦廣爲補注，偶亦略及訓詁之理及訓詁用語之詮解。茲舉例以明之。

△莊十七年《傳》：「齊人滅遂，使人戍之。」

《補注》：「戍、守。」

連堂案：《說文・戈部》：「戍，守邊也。从人持戈。」

△僖五年《傳》：「天子微，諸侯不享覲。」

《補注》：「享，獻也。」

連堂案：《說文・亯部》：「亯，獻也。从高省。曰，象孰物形。」以上二例以本義爲訓也。

△莊六年：「齊人來歸衛寶。」

《傳》：「以齊首之，分惡於齊也。」

《補注》：「首猶主也。」

連堂案：首之本義爲頭，引申之有主宰、作主之意，言猶者，以其非本訓而義相近。此以引申義爲訓也。

△文二年《傳》：「喪主於虞。」

《補注》：「虞，安也。」

連堂案：《說文・虍部》：「虞，騶虞也。」段《注》：「五俱切。按此字假借多，而本義隱矣。凡云樂也、安也者，娛之假借也。」〈女部〉：「娛，樂也。」段《注》：「虞俱切，五部。」安、樂二義，引申可通。知《補注》以虞爲娛之假借，訓虞爲安者，以假借義釋之也。

△隱八年《傳》：「交質子不及二伯。」

《補注》：「質，贅也。《說文》解贅字曰：『以物質錢』，解質字曰：『以物相贅』，此猶今人之抵押也。」

連堂案：此以時人通用之「抵押」爲說，文白而意顯，以今語釋古語者也。

△隱元年《傳》:「錢財曰賻。」

《補注》:「錢者，金幣之名，以銅爲之，所以貿買物，通財用，故曰錢財。先儒說泉布，以爲藏曰泉，行曰布。泉、錢古今字。」

連堂案：此以古今字爲釋。

△僖十年《傳》:「麗姬以酖爲酒。」

《補注》:「酖之正字作鴆，運日鳥也，其羽有毒，以畫酒，飲之則死。」

連堂案：此先明酖爲鴆之假借字，後釋鴆鳥之屬性，爲名物訓解。

△隱六年：「鄭人來輸平。」

《傳》:「平之爲言，以道成也。」

《補注》:「平成疊韻爲訓。」

連堂案：此明傳以成釋平乃疊韻爲訓，此明訓詁之理。

△昭十九年《傳》:「歠飦粥，嗌不容粒。」

《補注》:「嗌，咽也。咽嗌雙聲。《說文》互相訓。」

連堂案：此以咽訓嗌，並明其爲雙聲互訓。桂馥《說文義證》:「今吳人呼咽爲嗌」，明兩字乃方音不同。

△隱元年：「公及邾儀父盟于眛。」

《傳》:「父猶傅也。」

《補注》:「以其非本訓而義相近，故言猶耳。」

連堂案：此明猶於訓詁上之用法，是《補注》兼及訓詁用語之說明。

ㄷ、經義之闡發

《春秋》諸大義，先儒論述已詳，《補注》雖亦及之，然多僅能引述前賢之說，而難創發，茲不復論。下僅及其於經義尚能有證補之功者，析分爲正名、攘夷、與霸、尚和四項，依次論述之。

1. 正名

孔子曰：「必也正名乎！」又曰：「君君、臣臣、父父、子子」，此正名之義也。孟子曰：「世衰道微，邪說暴行有作，臣弒其君者有之，子弒其父者有之，孔子懼，作《春秋》」，此明《春秋》以正名治亂臣賊子也。〈論經〉云：

> 隱無正，唯元年有正，《傳》曰：「謹始也，所以正隱也」，桓無王，唯元年有王，《傳》曰：「謹始也，所以治桓也」，此特標開宗要義也。開宗之義，即冒全書。

案隱公惠公長庶，無嫡當立，受之於天子，承之於先君，竟探先君之邪志，志遜于桓，以一己之私惠，忘天下之公器，以亂法統，啓簒弒之禍，故《春秋》深正之，討其首亂王法，以示名分之不可亂也。而桓公，以弟弒兄，以臣弒君，簒立即位，目無王法，《春秋》以其無王之道，故正討之，以明亂臣賊子之不容於《春秋》。此《春秋》欲撥亂反正，特嚴君位之傳承，而以正隱治桓爲開宗之要義。

《春秋》正名，復能於序列上下，以尊及卑見之，先王人，次諸侯，次大夫，定分也；於禮樂征伐自天子出見之，桓元年，鄭伯以璧假許田，《傳》云：「禮，天子在上，諸侯不得以地相與也」，是時也，魯以許田易鄭之邴，此諸侯自專也，《春秋》不與其自專，故書假以謹亂之始生，《補注》引許翰曰：

> 以邴近魯，許田近鄭，而以相與，利則利矣，而義不得。凡情之所便，而亂之所生，《春秋》所謹也。

義不得者，名分不正也。僖二年之城楚丘亦然，《傳》云：

> 楚丘者何？衛邑也。國而曰城，此邑也，其曰城何也？封衛也。則其不言城衛何也？衛未遷也。其不言衛之遷焉何也？不與齊侯專封也。其言城之者，專辭也。故非天子不得專封諸侯，諸侯專封諸侯，雖通其仁，以義而不與也。故曰：仁不勝道。

夫衛爲狄所滅，齊桓爲霸，有存亡繼絕，攘夷狄，安諸夏之義，其城衛，是其仁也，然正名定分，非天子不得專封諸侯，故不與齊侯專封，不與齊侯專封，故《春秋》不書遷衛。《補注》云：

> 以專辭書城，是通其仁，不書衛遷，是斷以義，劉敞所謂以小惠評之，則桓公爲有德，以大法論之，則諸侯無專封。

正名之義亦於崇君抑叛臣見之。季氏專魯政，逐昭公，《春秋》書「公在乾侯」（昭三十二年），《補注》引趙鵬飛云：

> 三年之間，歲首皆書公在，存公所以誅季氏也。

此權臣亂政，以臣逐君，大違正名之義，故《春秋》誅之。

2. 攘夷

《春秋》嚴華夷之辨，《傳》云「同外楚」（文十四年）者，責霸者攘夷之功也。僖二十一年，楚人使宜申來獻捷，《傳》云：「其不曰宋捷何也？不與楚捷於宋也」，范《注》：「不與夷狄捷中國」，昭八年之葬陳哀公，《傳》云：「不與楚滅，閔之也」，《補注》云：

> 既以不與楚滅，而變滅國不葬之例，又閔哀公身死國亡，徒爲楚所葬，故志葬也。

此謂陳爲楚所滅，哀公亦楚所葬，依滅國不葬之例，不當書葬，所以書者，不與夷狄滅中國；又閔哀公身死，爲夷狄所葬，故仍書之，使若陳國猶存，陳之臣民葬之也，此皆外夷狄之義也。

哀十四年黃池之會，吳以夷狄能欽慕中國，故《春秋》進而稱子，勸夷狄行禮義也。成三年，鄭伐許，范《注》:「鄭從楚而伐衛之喪，又叛諸侯之盟，故狄之」,《補注》引何休曰：

> 謂之鄭者，惡鄭襄公與楚同心，數侵伐諸夏。自此之後，中國盟會無已，兵革數起，夷狄比周爲黨，故夷狄之。

此明夷狄而行中國，則中國之，諸夏行夷狄，則夷狄之。

又夷狄雖進，不與同中國。定四年，蔡侯以吳子及楚人戰于伯舉，《傳》云:「何以不言救也？救大也」，范《注》:「夷狄漸進，未同於中國」；宣十一年，楚人殺陳夏徵舒，《傳》云:「此入而殺也，其不言入何也？外徵舒於陳也，其外徵舒於陳何也？明楚子之討有罪也」，此進夷狄也，然下經又書「楚子入陳」,《傳》云:「入者，內弗受也。日入，惡入者也。何用弗受也？不使夷狄爲中國也」,《補注》云：

> 以夷狄治中國而討罪，不可以訓，故於此還從弗受常例，若不使得然。茍非夷狄，則須有特異之文以當入文矣。

又云：

> 《春秋》於楚，先州之，後乃人之，後乃有君，有大夫，有師，猶以夷狄視之；於吳皆國之，最後乃爵之；於於越，始終國之。以三國皆夷俗，不可治以周禮，雖有賢君大夫，猶夷也。(哀十三年)

此皆明夷狄雖進，仍不得比列於中國。

由上之外夷狄，進退夷狄，夷狄雖進不與同中國，皆明《春秋》攘夷之義也。

3. 與霸

《春秋》立王綱，其尊王無疑義矣。而王霸有別，於霸者固無尊之崇之之理，然如孟子謂仲尼之徒，無道桓文之事者，亦恐不然矣；於此鍾氏亦有所論。

莊十六年，同盟於幽，《傳》云:「同者，有同也，同尊周也」,《補注》云：

齊桓勃興，始與諸侯共會盟以尊周，《春秋》深與之，因加言同，以顯其事。

當是時，周室微弱，諸侯不朝，齊桓爲霸，獨能率諸侯共朝王室，故《春秋》賢之。何賢也？曰：褒美其功，掩諱其惡。《傳》云：

桓會不致，安之也，桓盟不日，信之也。信其信，仁其仁。（莊二十七年）

又云：

桓盟不日，此何以日？美之也。爲見天子之禁，故備之也。（僖九年）

此皆見《春秋》之褒美齊桓也。至齊桓之過，《春秋》諱之。僖十七年，滅項，《傳》云：

孰滅之？桓公也。何以不言桓公也？爲賢者諱也。……桓嘗有存亡繼絕之功，故君子爲之諱也。

此爲霸者諱過也。

《補注》引許翰云：

觀隱十年，見兵革之亂也，桓十一年以來，見盟會之亂也；霸統興起，則無復此亂，諸侯有所一矣。（桓十二年）

齊桓控大國，扶小國，率諸侯同尊周，《春秋》褒美其功，掩諱其惡，成其爲霸也。

又齊桓責楚「菁茅之貢不至」（僖四年），晉文「執衛侯歸之于京師」（僖二十八年）此與霸者專征伐也。葵丘之盟明天子之禁（僖九年），代行王法也。盟新城（文十四年），盟斷道（宣十七年），盟雞澤（襄三年），盟平丘（昭十三年），傳四發「同外楚」之義，責霸者攘夷之功也。

由上之尊王室，褒美諱惡，成其霸，專征伐，示王法，攘夷狄，知《春秋》尊王；於霸者則謂之「賢」之、「與」之可也。

蕭楚《春秋辨疑》云：

方天下之政，王者之事，諸侯無小大，皆專而行之，僭亂甚矣。王綱既絕，華夏浸微，夷蠻張橫，恣取攫噬，天下亂又甚矣！而齊桓晉文，爲盟爲會，于戰于伐，使威信復申于列后，內者同奬王室，外則同捍四夷，文武之祚，振起于霞墜之辰，衣冠之俗，脫血於虎狼之口，可不謂彼善於此者歟？嗚呼！前此有拒王命者，有怒王而取其禾者，有陳列與王戰者，顧諸侯于王室何如哉？魯衛望風畏楚，

俛首交好，陳鄭曹蔡之君，奔走不暇，顧中國于四夷何如哉？（卷四）

《補注》亦有所論：

孟子言仲尼之徒，無道桓文之事，荀卿、董仲舒亦言仲尼之門，五尺豎子，言羞稱五伯，孟子又言不爲管仲，言以齊王猶反手，言王不待大，文王以百里，與夫司馬遷〈列傳〉，劉向《新序》，言管仲能霸不能王，故孔子小之。凡此，亞聖之權辭，後儒之推說也。夫桓文之事，備載於經，《論語》稱之，不必無道而羞稱也。管仲尊周室，豈宜以齊王，夫子小其德，非以霸小之。至孟子，則其時有異，故夫子爲東周，謂行周於魯，孟子王齊梁，則謂代周而王，而論管仲亦異矣。（莊十三年）

鍾氏之論是。蓋時移勢異，管仲以尊周爲歸，何能以齊王？至孟子時，周已名存實亡，尊無可尊，故說諸侯以霸，何如勸諸侯以王？況崇王道實至聖、亞聖之所同也。所謂《春秋》書王法，霸者究非常經，乃一時之權宜耳。

4. 尚和

夫兵也者，不祥之器，戰也者，死道也。君子以不忍人之心，行不忍人之政，豈忍爲之哉？故《春秋》抑崇武，謹侵伐，貴和盟，善弭兵。

桓六年秋八月壬午，大閱，《傳》云：

修教明諭，國道也；平而修戎事，非正也。其日，以爲崇武，故謹而日之。

隱二年，無侅帥師入極，《傳》云：

苟焉以入人爲志者，人亦入之矣。

《補注》云：

天道好還，貪兵必死；己所不欲，勿施於人。

此貶抑崇武、侵伐，妄動干戈也。

隱元年，公及邾儀父盟于眛，《補注》云：

盟會者，所以繼好息民，邾與魯最近，爲好於魯，《春秋》尤重之，故不言邾克，而言邾儀父，《左傳》所謂貴之也。

此貴和盟也。襄三十年《傳》云：

澶淵之會，中國不侵伐夷狄，夷狄不入中國，無侵伐八年，善之也。

《補注》云：

全經十一卷，從未有三年之外，不見中國夷狄滅、入、圍、戰、侵、伐之事者，獨襄二十七年盟宋以訖昭三年，絕無滅、入、圍、戰、侵、伐之事，昭元年雖有取鄆、敗狄二事，而鄰近之爭，曠遠之役，固與諸滅入圍戰侵伐者異例。君子作《春秋》，愛民重眾而惡戰，習亂既久，則好始治，故於澶淵特見善者，乃善其不事兵戎，同恤災患，其事其時，前後僅見也。

聖人哀人民之流離於戰亂，是以偶逢弭兵，乃特書其善，以顯和平之可貴。

ㄉ、傳義之析論

鍾氏於《補注》曾自期如梅鷟之辯僞《書》，陳第之談古韻，並謂其所得《春秋》義理，要皆二千來所未了，足見其於此書之自重與自信，此已於前〈述作動機〉論之。而檢之《補注》，確有諸多於傳義解析之精當，爲前人所未及，或綜理前人諸說，可爲定論者，特立此目，以明其成績，惟例證殊多，未能一一具引，僅舉數例以概其餘。〔註 7〕又《穀梁經傳》本據史事逐條論述，其大旨要義又已論於〈經義之闡發〉，茲不復類分，僅據經文先後爲次條述之。

△莊三年：「紀季以酅入于齊。」

《傳》：「酅，紀之邑也，入于齊者，以酅事齊也。入者，內弗受也。」

范《注》：「雍曰：紀國微弱，齊將吞并，紀季深睹存亡之機，大懼社稷之傾，故超然遐舉，以酅事齊，庶胤嗣不泯，宗廟永存，《春秋》賢之，故褒之以字。」

《補注》：「雍注皆非也。以酅事齊者，《左傳》云：『紀於是乎始判』，《公羊》云：『請後五廟以存姑姊妹』，杜預以爲以邑入齊爲附庸是也。……傳但言以酅事齊，其文簡略，而《左氏》賈逵說，以爲紀季不能兄弟同心以存國，乃背兄歸讎，書以譏之。賈明於《穀梁》，此數語必《穀梁》家義也。書以者，從邾庶其、衛孫林父等文之例，庶其之等傳多云『以者不以者也』，明此亦同義，舉後可以包前也。黑肱以濫來奔，傳云『來奔，內不言叛』，明以邑出奔他國者，皆當舉叛爲重，故孫林父以戚出奔晉，但書叛，不書出奔，是其例也。此之以酅入于齊，亦是叛而出奔，不舉叛爲重者，或當以凡出奔不重於叛，故以叛爲重，而此之入于齊爲附庸，事不止於出奔，又重於叛，故不言出奔，

〔註 7〕本書其他章節，多引鍾氏《補注》之說，可互見其成就。

而言入，不得以叛爲重也。《左氏》劉歆、賈逵說，以爲紀季以酅奔齊，不言叛，不能專酅，此說非也。紀季稱字者，從許叔、蔡季之例，傳言許叔許之貴者，蔡季蔡之貴者，明此亦以貴舉可知也。不言紀侯之弟某者，啖趙以爲兄無惡，傳解衛侯之兄輒云『目衛侯，衛侯累也』，則啖趙是也。《傳》與《左傳》皆無賢紀季之義，惟《公羊》以稱字爲賢之，杜預遂據以改《左氏》舊注，范甯因以注《穀梁》，後儒相沿爲說，誤矣。《公羊》言賢其服罪，服罪之說，從齊襄復讎而起，本不可通於《穀梁》《左氏》，且《公羊》但以稱字爲賢，未嘗謂其非叛，故何休《注》猶以叛爲言，杜、范等并失《公羊》本意，惟孫復、杜諤言其惡，黃仲炎言其爲自全之計，家鉉翁謂貶而非褒，程端學以爲季有罪不可以訓，蓋有合《穀梁》《左氏》之舊義。」

連堂案：此據傳義，疏理眾說，足爲定論。

△莊四年：「公及齊人狩于郜。」

《傳》：「齊人者，齊侯也。其曰人何也？卑公之敵所以卑公也。何爲卑公也？不復讎而怨不釋，刺釋怨也。」

《補注》：「刺其釋怨相見，故爲卑公之文也。《公羊》釋齊人之文曰：『諱與讎狩』，曰：『於讎者將一譏而已，故擇其重者而譏焉，莫重乎其與讎狩也』，《公羊》之言譏，即《傳》所謂卑刺，《公羊》言諱，而《傳》不言者，言卑刺則諱可知，明經以卑刺爲義也，若不以卑刺爲義，直以諱爲義，則當不言公，而直言及齊侯，今言公及齊人，則明以諱見譏，諱者其文，而卑刺者其義，故但言諱，則無以知其爲卑刺，但言卑刺，則諱可知也。」

連堂案：此謂經以卑刺爲義，不直以諱爲義，言卑刺則諱可知，言諱則卑刺不明，此明《穀梁》釋經之精切，而《補注》解析精當，可謂深於《穀梁》。

△莊五年：「公會齊人、宋人、陳人、蔡人伐衛。」

《傳》：「是齊侯、宋公也，其曰人何也？人諸侯所以人公也。其人公何也？逆天王之命也。」

《補注》：「上經言公及齊人，刺釋怨而卑之，卑其相見，而諱使若不相見也，卑之之義，即寓於諱之之文；則此經人公，當亦同上諱不沒公，直言及齊侯，此諱亦不沒公，直言會齊侯，其諱亦正相等。但上經卑公，專以釋怨相見起義，卑之即是諱之，此經人公，則不專是齊魯之故，乃以逆王命起義，會即無齊，齊即非讎，亦當人公，不專爲諱也。《春秋》包含萬理，而其義之重且急者，乃經之本旨。陳傅良、趙汸說此伐衛及後圍郕，以爲公與仇人接，《春秋》終諱之，萬斯大謂使若終不相見者，其論固是，而此經本義猶未得也；圍郕不言公亦爲諱，此經則不專爲諱。」

連堂案：此論以逆王命釋經，不專爲諱，縱使無齊，非讎，亦當人公，正理明確，並補前人說之不足。

△莊六年：「齊人來歸衛寶。」

《傳》：「以齊首之，分惡於齊也，使之如下齊而來我然，惡戰則殺矣。」范《注》：「若衛自歸寶於齊，過齊然後與我，齊首其事，則我與王人戰罪差減。」

《補注》：「注全失之。首猶主也，下齊，齊爲我下也。言惡言惡戰，即上之惡事，經無戰文，故言戰以明之也。時齊率諸侯與王人戰，共敗王師，惡不可道，衛侯以爲有功，出寶賂齊，齊又讓魯，齊所以讓魯者，《公羊》稱齊侯曰：『此非寡人之力，魯侯之力也』，明魯尤多戰功，故讓魯也。衛賂齊而齊讓魯，是受賂者魯也，郜大鼎之賂，以取爲文，濟西田之賂，以齊取爲文，取者受賂之辭，今不言取衛寶于齊，與取郜大鼎于宋一例，而以齊人來歸爲文，則是以齊爲主，但言齊讓賂，不言我受賂，而齊之惡戰彰，故曰『以齊首之，分惡於齊也』。齊人來歸衛寶，與齊侯來獻戎捷同文，則是經之立文，又使若齊自爲我下而來我，并不爲讓賂來，而我之惡戰隱，故又曰『使之如下齊而來我然，惡戰則殺矣』。此傳之旨，若不以取鼎獻捷兩文觀之，則不得其解。」

連堂案：析分精當，足見鍾氏之深於《穀梁》。

△文十六年：「夏五月，公四不視朔。」

《傳》：「天子告朔于諸侯，諸侯受乎禰廟，禮也。公四不視朔，公不臣也，以公爲厭政以甚矣。」

范《注》：「每月天子以朔正班于諸侯，諸侯受而納之禰廟，告廟以羊，今公自二月不視朔，至於五月，是後視朔之禮遂廢，故子貢欲去其羊。」

《補注》：「傳言經書公四不視朔，明公失受朔禰廟之禮，是不臣也。

不臣之惡，厭政所致。厭，倦也。直書其事，以爲公之倦政至此甚也。甚云者，不視朔而至四，連曠大典，是爲已甚。厭政甚即不臣甚，史記其事，而君子取其義也。不舉不朝廟者，何休曰：『受朔政乃朝，故以不視朔爲重』，何氏是也。或時公猶朝廟，亦未可知也。《左氏》《公羊》解經，皆以爲公有疾，大失經旨。趙匡曰：『十二公除文之外，無書不視朔者，豈皆無病？足知病不視朔，常事不書』，文烝以爲君不視朔，或因疾，或因有事，皆非過惡，史皆不書，不須書，且不勝書也。《公羊》又曰：『何言乎公有疾不視朔？自是公無疾不視朔也。然則曷爲不言公無疾不視朔？有疾猶可言也，無疾不可言也』，夫使公自此遂不視朔，則當書曰『二月公初不視朔』，否則書『夏六月公初不視朔』，或直言『初不視朔』，以見魯自此遂廢視朔之禮。《春秋》文有隱諱，而事皆從實，何不可言之有，不當以有疾見後之無疾，乃欲見其所必不能見也。公自二月至五月不視朔，則六月後還復視朔可知。宣公以後，亦皆視朔可知，經文甚明，《公羊》自擾之耳。若然，《論語》記子貢欲去告朔之餼羊，而夫子有愛羊愛禮之論，彼文當定哀時，既不告禰，豈復視朔乎？蓋自文四不視朔，而宣成襄昭或踵其失，至定哀時加數，故子貢感而傷之，其實未嘗全廢不行，故雖廢禮之月，有司猶供餼羊，而夫子言我愛其禮也。范上注用《公羊》義，又以《論語》證成之，倍經反傳，而於《論語》亦失事實焉。自此後至定哀，無故不視朔皆不書者，文始廢禮，後乃效尤，積習生常，恬不知怪，史既不記，經遂無文，要以從此一譏亦足見義矣。」

連堂案：鍾氏據經傳辨析文公四不視朔之不臣，及是後告朔禮之情形，頗爲明晰，足以釐清爭議。

△定十二年：「叔孫州仇帥師墮郈。」

《傳》：「墮猶取也。」

范《注》：「陪臣專強，違背公室，恃城爲固，是以叔孫墮其城，若新得之，故云墮，墮猶取也。墮非訓取，言今但毀其城，則郈永屬己，若更取邑於他然。」

《補注》：「《疏》曰：『傳言墮猶取也，即其訓矣。而《注》曰非者，何休難云：「實取當言取，不言墮，墮實壞耳，無取於訓詁」，鄭君如此釋之。』文烝案：范依《釋癈疾》爲注，非傳意也。傳專釋墮郈，乃承上十年兩圍郈言之。十年圍其邑，而此年墮其城，明至此始取之也。《左傳》稱侯犯以郈叛，一再圍之，而駟赤設謀，納魯圍師，侯犯奔齊，齊人致郈，其事並在十年秋。依此傳，則彼時魯雖克郈，齊雖致郈，而郈猶兩屬，不專屬魯，今此墮壞其城，魯乃取之，故曰墮猶取也。言猶者，以事釋義，比之他言猶者，則小異也。墮之本訓爲壞，世所共知，故不煩釋。至下墮費圍成，又因墮郈及之，其理易見，故不復發傳也。魯所以墮郈費者，自爲城固四叛而起，《注》首四句可用。」

連堂案：此以史實、訓詁辨析鄭玄、范《注》之失當。

△定十五年：「邾子來奔喪。」

《傳》：「喪急，故以奔言之。」

《補注》：「《疏》曰：『奔喪之制，日行百里，故傳言急，所以申匍匐之情也。』文烝案：經諸言奔者，皆是逃避而去。奔訓走，是急辭。喪事以急遽爲主，故謂之奔。〈檀弓〉曰：『喪事欲其縱縱爾』，縱縱者，趨勢急遽貌。〈奔喪禮〉曰：『日行百里，不以夜行，唯父母之喪，見星而行，見星而舍』。夫古者師日行三十里，吉行五十里，而奔五服之喪者，皆行百里，是喪事貴急之一端。以其事急，故禮謂之奔，而策書因之，君子取之，此與解乞師義正同也。傳曰：『古之人重死』，故譏弔含襚賵不及事，又書奔喪，皆明喪事尚急，其意一也。」

連堂案：此於喪急言奔之論析，可謂情理俱暢，傳義因得以闡發。

△哀三年：「齊國夏、衛石曼姑帥師圍戚。」

《傳》：「此衛事也，其先國夏何也？子不圍父也；不繫戚於衛者，子不有父也。」

范《注》：「江熙曰：國夏首兵，則應言衛戚，今不言者，辟子有父也，子有父者，戚繫衛，則爲大夫屬于衛；子圍父者，謂人倫之道絕，故以齊首之。」

《補注》：「《公羊》以爲曼姑之義，可以爲輒拒蒯聵，此拒父之說也。謂可拒非也，子不可圍父，故不從邾人鄭人宋人齊人例；子不可有父，故不從宋彭城之例，此《論語》不爲衛君之意也。兄弟交讓無怨，則以爲賢且仁，子與父爭國，則爲之深正其義，明父雖不父，子不可不子，父雖以戚事晉，子終當以衛事父，既不能舍國而逃以從其父，則亦已矣，奈何以兵圍之哉？《公羊》亦謂父有子，子不得有父，乃發其義於上文『納世子』之經，而與衛侯入于夷儀，並以不言入于衛爲說，足知其流傳之誤。而《左氏》於此但曰『齊衛圍戚，求援于中山』，絕不一言其義，則《論語》爲何說乎？明《左氏》有考史之功，無受經之事矣。案：《左氏》考史之功，自僖文以後，尤爲該備詳密。如此文齊衛圍戚，求援于中山，自足見當時情事，時晉之荀寅、士吉射與趙鞅爲敵，搆兵不已，齊衛及魯宋鄭鮮虞皆助士氏、荀氏，而齊衛救之尤力。《左氏》詳載其事，始於定十四年會牽之謀，終於哀五年荀、士之奔齊，本末具備，此年圍戚，亦其事也。趙鞅居蒯聵於戚，以爲晉援，則戚已屬晉矣。齊衛圍戚，乃是伐晉以救其叛人，因鮮虞嘗與伐晉，故仍求其爲援，論其本謀，固非衛圍父而齊助之。《左氏》序事，實有條理，但蒯聵實在戚，齊視之則晉之援也，爲我寇者也；衛視之則父也。齊圍戚，則可曰我以敵晉，衛圍戚，則是圍父而已矣。君子作《春秋》，正名定分，論其義之大，不論其事之細，策書舊文，本書曰『齊國夏衛石曼姑帥師圍戚』。以其事而論，則是救晉之叛人以敵晉也，齊主兵而衛從焉者也；以其義而論，則是以子圍父也，衛主兵而齊從焉者也。衛主齊從，則此事乃爲衛事。以齊首兵之義，由此而生，戚不繫衛之義，由此而起。文仍舊史之文，而義非舊史之義矣，此所以其義則某竊取之者，固不必奮筆改易，而後謂之竊取也。《左傳》此條何嘗不信而有徵，而要非經義所在。故惠士奇力辯圍戚之爲救范氏，以駁二千年相傳拒父之說，於《左傳》之理，上下皆貫，而不知其不可也。何休《公羊注》引《論語》文，而鄭君《論語注》亦引此經，《論語》不爲衛君之義，正是此經之義。學者明乎《春秋》事與義之分，則可與言《春秋》矣。」

連堂案：鍾氏以齊、衛立場之異，史事、經義大旨有別，疏釋歷來拒父之說，辭達理辯，足輔傳說，可成定論。〔註8〕

△哀六年：「齊陳乞弒其君荼。」

〔註8〕申釋此傳者，本書尚引述有柳興恩、王闓運、廖平三家之說，以其難分主從，復分述於第三章第七節〈穀梁大義述・三成就・述師說・（四）齊召南春秋穀梁傳注疏考證〉、第十節〈穀梁申義・三成就・ㄇ補范注〉、第十四節〈釋范・三成就〉。

《傳》:「陽生入而弒其君，以陳乞主之何也？不以陽生君荼也。其不以陽生君荼何也？陽生正，荼不正。不正則其曰君何也？荼雖不正，已受命矣。入者，內不受也。荼不正何用不受？以其受命可以言不受也。陽生其以國氏何也？取國于荼也。」

范《注》:「何休曰:『即不使陽生以荼爲君，不當去公子，見當國也。又《穀梁》以爲國氏者，取國于荼，齊小白又不取國于子糾，無乃近自相反乎？』鄭君釋之曰:『陽生篡國，故不言公子，不使君荼，謂書陳乞弒君爾。荼與小白，其事相似，荼弒乃後立，小白立乃後殺，雖然，俱篡國而受國焉爾。《傳》曰:「齊小白入于齊，惡之也。陽生其以國氏何？取國于荼也」，義適互相足，又何自反乎？子糾宜立，而小白篡之，非受國于子糾，則將誰乎？』」

《補注》云:「何既失之，鄭又非也。此與上不以陽生君荼各自爲義，荼以不正新立，故正者不宜君之，荼已受命，國實其國，故謂之取國于荼。不君之可，取其國不可，此經義之精而傳發之也。陽生事與小白不同，小白以不正殺正，正者實未有國，陽生以正弒不正，不正者實已有國，齊小白、齊陽生，文同事異，其義亦異，傳一曰『惡之』，一曰『取國』，各順經意爲說，非自相反，亦不得以爲互相足。《穀梁》之文圓轉無窮，鄭君猶惑焉，何怪劉敞、葉夢得之倫矣。王晳曰:『鄭氏經傳洽熟，獨出時輩，然其於《春秋》之意，多不知聖人微旨，又性好《穀梁》，往往回護』，文烝以爲《穀梁》何事回護？鄭君於《穀梁》正患其不精耳，乃以回護爲病乎？」

連堂案：此依傳說，釋正何休、鄭玄之疑誤。

鍾氏謹守《穀梁》，深於《穀梁》，往往據傳說深入辨析，以闡傳義之精微，廓清前人疑傳、駁傳之紛說，於《穀梁》面目精采顯揚之功者大。

ㄊ、穀梁文章特色之闡明

《穀梁》以釋義爲主，文辭非其所重，然亦有可說者，鍾氏亦曾論及之。〈論傳〉云：

《穀梁》文章有二體，有詳而暢者，有簡而古者，要其辭清以淡，義該以貫，氣峻以厲，意婉以平。

其中「義該以貫」偏論內涵，且類如解經方式之「備言相發」，此處不論，餘依鍾氏所云之文章風格，略作舉證。

1. 簡而古

簡而古者，《穀梁》釋經主於明義，義明則止，故文章率皆簡要，其泰半傳文皆僅寥寥數語，且不汲於文辭誇飾，故多簡質古拙之貌。如：

早時，正也。（僖二十一年）

閔之也。（襄十八年）

如此寥寥數字者，不在少數，其簡要可見一斑。而如：

南，氏姓也；季，字也；聘，問也。聘諸侯，非正也。（隱元年）

簡明而不雕飾，自然而不失謹嚴。

又如襄十九年《傳》云：

與人同事，或執其君，或舉其地。

鍾惺《穀梁傳評》云：

只舉其案便了，何等古澹。（卷二）

此皆明傳之簡而古。

2. 詳而暢

詳而暢者，《穀梁》文章尚簡，然亦偶有敘事翔實者，《補注》於隱十一年列有「獲莒挐」、「滅夏陽」等內外二十七事，即此之類。如敘滅夏陽一事，《傳》云：

晉獻公欲伐虢，荀息曰：「君何不以屈產之乘，垂棘之璧，而借道乎虞也？」公曰：「此晉國之寶也，如受吾幣而不借吾道，則如之何？」荀息曰：「此小國之所以事大國也，彼不借吾道，必不敢受吾幣，如受吾幣而借吾道，則是我取之中府，而藏之外府，取之中廄，而置之外廄也。」公曰：「宮之奇存焉，必不使受之也。」荀息曰：「宮之奇之爲人也，達心而懦，又少長于君。達心則其言略，懦則不能強諫，少長于君則君輕之，且夫玩好在耳目之前，而患在一國之後，此中知以上乃能慮之，臣料虞君，中知以下也。」公遂借道而伐虢。（僖二年）

此寫荀息之籌謀料事，於晉君之質疑導引下，將其周密之計謀、推估，一一陳述，其間之原委曲折，即在其環節相扣之周密推衍下呈現，而虞君不及中知，宮之奇言略不能強諫之推論，則更顯其知人識勢之洞見。惟荀息識見之凸顯，除其堅牢之理據，尚得力於流暢文字之感染力，觀其如流之應答，文勢一貫直下，不惟晉君爲其說服，即吾人讀之，亦將以其爲必然也。

又如成二年，齊國佐之答郤克：

反魯衛之侵地，以紀侯之甗來則諾，以蕭同姪子爲質，則是齊侯之母也，齊侯之母猶晉君之母也，晉君之母猶齊侯之母也。使耕者盡東其畝，則是終土齊也，不可。請一戰，一戰不克，請再，再不克，請三，三不克，請四，四不克，請五，五不克舉國而授。

王師熙元〈三傳的文學價值〉評之曰：

寫國佐折衝於口舌之間，理直氣壯，大義凜然，終能以三寸之舌，勝百萬之兵。〔註9〕

如此氣勢，實得力於文字之流暢也。

3. 辭清以淡

辭清以淡者，《穀梁》文字，少駢儷雕飾之辭采。莊二十八年，衛人及齊人戰，《傳》云：

於伐與戰，安戰也？戰衛。戰則是師也，其曰人何也？微之也。何爲微之也？今授之諸侯而後有侵伐之事，故微之也。其人衛何也？以其人齊，不可不人衛也。衛小齊大，以衛及之何也？以其微之，可以言及也。

又桓八年《傳》：

烝，冬事也，春興之，志不時也。

觀其釋經，傳義了然，文辭則淺白清淡而不失流暢，無一僻字，無一儷辭，所謂辭清以淡者也。

4. 氣峻以厲

氣峻以厲者，《春秋》道義，嚴於辨是非，別善惡，正名定分，於忠臣亂賊，寓其褒美誅貶於其間。傳之釋經，於忠臣，時顯其凜然浩氣，於亂臣，則嚴峻不稍寬假，柳宗元〈答韋中立論師道書〉云：「參之《穀梁》以厲其氣」，即道此風格。傳敘史狐之質趙盾云：

子爲正卿，入諫不聽，出亡不遠，君弒，反不討賊則志同，志同則書重，非子而誰？（宣二年）

其凜然之氣，趙盾亦爲之語塞。

復觀其正隱之論：

〔註9〕該文爲王師之演講，由謝泓、方景鈞筆錄，收於文化復興委員會編纂之《中國文學講話（一）概說》（台北：巨流出版社，77年3月），頁142。

《春秋》成人之美，不成人之惡，隱不正而成之何也？將以惡桓也。其惡桓何也？隱將讓而桓弒之，則桓惡矣，桓弒而隱讓，則隱善矣。善則其不正焉何也？《春秋》貴義而不貴惠，信道而不信邪。孝子揚父之美，不揚父之惡，先君之欲與桓，非正也，邪也。雖然，既勝其邪心以與隱矣，已探先君之邪志，而遂以與桓，則是成父之惡也。兄弟，天倫也，爲子受之父，爲諸侯受之君，已廢天倫，而忘君父，以行小惠，曰：小道也。若隱者，可謂輕千乘之國，蹈道則未也。（隱元年）

此大義所在，不容絲毫寬貸，所以防紫之亂朱，莠之亂苗，假小惠以爲道義也；而文辭之犀利，不存游移，正所以表此判然不苟之經義。《補注》云：

讓美則成之，惠小則不正之，……愚因以見《穀梁》文章之工，隨輕重而曲直之，所謂甚峻而可以厲其氣者蓋如此。

此峻厲之氣，正所以堵亂臣之巧辯，塞賊子之飾辭也。

5. 意婉以平

意婉以平者，《穀梁》文章雖峻厲，然亦有平和婉轉，沈緩申說之辭。《傳》云：

禮，送女，父不下堂，母不出祭門，諸母兄弟不出闕門。父戒之曰：「謹慎從爾舅之言」，母戒之曰：「謹慎從爾姑之言」，諸母般申之曰：「謹慎從爾父母之言」。（桓三年）

於送女禮制，緩緩道出，語調平和，諄諄殷勤之態，可得而知。

復如楚昭之軍敗而逃也，語父老曰：

寡人不肖，亡先君之邑；父老反矣！何憂無君？寡人且用此入海矣。（定四年）

此一沈緩委婉之語勢，映出楚昭之自責情態，並激出父老「有君如此其賢也，以眾不如吳，以必死不如楚」之氣壯山河之宏闊誓詞，前後成一強烈對比。

3、經傳文字之校勘

《補注》於經傳文字之校勘，亦曾著力。茲以其讎校方法，分以經傳爲校、以注疏爲校、以文例爲校、以他本爲校、以相關書爲校等五類，各舉一例以概其餘。

1. 以經傳為校

△成七年：「鼷鼠食郊牛角。」

《傳》:「不言日，急辭也。」

范《注》:「辭中促急不容日。」

《補注》:「『不言日』當爲『不言之』，謂『牛』『角』之間無『之』字，異於『郊牛之口也』。《注》『之』字亦誤『日』，今改正。」

連堂案：王師熙元《穀梁范注發微》云：「鍾氏所改是也。宣三年郊牛之口傷，牛、口之間有『之』字，故傳發例云：『之口，緩辭也；傷自牛作也。』」此傷不自牛作，而牛、角之間不容『之』字，傳必發急辭之例可知。猶僖二十八年晉人執衛侯歸之于京師，《傳》云：『歸之于京師，緩辭也。』范《注》:『辭間容「之」，故言緩。』而成十五年晉侯執曹伯歸于京師，傳發例云：『不言「之」，急辭也。』其例正同。以傳證傳，知此傳『不言日』爲『不言之』之誤，足可信矣。〔註10〕《補注》之校，當以傳謂「之」爲緩辭，則此急辭，當爲「不言之」，王師引證之，復舉其他傳例以證，辨析詳矣。又《穀梁》以爲緩辭者，有之、于、其、而等字，皆爲虛字，於經文中有疏緩語氣之用，而書日、不書日、《穀梁》以爲乃事大事小，或褒或貶之別，不當爲語辭緩急之用。

2. 以注疏為校

△宣十六年《傳》:「周災不志也。」

《補注》:「《疏》曰：『徐邈所據本云：「周災至」，《注》云：「重王室也」，今遍檢范本，並有「不」字，則不得解與徐同。』文烝案：《疏》『至』字乃『志』之誤。謂徐本無『不』字耳。徐本是也。外災不志，而宋爲王者後則志，周災則志，皆是經例因史例也。徐云『重王室』，其義允當，蓋范本誤衍『不』字也。」

連堂案：《補注》據《疏》所引徐本徐注，以其於理較當，而斷范本誤衍也。又《穀梁》句法，「不志」下例無「也」字。全傳計有「外取邑不志」（隱六年）、「御廩之災不志」（桓十四年）、「卑者不志」（莊十七年）、「外釋不志」（僖二十一年）、「外災不志」（文三年、襄九年）、「築不志」（成十八年）、「火不志」（昭九年）、「疾不志」（昭二十三年）凡九處，無一例外；而肯定句如「故志之也」（隱二年、僖十四年）、「謹而志之也」（隱四年、莊三十一年），則時出「也」字。此傳若有「不」字，依句法則當無「也」字，今有「也」

〔註10〕同註5，頁724。

字，當本作「周災志也」，徐本爲是。惟此處釋文仍有所疑，莊十一年《傳》：「外災不書，此何以書？王者之後也」，文三年《傳》：「外災不志，此何以志也？曰：災甚也」，襄九年《傳》：「外災不志，此其志何也？故宋也」；又《公羊》此傳云：「外災不書，此何以書？新周也」，莊十一年、襄九年亦均作「外災不書，此何以書」，明《公》《穀》二傳釋外災之傳文，有其成例，唯《穀梁》此處作「周災志」，與傳例不合，且上既無所承，與下文之銜接亦欠平順，疑有訛脫，惟別無證驗，姑存其疑。

3. 以文例為校

△襄五年：「冬，公會晉侯、宋公、衛侯、鄭伯、曹伯、莒子、邾子、滕子、薛伯、齊世子光救陳。十二月，公至自救陳。」

《傳》：「善救陳也。」

范《注》：「楚人伐陳，公能救中國而攘夷狄，故善之，善之謂以救陳致。」

《補注》：「《疏》曰：「『善文於公至下言之者，《春秋》主善以內，故於書公至下重發。』文烝案：《注》謂以救陳致是善，則與凡救言善不同，《疏》又曲爲之說。夫傳始本與經別行，後來以傳合經者，乃以此句附公至下，實非傳意。此與諸言善者同義，當在諸侯救陳下也。重發傳者，戍而被伐，嫌救非善，故重明之。公至是常文，不須釋。」

連堂案：鍾氏以此與諸言善者同義，依文例當在諸侯救陳下，其說是也。考《穀梁》「善救某」者，除此傳外，計莊六年、二十八年、閔元年、僖六年、十五年、十八年兩次、宣元年凡八，皆發於「救某」經下，此處亦當如是。至「公至」，如《補注》所言，乃是常文，不須釋。

4. 以他本為校

△昭八年《傳》：「諸侯之尊，弟兄不得以屬通。」

《補注》：「弟兄，各本誤作兄弟，今依唐石經、余本、呂本中《集解》本乙正。」

連堂案：作「弟兄」是。除依他本乙正外，尚可以傳校傳。傳於隱七年、桓十四年、襄二十年、昭元年皆作「諸侯之尊，弟兄不得以屬通」。

5. 以相關書為校

△昭十九年《傳》：「許世子止不知嘗藥，累及許君也。」

《補注》：「傳『止』字各本脫，今依唐石經、胡安國《傳》、呂本中《集解》本、張洽《集註》、家鉉翁《詳說》、李廉《會通》本補正。」

連堂案：此據唐石經及相關書所引爲校；余本亦有「止」字。

ㄌ、三傳異文之考釋

《春秋》原僅一本，三傳解經、附經、傳寫，致經文多歧異。《補注》於此，凡出「撰異曰」以明之，先列異文，或明其異之所由。其相異，或由時代不同，書體有異，如古籀小篆之別，本字後起字之異是；或由於口傳，著竹帛者非一，乃各以所得之音寫定，如音同音近相假者是；或由於南北地域不同，而有齊語、魯語及方言緩讀急讀之異是；或因避諱而異；轉寫而誤，而衍，而脫。其中以音同音近相假者爲多，居三分之二，〔註 11〕以下就《補注》所及者，略舉一例以概見。

1. 字同體異

△僖二十六年：「公會莒子、衛甯速盟于向。」

撰異曰：「速，《公羊》作遬。案：遬者籀文。」

連堂案：《說文・辵部》：「速，疾也。從辵束聲。遬，籀文从敕。」是速、遬一字，字體異耳。

2. 同音通假

△隱元年：「公及邾儀父盟于昧。」

撰異曰：「昧从目，从午未之未，《左氏》作蔑。案：楚唐蔑亦作唐昧，與鄭鬷蔑皆字明。《說文》：『蔑，勞目無精也。昧，目不明也。』二字蓋古通。」

連堂案：《說文》段《注》：「昧，莫佩切，十五部；蔑，莫結切，十五部。」是昧蔑二字，古聲同紐，古韻同部，而字義一爲目不明，一爲勞目無精，是昧蔑二字，音同義通，《補注》之說是。

3. 音近假借

△昭十年：「季孫意如、叔弓、仲孫貜帥師伐莒。」

撰異曰：「意，《公羊》作隱，後同。案：〈少儀注〉：『隱，意也』，聲轉字通。《史記》『蘇意』，《漢紀》作『蘇隱』」。

連堂案：《說文》段《注》：「意，於記切，一部；隱，於謹切，十三部。」是意隱二字雙聲，〈少儀注〉以意訓隱者，雙聲爲訓也。

〔註 11〕據陳新雄《春秋異文考》所列〈春秋異文表〉統計所得。省立師大《國文研究所集刊》第七期，52 年 6 月，頁 523～536。

4. 方音不同

△隱元年：「公及邾儀父盟于眛。」

撰異曰：「邾，《公羊》作邾婁，終《春秋》皆然。婁，力俱切，邾人語聲後曰婁，或曰齊人語，《禮記．檀弓》同，《國語》、《孟子》諸書謂之鄒。」

連堂案：《說文》段《注》：「邾，陟輸切，古音在四部；婁，洛侯切，四部。」邾婁二字古音同在四部，則合邾婁二字之音，仍爲邾字，故急言之爲邾，緩言之則成邾婁耳。《公羊釋文》：「邾人語聲，後曰婁，故曰邾婁。」趙坦《春秋異文箋》：「列國方言有語聲在後者，邾婁是也；有語聲在前者，句吳、於越是也。即人名亦然，吳子壽夢、寺人惠牆伊戾是也。《公羊》多齊語，故邾作邾婁。」（卷一）是邾與邾婁之別，在方言急讀緩讀之異也。而或曰邾人語聲，或曰齊人語者，邾齊地近。蓋《公羊》著竹帛者，取邾之原音書之也。至《國語》、《孟子》謂之鄒者，邾鄒音近，鄒即邾也。杜預《春秋釋例．世族譜》：「邾，今魯國鄒縣是也。」（卷八）《說文繫傳》：「鄒，魯縣也，古邾國。……臣鍇案：趙岐〈孟子題辭〉：邾國至孟子時改曰鄒。」可證鄒即邾。

5. 避諱改字

△哀三年：「季孫斯、叔孫州仇帥師城啓陽。」

撰異曰：「啓，《公羊》作開。案：《公羊經傳》，孝景時始著竹帛，故避諱改之。」

連堂案：《公羊釋文》：「開陽，《左氏》作啓陽，開者，爲漢景帝諱也。」

6. 形近而誤

△莊二十年：「齊人伐我。」

撰異曰：「我，《左氏》《公羊》作戎，宜從戎。」

連堂案：《補注》云：「我當爲戎，《穀梁》與《左氏》《公羊》本同字，蓋轉寫誤也。哀以前皆書四鄙，不應此獨直文。傳於上年發書鄙義，不應於此無傳，知必是誤字矣。」《補注》以哀公以前，《春秋》書伐魯，皆書「伐我某鄙」，如莊十九年「伐我西鄙」是，而無直云「伐我」者。又莊十九年，傳發書鄙義云：「其曰鄙，遠之也」，而相隔僅一年，如有不同書法，則依《穀梁》解經之例，當爲「我」發傳，今不發傳，可知「我」爲誤字。《補注》說是，唐龍朔寫本《春秋穀梁傳集解》正作「戎」。〔註12〕又汪克寬《春秋胡傳

〔註12〕《鳴沙石室古籍叢殘》，在《羅雪堂先生全集三編》（台北：大通書局，78年

附錄纂疏》云：「此言齊人，則將卑師少，安能深入乎？」（卷九）可爲輔證。

7. 音近而誤

△昭十二年：「盜殺衛侯之兄輒。」

撰異曰：「輒，《左氏》作縶。《音義》：『輒，如字，或云音近縶』，陸淳曰：『衛侯之孫名輒，故宜爲縶』」。

連堂案：輒縶音相近，不得相假爲用者，兩人不應同名。梁玉繩《瞥記》：「夫縶爲靈公兄，輒爲靈公孫，不應同名」（卷二），洪亮吉《春秋左傳詁》：「按《公羊》縶作輒，今考出公名輒，即靈公之孫，與孟縶服尚近，必不同名，當以《左傳》爲是」（卷四），明《穀梁》乃涉音近致誤。

8. 義近而誤

△僖九年：「秋九月戊辰，諸侯盟于葵丘。甲子，晉侯詭諸卒。」

撰異曰：「甲子，《公羊》作甲戌。張洽曰：『甲子不應在戊辰後，合從《公羊》作甲戌。』」

連堂案：杜預《注》：「甲子，九月十一日，戊辰，十五日也」，則甲子在前，反書於後，於理不通，若從《公羊》作甲戌，則爲九月二十一日，於理爲順，《穀梁》《左氏》乃因子戌同爲地支，而傳寫致誤。又鳴沙石室佚書《春秋穀梁經傳解釋》，「子」作「成」，蓋即「戌」字之訛。〔註13〕

9. 涉上文而誤

△定四年：「吳入楚。」

撰異曰：「楚，《左氏》作郢。案：凡入國皆書國，獨此以楚都地名書。劉知幾曰：『豈《左氏》之本獨爲謬歟』，陸淳曰：『誤也』，汪克寬曰：『恐因昭三十一年傳「吳其入郢」之文而誤也』，《左傳》於後十五年亦曰：『吳之入楚也』，則當作楚。」

連堂案：《補注》引汪克寬說，蓋明其涉上文而誤也。

10. 衍文

△桓十八年：「公會齊侯于濼，公夫人姜氏遂如齊。」

撰異曰：「公下各本衍『與』字，今依唐石經刪正。『《左氏》有與字。段玉裁曰：『《左》經疑俗增之，《春秋》書及、書暨，未有書與者，僖十一年，公及夫人姜氏，夫人偕行書例也。《左傳》記其始謀曰：「將

7月再版），冊七，頁2884。

〔註13〕同註12，冊五，頁1610。

與姜氏如齊」，記其實事曰：「公會齊侯于濼，遂及文姜如齊」，至聖人筆之曰：「公夫人姜氏遂如齊」，不言及，何《注》云：「明遂在夫人也。」』」

連堂案：計《春秋》書及者凡六十二，書暨者二，未有書與者，段玉裁說是。又《穀梁》若有與字，依其解經之例，當為與發傳釋之，如隱元年為及發傳云：「及者何？內為志焉爾」，昭七年為暨發傳云：「暨猶暨暨也，暨者，不得已也，以外及內曰暨」，明《穀梁》與字為衍文。

11. 脫文

△襄三十年：「秋七月，叔弓如宋，葬共姬。」

撰異曰：「葬下當有宋字，此脫也。《左氏》《公羊》皆有宋字。」

連堂案：《補注》說是也。《春秋》書葬之例，天子書「葬某王」，如「葬桓王」、「葬匡王」是；魯君書「葬我君某公」，如「葬我君桓公」、「葬我君莊公」是；魯夫人書「葬我小君某某」，如「葬我小君文姜」、「葬我小君成風」是。以上天子不冠周者，以王者無外故也；魯君、魯夫人不冠魯，而稱「我君」「我小君」者，以《春秋》為魯史故也；餘者書葬皆冠國名，以示別也，如「葬齊桓公」、「葬晉文公」是。而依經例，外夫人不書葬，唯紀伯姬（莊四年）、宋共姬（襄三十年）為魯女，一隱其失國，一隱其卒災而書之，而紀叔姬亦因閔紀之亡而書（莊三十年），其書例皆當冠國名，如伯姬、叔姬之冠紀是也。故此共姬亦當冠宋，《春秋》書例也。又以經文之相類者考之，文六年「冬十月，公子遂如晉，葬晉襄公」、昭十一年「春王二月，叔弓如宋，葬宋平公」，與此經正相類，而亦冠有晉、宋，明此處乃傳寫脫誤，當從《左氏》《公羊》補正。

四、疏　失

鍾氏補注《穀梁經》《傳》之成就，既論述如前，惟成就固在，而疏失亦不免。茲就其體制、義例、義理、訓詁、校勘、考據及態度上之不合宜，舉例以明。

ㄅ、體制之疏失

1. 繁瑣失當

鍾氏《補注》，一意求詳，其於經傳之文字訓詁，義理義例，往往廣引眾說，期能融會貫通。然往往求之太過，詳則詳矣，而於經傳訓詁之明達，義理義例之融通，實未見有何助益。《補注》中，時見以范《注》繁贅當刪，而其自身卻亦不免繁瑣不當之失。

文字訓詁之繁瑣者，如隱元年《傳》:「雖無事，必舉正月」,《補注》云:

> 《玉篇》曰:「雖，詞兩設也。」……文烝案:〈雜記〉曰:「過而舉君之諱」，鄭君《注》曰:「舉猶言也」，又《史記》載《書・湯誓》，稱亂爲舉亂。〈士相見〉、〈聘禮〉、〈檀弓〉〈注〉並曰:「稱，舉也」，則舉亦訓稱矣。《説文》「爯」字，《爾雅》「偁」字，皆訓舉。

其於常用之「雖」「舉」兩字，如范甯不注可也，縱需訓解，亦不必如《補注》之廣引字書、古注。又隱三年《傳》:「知其不可知，知也」,《補注》云:

> 末知字依今音讀去聲，即《爾雅》、《説文》智𥎿字。《墨子・經》曰:「知，材也」,〈經説〉曰:「知也者，所以知也，而必知」，此今去聲字也。又〈經篇〉及《莊子》並曰:「知，接也」,〈經説〉曰:「知也者，以其知過物而能貌之」，此今平聲字也。《論語》曰:「知之爲知之，不知爲不知，是知也」，末知字亦音智爲是。干寶《周易注》引《傳》曰:「不求知所不可知者，智也」，王念孫以爲古書智慧之智或作知，知識之知亦或作智。據《墨子》他處，及《管子》、《呂氏春秋》、《韓非子》、《戰國策》、《淮南子》諸書，有以智爲知者也。二字音義，互得通借，疑其本無定字，殆不然矣。

如此辭費，實無助於文字之明達，徒覺其繁瑣紛雜耳。

義理說釋之繁雜者，如昭十九年《傳》云:「就師學問無方，心志不通，身之罪也」,《補注》云:

> 學以聚之，問以辯之，《中庸》明善擇善之教，《大學》致知格物之義也。格，量度也，車若水説是學問無方，三十時也。〈内則〉:「二十博學，三十博學無方」，鄭君曰:「方猶常也，至此學無常在，志所好也」，文烝案:學有正業，二十學禮而始備，正業之外，謂之博學，博而又博，謂之無方。傳以學則必問，故兼言問;張洽《集註》引此作問。〈學記〉兩言博學，傳亦以後包前，謂自十五就師至三十也。〈學記〉曰:「教必有正業」，謂詩禮樂也。《毛詩傳》:「古者教以詩樂，誦之歌之，弦之舞之」，即〈内則〉云「十三學樂、誦詩、舞勺」是也。〈昏義〉曰:「夫禮始於冠，本於昏，重於喪祭，尊於朝聘，和於射鄉」,〈王制〉曰:「六禮:冠、昏、喪、祭、鄉、相見」，

> 皆即今《儀禮》十七篇教學者所執以爲容，即〈内則〉云「二十而冠，始學禮」是也；三者爲正業矣。心，思心也，今文《尚書·洪範》曰：「思心曰容」，志，意也，字从心之，心所之也。單言曰志，疊言曰心志。《春秋說題辭》曰：「恬澹爲心，思慮爲志」，恬澹之心，不思而得，此乃《管子》所謂心以藏心，心之中又有心，非傳所指也，通謂由之而知其道也。《論語》曰：「吾十有五，而志乎學，三十而立，四十而不惑，五十而知天命」，此則所謂下學而上達，聖人之通也。志乎學，即是志於道，志於道而後適道，適道而後立，立而後不惑焉，知天命焉，謂之聞道。夫道之大小，隨人者也，自聖人而下，七十達者及諸賢士大夫，各有所立，則各有所聞之道，無謂中行狂狷，皆謂之通矣。辛酉歲，邵懿辰詒書，言高堂生所傳禮，即夫子所述，別無闕逸，予韙其說。子入太廟，每事問，諸侯喪禮，孟子未學，通在學問無方中也。讀書謂之學，聞道謂之通，揚雄以通天地爲伎，通天地人爲儒，周子則曰：「誠立，賢也；明通，聖也」，朱子以《論語》說之，故通即不惑，而不惑由於立，故《論語》又曰：「古之學者爲己，今之學者爲人」，《新序》墨子對齊王解此二句曰：「古之學者，得一善言，附於其身；今之傳者，得一善言，務以悦人，言過而行不及」，此論學之大要也。《論語》又曰：「六十而耳順，七十而從心所欲，不踰矩」，此心謂恬澹之心也，五十以學猶學也，至是則化而神焉。

此傳本釋許世子未就師問學，故不知嘗藥之義而衍釋之文，非經傳之本旨，故范未有注，而《補注》乃廣引古說就師問學之方法及進程以注傳，而於所引書之注亦并及之，注中又注，豈能不繁，而其引《論語》以通傳，又廣及諸家之說《論語》者，其注《穀梁》乎？注《論語》乎？

又如莊元年《傳》：「人之於天也，以道受命」，此句亦非《穀梁》本旨，范亦無注，而《補注》以一千二百餘字說之，自《中庸》之天之道，人之道，而三達道，五達德，而性教之論，其大要爲廣引歷來論性之說，自「性」字从心从生之結構，而《書經》、孔子及其弟子、孟子、告子、莊子、荀子，而董仲舒、揚雄、王充，以至唐宋諸儒，幾遍及之。而可怪者，傳文並無「性」字，其由人得天道受命而引申之，竟大爲衍釋，於傳何所補？徒滋紛擾耳。

鍾氏責范《注》之繁贅，而范《注》未若是其繁也。孫詒讓〈與梅延祖論穀梁義書〉云：

> 鍾書平議精當，足與巽軒《公羊通義》並傳；惟援證略病氾濫。〔註 14〕

孫氏以其援證氾濫，良不誣也。

2. 欠缺詳明

《補注》求詳且失之氾濫，已如上述，惟亦偶有欠詳不明之處。如其引楊《疏》，例云「疏曰」，然亦有直引而未書「疏曰」二字者，一則於例不純，一則易誤爲《補注》之發明。隱五年春，公觀魚于棠，范《注》云：「傳例曰：公往時，正也」，《補注》云：

> 《注》引往時例，在莊二十三年傳。

《補注》之說，實引自楊〈疏〉，而未明之。

又如楊《疏》釋注頗詳明，《補注》未能引之，過於簡略。文元年，天王使叔服來會葬，范《注》云：「傳例曰：天子大夫稱字」，《補注》云：

> 《注》引稱字例在定十四年傳。

此處楊《疏》云：

> 范云傳例者，非正例，推以知之。定十四年《傳》曰：「天子之大夫不名」，隱七年，凡伯來聘，《傳》曰：「凡伯者何也？天子之大夫也」，又九年，南季來聘，《傳》曰：「南，氏姓也；季，字也」，是天子之大夫稱字，據傳文可知，故亦得云傳例也。

知以「天子大夫稱字」爲例者，乃推定而得，非明有其例。定十四年謂天子大夫不名，而七年之凡伯爲天子大夫，稱伯者乃其字，此可由九年之季爲字推知，楊《疏》頗爲詳明，而《補注》僅謂「稱字例在定十四年傳」，實則定十四年未有其例，失之簡略不明。

ㄆ、義例之疏失

《春秋》以辭見義，書某辭即見某義，此所謂例也。《補注》於《穀梁》義例，多所闡明，而亦不免拘牽太過之疏失。

1. 時月日例之牽強

時月日例，傳本有之，如「諸侯來朝，時，正也」（隱十一年），「桓盟不日，信之也」（莊二十七年），此皆傳之發例，於理有說，而《補注》則時指

〔註 14〕見《籀膏述林》卷十。

舊史本爲時，爲月，爲日，而經文改從其他，然又不知何所據。隱元年夏五月，鄭伯克段于鄢，范《注》云：「段有徒眾，攻之爲害必深，故謹而月之」，《補注》云：

舊史凡殺世子母弟皆月，君子改從時例。

又如隱二年夏五月，莒人入向，范《注》云：「入例時，惡甚則日，次惡則月，他皆放此」，《補注》云：

舊史入皆具月日。

此類舊史作月，君子改時，舊史皆具月日之說，不知何所據，而又遍處可見，其說實難令人具信。

2. 重發傳例之牽強

傳之釋經，或發經之通例，全經唯見一處，不復發傳，然隨經文之載而屢發之者，亦所在多有，於此，楊《疏》或明其重發傳例之由，至《補注》則於全傳重發之處，幾遍言其發傳之由，其中或於理可通，如僖十八年，狄救齊，《傳》曰：「善救齊也」，《補注》云：

重發傳者，嫌與諸夏異也。

此以莊六年、二十八年、閔元年、僖六年、十五年及十八年之諸侯救齊，皆諸夏所救，此爲狄所救嫌異，故於理可通。然閔元年之「齊人救邢」，《傳》曰：「善救邢也」，《補注》以爲其重發傳，乃嫌霸國獨救義異也，則嫌牽強。而僖十八年之「師救齊」，傳亦發「善救齊也」，《疏》以重發傳乃因「以魯昔與齊仇讎，恐救之非善，故發例」，《補注》則以《疏》爲非，謂重發傳乃「嫌內兵獨救義異」。由楊《疏》《補注》之異說，足明遍尋其重發之由，牽強有之，而未必得當。

又如僖十五年傳復解經書「遂」之義，云：「遂，繼事也」，《補注》云：

重發傳者，時齊桓德衰，嫌義異也。

此傳解遂字之義，其爲繼事之辭，與齊桓之德盛德衰何干？而以其爲由重發傳，其不足信顯然。

《補注》於文元年「公孫敖會晉侯于戚」下云：

傳不於柔會宋公、陳侯發例，又不於此發例者，隨意而發，非有深義。

實則，傳文之重發者，多隨意而發，非有深義之類，欲遍尋其理，不免拘泥難通。

3. 據經傳例之不當

《補注》時據經傳之例以說經傳，以期於會通，然亦有引例不當之失。桓十年，齊侯衛侯鄭伯來戰于郎，《傳》曰：「內不言戰，言戰則敗也」，《補注》云：

> 爲內不諱敵，成元年傳有明文；不言戰爲舉大，隱十年傳又有明文矣。

此處《補注》引「內不諱敵」之例是也，成元年《傳》有明文：「爲親者諱敗不諱敵」，然引「不言戰爲舉大」非也。隱十年，公敗宋師于菅，《傳》曰：「內不言戰，舉其大者也」，此直言敗不言戰爲舉大者，以戰然後敗，故敗大於戰，言敗則戰可知，直云敗有大魯、內魯之義，以魯爲戰勝之國也；然此經書戰，實即魯敗，不書敗者，正爲魯諱敗也。《補注》當引桓十二年「戰于宋」之傳，此《傳》云：「內諱敗，舉其可道者也」，所謂「可道」者，戰也，戰輕於敗，敗不可道，言戰所以諱敗也。

又如昭三十一年，黑肱以濫來奔，《傳》云：「其不言邾黑肱何也？」范《注》：「據襄二十一年，邾庶其以漆閭丘來奔言邾」，《補注》云：

> 當依何休云：「據讀言邾」，孔廣森以爲《春秋》口授，恐久而失實，故文雖無邾，師法自連邾讀之，因以起義也。

此范以襄二十一年邾庶其言邾爲據，《補注》以爲當依何休，謂文雖無邾，讀仍有邾。王師熙元《穀梁范注發微》云：「何休之意，謂當時公羊子口讀邾婁黑肱，此《公羊》家說，《穀梁》無之，故范不據也。」〔註15〕《補注》據《公羊》家說，反以范之據《穀梁》爲非，誤矣。

ㄇ、義理之疏失

《補注》於《穀梁經》《傳》義理之闡明，皆義正而能融通，頗爲圓足，有功於《穀梁》實多；然亦不免疏失之處。

隱七年，城中丘，《傳》云：「凡城之志皆譏也」，《補注》云：

> 譏者，君子所取義，以其益城過於王制也。

《補注》以爲益城過於王制而譏非是；當如范《注》「保民以德不以城」之說，亦即《春秋》書城者，以譏警人君，城雖得保民，而城不足恃，欲保民保城，當以修德愛民爲尚。不然，此傳「凡城之志皆譏」，非專釋「城中丘」，乃發

〔註15〕同註5，頁462。

全經通例，若如《補注》過於王制之說，是全經書城者皆過王制，此殆不然矣。

僖十七年，滅項，《傳》云：「孰滅之？桓公也。何以不言桓公也？爲賢者諱也。項，國也，不可滅而滅之乎？桓公知項之可滅也，而不知己之不可以滅也。既滅人之國矣，何賢乎？君子惡惡疾其始，善善樂其終，桓公嘗有存亡繼絕之功，故君子爲之諱也。」《補注》云：

此所謂《春秋》之義，以功覆過除罪。

《補注》「以功覆過除罪」之說，似欠思慮。以歷史之功過言，有大有小，大可以掩小，可以覆小；以恒常之義斷之，惟有是非，是非無大小，判然不混，諱之可也，覆之除之未可也。以諱皆不沒其實，故可也；覆則沒其實，除則不計罪過，未可也。況《春秋》並未爲齊桓覆除罪過，如莊九年書「齊小白入于齊」，《傳》曰「惡之也」，又僖十七年冬十有二月乙亥，齊侯小白卒，《傳》云：「此不正，其日之何也？其不正前見矣」，《補注》云：

明君子大居正，非以齊桓功德之盛，遂不論其正不正也。

顯見《春秋》於齊桓之正不正，未嘗絲毫假借，何覆除之有？而鍾氏「非以功德之盛，遂不論正不正」之說，亦見其不以史實功德可與是非名分相混也，前者「以功覆過除罪」之說，蓋欠思慮耳。

ㄷ、訓詁之疏失

《補注》於經傳文字之訓詁頗詳，且偶亦兼及訓詁之理，然亦有說理有誤，訓解不當之疏失。

1. 說理有誤

僖十六年《傳》：「民所聚曰都」，《補注》云：

國所治處，衆之所歸也，都聚雙聲爲訓。

依《廣韻》：「都，當孤切」，屬端紐；「聚，才句切」，屬從紐，兩字非雙聲，《補注》誤。又依段玉裁古韻十七部，都爲五部，聚爲四部，亦非疊韻，明傳以「民之所聚」訓「都」非音訓。

2. 訓解不當

定十年，公會齊侯于頰谷，《傳》云：「孔子歷階而上，不盡一等，而視歸乎齊侯，曰：『兩君合好，夷狄之民，何爲來爲？』命司馬止之」，范《注》：「兩君合會，以結親好，而齊人欲執魯君，此無禮之甚，故謂之夷狄之民。」

《補注》云：

> 夷狄之民，據《左傳》謂萊人也。

《補注》據《左傳》以夷狄之民謂萊人之說，不如范《注》以爲「無禮之甚，故謂之夷狄之民」之圓轉，此傳下文云：「齊侯逡巡而謝曰：『寡人之過也』，退而屬其二三大夫曰：『夫人率其君與之行古人之道，二三子獨率我而入夷狄之俗何爲？』」齊侯謂「率我而入夷狄之俗」，明前者「夷狄之民」非實指夷狄，乃指有夷狄之行之齊人，謂其爲夷狄之民者，孔子華夷之判，不以血統爲準據，華夏之族有夷狄之行者，則亦夷狄之，此處之齊，即其類也。又稱其爲夷狄之民，或亦爲孔子之外交辭令，辭意上以責備夷狄之民，而非責備與盟之齊人，言辭上較爲婉轉和緩，免去兩國尖銳衝突之弊。《補注》之說，不如范《注》。

ㄉ、校勘之疏失

《補注》於經傳文字之校勘，除引據前人成績外，亦有所校正，然偶有不妥切處。

定六年夏，季孫斯、仲孫何忌如晉；冬，季孫斯、仲孫忌帥師圍鄆，范《注》：「仲孫何忌而曰仲孫忌，甯所未詳」，《補注》云：

> 此注舊在上「如晉」下，其首句之文云「仲孫忌而曰仲孫何忌」，轉寫錯誤，妄改耳，今移正之。

《補注》之移恐未必是。各本原作：「定六年夏，季孫斯、仲孫何忌如晉。仲孫忌而曰仲孫何忌，甯所未詳。冬，季孫斯、仲孫忌帥師圍鄆」，則或范甯與鍾氏之認定有異。蓋范以「仲孫忌」之名爲正，故於夏經下注曰：「仲孫忌而曰仲孫何忌」，而鍾氏以「仲孫何忌」之名爲正，又以爲范之認定與己同，而所見版本不然者，以爲傳寫之誤，故移范《注》於冬經下，並改爲「仲孫何忌而曰仲孫忌」。苟如此，則乃兩者內容認定有別，而非版本傳寫有異，鍾氏補注時，倘能考定當以「仲孫何忌」爲正，則駁范《注》爲非可矣，不必強范以同己，而移之改之，況無一本如是作，恐難免妄改之譏矣。

又昭十九年《傳》：「子既生，不免乎水火，母之罪也」，《補注》云：

> 唐石經初刻，母上有父字。案：韓子〈祭女挐女〉文曰：「不免水火，父母之罪」，孫汝聽《注》引《傳》亦有父字。

《補注》之疑恐非是。此傳下云：「羈貫成童，不就師傅，父之罪也；就師學問無方，心志不通，身之罪也；心志既通，而名譽不聞，友之罪也；名譽既聞，有司不舉，有司之罪也；有司舉之，王者不用，王者之過也」，謂某之罪也，某之過也，皆單舉一類人，如父、身、友、有司、王者是也，且下既有「父之罪也」，正與「母之罪也」相對爲文，不當「母」字上復有「父」字。至韓子祭女文謂「不免水火，父母之罪」，此必然之詞也。不然，唯書母之罪，則祭女痛女，不責己失，惟責己妻，豈韓子爲文之旨哉？而孫汝聽《注》引《傳》有父字，則或因韓子原文而衍，不足爲有父字之證。

ㄊ、論證之疏失

《補注》於經傳文字、版本及禮制諸方面，曾多所考校，而其中有推論未當者。

隱五年，公觀魚于棠，觀，《左氏》作矢。《傳》云：「傳曰：常事曰視，非常曰觀」，《補注》云：

> 此引舊傳文，知經文舊非矢字。

《補注》以舊傳解「觀」字，不解「矢」字，證《公》《穀》作「觀」爲是，《左氏》作「矢」爲非，此一推論未爲周密。以《穀梁》引「傳曰」，僅可證此傳在《穀梁》之前，而無以證其必在《左氏》之前，則作「觀」作「矢」各有所本，《左氏》「矢」字，未必爲非。

又《補注》於桓八年「逆王后于紀」下，論天子有無親迎之禮，其引《荀子》曰：「天子無妻，告人無匹也，四海之內無客禮」，而謂妻之言齊，既曰無妻，必無親迎之禮；而荀卿學於穀梁，必不違師說，則《穀梁》必如《左氏》，以天子無親迎之禮。天子有無親迎之禮姑不論，惟《補注》以荀子學於穀梁，即推定穀梁必同於荀子，實失諸武斷。

ㄋ、態度之拘牽

鍾氏爲學，頗爲嚴謹，並期《補注》之周密圓足，然執意行之，則有拘泥太過之弊。

莊十五年，宋人齊人邾人伐郳，范《注》：「宋主兵，故序齊上也。班序上下，以國大小爲次，夷狄在下。征伐則以主兵爲先，《春秋》之常也」，《補注》云：

> 《注》首二句本杜預，班序以下則下年夏「伐鄭」下注也。杜無「夷狄在下」句，宜刪四字。

夷狄序列在下，《春秋》之常例也，並無不當。若以范氏本杜預，而杜預本無者即宜刪去，則鍾氏之拘牽也。范本杜氏，而發杜氏所未發，此范氏之成就也，豈可刪乎？不然，《補注》本范《注》，其發范《注》所未發者，亦皆刪之乎？是不通之論也。

又如鍾氏推崇《穀梁》，迴護《穀梁》，難免爲傳強作辯解。隱五年，初獻六羽，《傳》引「穀梁子曰」，范《注》云：「言穀梁子者，非受於師，自其意也」，《補注》云：

> 自著「穀梁子」者，因下有尸子，故以相別，非必不受諸師也。穀梁子得自稱者，猶《孟子》書自稱孟子，《莊子》書自稱莊子，又其先則曾子承夫子之意作《孝經》，自稱曾子。

傳文不稱引他說者，皆當穀梁之作，縱下引有尸子，不致相混，無爲出「穀梁子」作別，至《孟子》書自稱孟子云云，非孟子等自書甚明，鍾氏強作辯說，乃緣其迴護《穀梁》之態度，以《穀梁》受諸聖門，且成書甚早，爲穀梁子自著，不似《公羊》之五傳始著竹帛也。

哀十三年，有星孛于東方，《補注》云：

> 今人惑於荒外新法，改九重之稱，增四七之宿，謂彗孛亦可以術推，實蕩且妄。

鍾氏之時代，已屆滿清末葉，天文知識尚停於古人之說，而稱西方爲「荒外」，謂其天文學「實蕩且妄」。又清末之自強運動，鍾氏亦不以爲然，其《乙閏錄》云：

> 今之世何紛紛也。有所謂廣方言館者，有所謂船廠者，有所謂製造局，出洋局者，有所謂招商輪船者，久受西夷之害，而還法西夷，曰：「將以利吾國也」，夫孟子固言之矣：「王何必曰利？」大書特書，著於首章，誰不讀是語者，而行事何其戾耶！

此蓋亦心態拘執，難於容受外來文明之所致也。

五、評　價

鍾氏《補注》網羅眾說，自范《注》楊《疏》而下，至宋元諸儒，以迄當代學者，於《穀梁經傳》之論述，或采之補之，或駁之正之，或疏而通之，或闡而明之，其所創發，復多可觀，且成就多方，舉凡文字校勘、訓詁、《穀梁》解經方式、傳例發凡、傳義闡述、史地禮制之考證、三傳異文及於文章風格，無不遍及。其述作謹嚴，用力至勤，觀其成績，可謂集《穀梁》之大成，於清代穀梁學，成就最爲高。

第二節　穀梁春秋經傳古義疏

一、作者傳略

廖平（1852～1932）原名登廷，字季平，號四益，後繼改爲四譯、五譯、六譯，四川井研人。光緒進士，嘗遊張之洞幕，入民國，長成都國學院。廖氏學邃於經，宗今文，治經前後凡六變，其學說思想影響近代思想界至深且鉅。著作宏富，有《六譯館叢書》等〔註16〕；《穀梁》著作則有《穀梁春秋經傳古義疏》〔註17〕、《起起穀梁廢疾》、《釋范》等。生於咸豐二年，卒於民國二十一年，年八十一。

二、概　述

《古義述》約成於光緒十年，後屢有增刪，〈自敘〉云：

> 《穀梁》顯于宣元之間，不及一世，東漢以來，名家遂絕，舊說雖存，更無誦習；范氏覘其闐弱，希幸竊據，依附何、杜，濫入子姓，既非專門之學，且以攻傳爲能……辛巳中春，痛微言之久隕，傷絕學之不競，發憤自矢，首纂《遺說》，間就傳例推比解之；癸未計偕都門，舟車南北，冥心潛索，得素王、二伯諸大義；甲申初秋，偶讀〈王制〉，恍有頓悟，于是向之疑者盡釋，而信者愈堅，蒙翳一新，豁然自達，乃取舊稿重錄之。

此以《穀梁》久微，范甯《集解》又不守專門，以攻傳爲能，未洽己意，乃發憤述作，並明其體悟增修之歷程。

至其取材及述作體制，〈凡例〉云：

> 范氏《集解》不守舊訓，今志在復明漢學，故專以舊說爲主，至於

〔註16〕廖氏著作宏富，遍及經、子、史地、堪輿、方技、醫學、宗教諸方面，且或已成，或未成，或已刊，或未刊，或存，或佚，陳文豪《廖平經學思想研究》第三章〈廖平的著作〉曾予分類，每類依著成年代先後排列，並明其成書、刊行、存佚情況。台北：文津出版社，1995。

〔註17〕該書民國19年成都鴻寶書社刊本，書名冠有「重定」二字，民國20年渭南嚴氏《孝義家塾叢書》刊本冠有「重訂」二字，或因以爲廖氏舊稿重加修訂者非是，此乃版刻之異耳。鴻寶書社刊本，中研院傅斯年圖書館藏有一部，渭南嚴氏刊本，台北文海書局及上海古籍出版社均有影印本，後者在所編《續四庫全書・春秋類》。參見拙著〈穀梁著述考徵補正〉，《孔孟學報》第七十五期，87年3月。

范《注》，聽其別行，不敢本之爲說。

注以〈王制〉爲主，參以西漢先師舊說，從班氏爲斷。……凡所不足，乃下己意，注所不盡，更爲疏之。

疏中引用實事者，以《史記》爲主，《左》亦間用之。

知廖氏摒范甯《集解》，直取西漢舊說，其中引董仲舒、劉向、《史記》、《漢書》爲多；而〈王制〉，廖氏以其爲《春秋》大傳，全以《穀梁》合（〈凡例〉），全書言及制度者，幾全以〈王制〉所言以釋《穀梁》。至其注、疏之分，實含混不顯，本文引述，通稱《古義疏》而不別。

《古義疏》之大旨在闡義，尤以《春秋》當新王，託義制義，以立萬世法，並以〈王制〉說《穀梁》。於三傳，則以其大同小異，故時引《左》、《公》、何《注》以推闡本傳；而校勘、訓詁則鮮及之，〈凡例〉云：

陸氏《釋文》及本傳異文，諸書所詳，今不暇及；至傳文字誤，新所考訂，皆爲標識，有所據改，說見疏中；至於訓詁，人所易明者，不更贅及。

茲分論經傳及對經傳之發明兩大目，復各分細目論述之。

三、成　就

甲、論經傳

ㄅ、論　經

1. 春秋當新王

廖氏秉公羊家三統之說，以《春秋》當新王。《古義疏》引劉向云：

孔子曰：「夏德不亡，商德不作；商德不亡，周德不作；周德不亡，《春秋》不作」，《春秋》作，君子是以知周德之亡也。……王者必通三統，明天命所授者博，非獨一姓也。（隱九年）

《論語》孔子曰：「殷因於夏禮，所損益可知也；周因於殷禮，所損益可知也，其後繼周者，雖百世可知也」，《古義疏》云：

繼周，謂《春秋》也。（隱九年）

是廖氏以《春秋》當新王。

王者可以爵命諸侯，進退諸侯，立法改制。《古義疏》云：

爵者天子之所有，臣無自爵之義。（隱元年）

隱元年《傳》云：「邾之上古微，未爵命于周也」，《古義疏》云：

> 言古微未爵命於周者，明《春秋》爵命之也。郳本附庸，《春秋》初字之，以爲小卒正，後進之，以爲見經卒正，因其國近魯，又漸強，如秦楚初封甚微，後乃大，故進之，以明《春秋》有王法也。

又云：

> 宋，王者後，稱公，敘在諸侯上。……莊以後敘齊晉下者，《春秋》升齊晉爲二伯。（隱元年）
>
> 杞，王者後，例如宋制，稱子伯在卒正末者，《春秋》改制，黜杞也。（隱四年）
>
> 《春秋》爲興王之制，進退褒貶，非復時王爵祿矣。（隱十一年）

此述《春秋》爵命諸侯，升齊晉爲伯，黜杞國於卒正末，以進退褒貶諸侯，皆明《春秋》之行王法也。

又王者得立法制度，《古義疏》云：

> 《春秋》有王道，因舊制而加損益，故不拘周禮，參用四代。（隱元年）
>
> 孔子定禮，以爲一王之制。（隱二年）

皆謂《春秋》爲新王，可損益舊制，定立新法。《古義疏》中並明舉《春秋》改易周禮之例：

> 時禮不親迎，《春秋》制乃親迎。（隱二年）
>
> 周禮，世卿喪期，在喪不舍事，故大夫父死，子即繼位視事，此周通禮也，《春秋》改之，乃譏世卿喪娶，喪未畢視事。……周禮在喪得出號令，春秋改爲冢宰攝政。（隱三年）

此廖氏承清公羊家之統緒，以《春秋》當新王以說《穀梁》。〔註18〕實則，《春秋》《穀梁》經傳，均未有以《春秋》爲新王之義。

2. 春秋為萬世立法

廖氏以《春秋》當新王已如前述，猶有進者，廖氏亦承清公羊學者以《春秋》爲萬世立法。《古義疏》云：

> 《春秋》爲萬世立經，《公羊》先師誤以爲救文從質，爲一時之書，與本書經義不合。（〈凡例〉）
>
> 《春秋》託王道，以爲萬世法。（隱元年）

〔註18〕陸寶千〈清代公羊學之演變〉於三統、王魯、改制諸說，論述頗詳，見陸著《清代思想史》第六章，台北：廣文書局，72年9月三版。

漢儒三統說，主王朝可得更易，文化則循環反覆；廖氏則以孔子受命立萬事法，自此禮儀制度，萬世不變，不復三統。《古義疏》云：

> 《春秋》新義，不惟損益禮制，名教綱常，尤關統繫制度于一定之中，以三統通其變，至于禮義，百世不變。(〈凡例〉)

又云：

> 《六經》既定，垂法百世，後人不能再言改變矣。(〈凡例〉)

廖氏此說實本清公羊學者，陸寶千〈清代公羊學之演變〉云：

> 董仲舒稱:「王者以制，一商一夏，一質一文」;「承周文而反之質」;《白虎通》曰:「正朔三而改，文質再而復」:是漢儒於通三統之說，雖主王朝可以更易，然文化則循環。……(莊方耕)曰:「《春秋》應天，受命制作。孟子輿有言，天子之事，以託王法，魯無愒焉。以治萬世，漢曷覬焉。」由是春秋以後，不復三統。是義也，莊氏引其端而後學盛張之。……宋于庭曰:「素王受命之事，子張能知之。故問受命作《春秋》之後，其法可以十世乎？十世謂三百年也。孔子爲言損益三代之禮，成春秋之制，將百世而不易，何止十世也。……子貢曰，見其禮而知其政，聞其樂而知其德，由百世之後，等百世之王，莫之能違也。蓋以春秋繼周而損益之故遂定，雖百世而遠，孰能違離孔子之道，變易《春秋》之法乎？」……皆以爲《春秋》之制可以垂諸百世。而明確以言春秋以後，不復通三統者，則爲凌曉樓。曉樓設問魯史何以並記夏殷之正而答曰:「春王正月者，周之正月也。春王二月者，殷之正月也。春王三月者，夏之正月也。《春秋》通三王之統，故《尚書大傳》曰，王者存三王之後，所以通三統之三正。……仲尼大聖之才，祖述堯舜，憲章文武，制作《春秋》，論究人事，以貫百王之則。故於三微之月，每月稱王，以明三正迭相爲首。夫祖述堯舜，則其明義豈近在殷周而已乎？自此以後，不復三統矣。……」「自此以後，不復三統矣」，非四月以後不再書王也，乃指歷史進化至孔子而爲極之說也。故漢儒以爲「孔子爲漢制法」，清儒以爲「孔子爲萬世制法」，二者之不同如此。〔註19〕

此清公羊學者以《春秋》爲萬世立法之說，廖氏據之以說《穀梁》，實則，非

〔註19〕同註18，頁230。

惟《穀梁》無此義，即《公羊》本傳亦未之見，皆公羊學者之衍發也。

3. 春秋示人防微杜漸

春秋弒逆亂事頻仍，《古義疏》以弒逆之禍，常事出有因，亂事之起，必有徵兆，《春秋》載其事，欲以示人君，識其端倪，察其隱微，豫爲防患，以弭患於無形，即以《春秋》爲鑑，亦所謂有國者不可以不知《春秋》之一端。

隱四年二月戊申，衛祝吁弒其君完，《古義疏》云：

> 子夏曰：「《春秋》之記臣弒君，子弒父者以十數，皆非一日之積也，有漸而以至矣」，凡姦者行久而積，成積而力多，力多而能弒，故明主早絕之。……〈衛世家〉：「莊公有寵妾，生子州吁，十八年，州吁長，好兵，莊公使將，石碏諫莊公曰：『庶子好兵，使將，亂自此起』，不聽。二十三年，莊公卒，太子完立，是爲桓公，桓公二年，弟州吁驕奢，桓公絀之，州吁出奔，十六年，州吁收衛亡人以襲殺桓公。」

祝吁弒逆之源，正如石碏所云「庶子好兵使將」，有國者未能早絕之，可謂縱惡養患，與弒逆者以積漸之功，以爲有可乘之機，終致弒逆。其論公子翬之弒隱公亦然，隱四年，翬帥師會宋公、陳侯、蔡人、衛人伐鄭，《古義疏》云：

> 弒君必有先見，專兵，弒君之先見者。君縱臣專兵，則必有弒身之禍，于其始見謹之，明不可使大夫專兵。

十年，翬帥師會齊人、鄭人伐宋，《古義疏》云：

> 劉子云：「公扈子曰：『有國者不可以不學《春秋》。生而尊者驕，生而富者傲，生而富貴又無鑑而自得者鮮矣。《春秋》，國之鑑也』，春秋之中，弒君三十六，亡國五十二，諸侯奔走不得保其社稷者甚眾，未有不先見而後從之也。」上下有公，是公在師也。公在而曰翬，翬不臣也，師中知翬而不知公，起翬有無君之心，彊將爲弒也。

知弒逆有其脈絡徵象，皆積漸所致，所謂冰凍三尺，非一日之寒，明主能防其微，杜其漸，則國長存，身家可安，此以史爲鑑之功也。

4. 春秋託義制義不盡合史實

《春秋》因事以明義，藉史事以定其是非，善惡褒貶以顯義理，然亦有加損事實以託義、制義者。

僖二十八年，天王守於河陽，《傳》云：「全天王之行也，爲若將守而遇諸侯之朝也，爲天王諱也」，文八年，公孫敖如京師，不至而復，《傳》云：「不言所至，未如也；未如則未復也。未如而曰如，不廢君命也；未復而曰復，不專君命也。其如非如也，其復未復也」，此明《春秋》有加損改易事實以託義之例。《古義疏》云：

> 以復正言者，經意如此，不關事實也。三傳說經，有言事實，有言經義者，……因有其事，以明其制，不必更記其事之美惡，此經義所以間與事實不合也。（定八年）

《古義疏》以經義間與事實不合，明《春秋》藉事託義，不必盡合史事。復舉數例以證。

隱四年《傳》：「諸侯相伐取邑於是始，故謹而志之也」，《古義疏》云：

> 據《左傳》相伐取邑，前此已見，《春秋》于此始書，則以爲始，《公羊》所謂託始也。

隱八年《傳》：「諸侯之參盟於是始，故謹而日之也」，《古義疏》云：

> 據《左傳》參盟已前見矣。傳言此者，《公羊》所謂《春秋》之始也。

莊元年，築王姬之館于外，《傳》云：「其不言齊侯之來逆何也？不使齊侯得與吾爲禮也」，《古義疏》云：

> 于外當地，不地而曰外，非外也，非外而曰外，諱與齊爲禮，外王姬，不受邪命也。不言如，言于外，不言齊侯來逆，皆拒邪命，使魯若不與其事者然。……當時築於內，莊親與齊侯相接行禮，……言於外，所以避莊公與齊接也。

此傳所謂「不使」者，實相接爲禮，經義不使也。《古義疏》云：

> 孔子曰：「因其事而加王心」，此之謂也。

然則經之託義爲何？《古義疏》云：

> 仇讎爲婚媾，衰麻對冠冕，大恥、深惡，不可以言。
>
> 變接內之實事，以求報仇之正道。

僖二十八年，晉侯入曹，執曹伯畀宋人，《傳》云：「其曰人何也？不以晉侯畀宋公也」，宋人者，宋公也，其曰人何也？《古義疏》云：

> 五等，公尊而侯卑，……今若直言晉侯畀宋公，是以侯臨公，失尊卑之序，故降宋稱人，以成晉侯之尊。

此皆事義有所出入，爲明義而變實加損之例也。惟廖氏於此實推衍過度，以經意可以不關事實，甚且違逆事實，直欲以《穀梁》經傳爲寓言矣。

廖氏又以《春秋》尚有託事以制義法，以立典範者，《古義疏》於隱公之讓而被弒評之曰：

隱公，讓國當如曹臧、吳札，已立當如衛輒。隱當父欲立桓之時，不能如泰伯、伯夷逃而避之，以成父志；已立，又首鼠兩端，使佞臣窺伺，卒釀成弒身之禍，仁而不斷，修小節而忘大道。《論語》曰：「泰伯其可謂至德也已矣。三以天下讓，民無得而稱焉」，傷讓德之不終，故舉至德以爲法。（隱元年）

又傳之論趙盾、許止弒君：「於盾也，見忠臣之至，於許世子止，見孝子之至」（宣二年），《古義疏》云：

趙盾憂勤公家，世所謂忠臣，許止哀悔自責，世所謂孝子。忠臣之人，其與亂臣賊子不可同年而語，徒以不盡其道，遂坐弒逆之罪。然則臣子有毫釐未盡其道，皆足以爲弒逆之階。觀二人徒忠而弒君，徒孝而弒父，則欲免乎弒逆，而爲忠孝之至者，必有鑒於此，而克盡其道，庶純乎忠孝，不至空被惡名也。

此以隱之小惠小道，未能蹈道，盾、止之不盡忠孝之道，而立道之典範，以爲法於後世也。

ㄆ、論　傳

1. 穀梁作者及成書

廖氏《古義疏》於《穀梁》作者之論述，引之如下：

穀梁爲子夏氏名，學者不敢正言，故魯人音爲穀梁，齊人傳爲公羊，姓名音同字異，三傳之通例，後人誤以卜商姓氏，爲之臆造五名，非也。傳皆子夏所傳，偶有名氏者，後師因有異解，偶錄之也。其言姓氏者，明異說所本，兩存者皆通，附言者存異解。（隱五年）

傳者，子夏所傳大傳也。孔子修《春秋》，已以其意口親授之子夏，子夏乃筆其大例，禮制與經別，如〈喪服〉之〈大傳〉自爲一編，所說皆大綱是也。後師據此以答問，如〈服問〉是也。此《傳》依經編次，俱錄問答之辭，……故《公羊》同出子夏，而間有取舍相反，美惡異致者爲此。傳中稱引之文，皆本舊傳，但不盡舉耳。……今傳中亦九引「傳曰」，與〈喪服〉同例，知亦出舊傳文也。後師引傳解經，有明文者少，無明文者多，如《公羊》全無傳曰明文是也。（隱四年）

秦以前，傳與《公羊》不分，《穀梁》五家皆在漢以後。（莊二年）

此說與上不同，凡不同者，傳乃言「或曰」，「一傳曰」，非一師之言，但無大異同，皆不出說者主名，傳蓋合眾師說而成者。（桓二年）

綜上所述，廖氏以爲《穀梁》《公羊》原爲一書，子夏所作，秦以前不分。穀梁、公羊即子夏之名，因學者不敢正言，魯人音爲穀梁，齊人傳爲公羊，今《穀梁傳》則先師授受，因弟子發問，先師引子夏舊傳應答而成。傳中偶有名氏者，乃後師異解，偶錄之也。至「傳曰」者，則引子夏舊傳之有明文者。「或曰」「一傳曰」者，則非一師之言，今《穀梁傳》蓋合眾師而成者。

廖氏穀梁子爲子夏名之說，其弟子杜鋼百〈公羊穀梁爲卜商或孔商訛傳異名考〉，曾詳爲證補，謂公羊、穀梁爲卜商一人異名。〔註20〕茲先撮其要點，而後析論。

其一：公、穀二子古無其人。

①《史記・儒林傳》等無《公》《穀》作述事，董仲舒等又未見稱引。

②《漢書》〈儒林傳〉、〈藝文志〉、〈古今人表〉無名字及年代。

③先秦諸子無人論及。

④漢以後不見有此姓氏。

⑤漢末戴宏、唐人楊士勛以晚出之後生而詳其家世已可疑，乃復矛盾百出，大悖常理，其爲僞造，自無疑義。

⑥公羊子時代，各有異說，穀梁子之名竟有六說：喜、嘉、赤、寘、俶、淑，則本無其人而爲假託明矣。

其二：《公》《穀》二書系以首師氏其學，公羊、穀梁爲孔商轉音。

①二傳始師爲子夏，以先師氏學爲春秋戰國常例。

②二傳先師如北宮子、司馬子、尸子、沈子等率棄置弗標名，獨以公穀音傳而又無其人，則舍首師氏學，實別無邏輯可通。

③子夏紹述《春秋》，傳授《春秋》，遺有口說之古傳。

④公、穀同在見母爲雙聲，而韻部又爲屋東對轉；羊、梁同在陽韻爲疊韻，其聲紐又來定同阻，天下斷未有如此巧者。又，「孔」何嘗不能變而爲「公」爲「穀」？「商」何嘗不能變而爲「羊」爲「梁」？故乃齊魯異讀，字殊音同，其爲首師氏學，而爲孔商之轉音，似無疑義。

此杜氏之主要論點。

案：《穀梁》之成書，在秦漢之際，《公羊》之著竹帛可能更晚，先秦諸

〔註20〕見國立武漢大學《文哲季刊》第三卷第一號。

子除傳承之者，如荀子之傳《穀梁》，可能無由引述。而《漢書》〈儒林傳〉、〈藝文志〉、〈古今人表〉明有其人，特遺其名耳。皮錫瑞《經學通論》云：

> 至謂公羊、穀梁，高、赤外不見有此姓，則尤不然，《禮記・檀弓》明云：「鬈巾以飯，公羊賈爲之也」，何得謂公羊高外，不見公羊姓乎？疑公羊賈即《論語》之公明賈，公羊高即《孟子》之公明高。高，曾子弟子，亦可從子夏受經，古讀明如芒。《詩》「以我齊明，與我犧羊」爲韻，明羊音近，或亦可通。是説雖未見其必然，而據《禮記》明明有姓公羊者矣。《漢書・古今人表》有公羊、穀梁，列四等，必實有其人可知。（冊四・〈春秋〉）

至謂漢以後無此姓氏，鄭樵《通志・氏族略》云：

> 魯有穀梁赤，傳《春秋》。……望出下邳。《姓纂》云：「今下邳有穀梁氏。」

張澍《姓氏尋源》云：

> 魯有穀梁氏。梁宜作粱，當以穀種爲氏。《水經注》云：「博陵有穀梁城。」

至楊《疏》謂穀梁子受經於子夏，爲經作傳，傳孫卿之說，確有年代相隔太遠不可能傳承之謬誤，然僅可謂其傳承不明，不可遽謂無其人。而穀梁六名中，俶之於淑，喜之於嘉，當係形近致誤，其餘四人，或亦如公羊氏之家世相傳也，特此四人孰先孰後，已不可詳考耳。

此均不可謂古無其人

又，公穀雙聲，梁羊疊韻，吾人仍以其係巧合，廖、杜二氏以公羊、穀梁爲卜商或孔商之轉音、訛變，誠爲附會。且杜氏以孔指孔子，商指子夏，二人等列，一姓一名，尤爲不倫。

杜氏又以《公》《穀》二書係《春秋》古傳之由合而分。案：子夏傳經，世未有疑，遺有古傳，則未見載記，且《公》《穀》解經，雖有相似之處，而歧異亦不小，若謂以齊魯方音致異，只當有文字之殊，不當有理念體系之別。

實則，《四庫全書總目・春秋公羊注疏提要》已云：

> 弟子記其先師，子孫述其祖父，必不至竟迷本字，別用合聲。

皮錫瑞《經學通論》亦云：

> 古人著書，亦有自隱其姓名者，而二子爲經作傳，要不應自隱其姓。（冊四〈春秋〉）

皆足釋廖、杜之疑。

有關《穀梁》作者及傳承，王師熙元《穀梁范注發微》第一章第二、三節已作詳論析辨，足供參考。以上所述，多采其說，謹此敘明，不復一一註明。

又，廖氏既以二傳爲後師據子夏大傳答問而成，又以「傳曰」爲引舊傳之明文，則明文者何其少？而《公羊》則全無明舉，是亦不然矣。吾人以爲「傳曰」者，亦同「或曰」「一傳曰」，乃當時他家或口傳或另傳而爲《穀梁》著竹帛者所采錄，以供參考備一說者，或偶及名氏，則如廖說，後師因有異辭偶錄以存異。

浦衛忠《春秋三傳綜合研究》云：

> 《春秋》問世之後，在戰國秦漢之際曾得到廣泛的傳播，作傳者甚多，除了《漢書·藝文志》所載的《鄒氏》《夾氏傳》而外，見於《穀梁傳》稱引的有「傳曰」、「其一傳曰」。這些「傳」、「其一傳」等等，我們今天已難考其詳，但它們產生在《穀梁傳》之前卻是可以肯定的。我們從《穀梁》對「傳」、「其一傳」的稱引，以及《公羊》《穀梁》二傳所引先師之言，以及「或曰」可以看到，《春秋》之傳人在當時不僅甚多，其學風與後世之互詆其短也全不相同。〔註21〕

浦氏之說當接近事實。

2. 三傳本同

廖氏以三傳本同，《古義疏》中於歧異處多所彌縫，其言曰：

> （三傳）形體雖分，毛裡則一，兄弟相尤，外侮頻起，獨抱一經，其禍烈矣。今則化其戈盾，以收相濟之功。（卷一）

又云：

> 三傳事實，末節細端，間有差舛，大事明文則無同異。……見異者千百中之一二，而同者固大且多也。（〈凡例〉）

其〈公羊驗推補證凡例〉亦云：

> 三傳本同，自學人不能兼通，乃閉關自固，門户既異，矛盾肇興，先有自異之心，則所見無非異矣。今於三傳同異，化其畛域，凡本傳文義隱者，時取二傳以相發明，舊解互異者，亦取印證，以見匯

〔註21〕見第四篇第二章「孔子、《春秋》及《春秋》三傳」（台北：文津出版社，84年4月），頁245。

通。〔註22〕

此可知廖氏於三傳異同之態度。然三傳各有所承受，有異有同，《左氏》敘事，《公》《穀》釋義，其異顯然；即以同爲釋義之《公》《穀》，亦多所出入，學者閉關自固，先有自異之心，固不足取，然無視三傳之分殊，先存本同之意，強異以爲同，滙其所難通，則不免屈此以就彼，或牽合增削以曲說。茲舉《古義疏》中求同而難通者，予以析論，以明其說之不然。

莊三十年，齊人伐山戎，《傳》云：

> 齊人者，齊侯也。其曰人何也？愛齊侯乎山戎也。其愛之何也？桓內無因國，外無從諸侯，而越千里之險，北伐山戎，危之也。則非之乎？善之也。何善乎爾？燕，周之分子也，貢職不至，山戎爲之伐矣。

《古義疏》云：

> 愛惜齊侯，不肯使孤軍遠伐戎狄，故不言齊侯，若微者，《公羊》以人爲貶，說小異。

《公羊》云：

> 此齊侯也，其稱人何？貶，曷爲貶？子司馬子曰：「蓋以操之爲已蹙矣」，此蓋戰也，何以不言戰？《春秋》敵者言戰，桓公之與戎狄，驅之爾。

何休《解詁》云：

> 操，迫也；已，甚也；蹙，痛也。迫殺之甚痛。……時桓公力但可驅逐之而已。戎亦天地之所生，而乃迫殺之，甚痛。故去戰貶，見其事惡不仁也。

廖氏以爲《公》《穀》小異，然一善之，愛惜之，一以爲貶，以爲迫殺，惡事不仁，其異非小也。

《古義疏》又云：

> 〈昭篇〉三傳說多同，舊說所謂不同者，取繒、公子陽生、晉趙陽、蔡侯朱、東國數條而已，今皆合通之，終篇無一異說矣。（昭二年）

取繒、趙陽、《穀梁》無說，茲不論，論其合通陽生及東國事。

十二年，齊高偃帥師納北燕伯于陽，《傳》云：

> 燕伯之不名何也？不以高偃挈燕伯也。

〔註22〕見《國粹學報》第十九期，光緒三十二年六月。文海出版社影印，59年2月。

《古義疏》云：

> 《公羊》以爲公子陽生，乃一家之說，二傳既有明文，存《公羊》以備異解可也。

謂《公羊》乃一家之說，備異解可也，然則何通之有？

二十一年，蔡侯東出奔楚，《傳》云：

> 東者，東國也。

《古義疏》云：

> 東，《公羊》《左氏》作朱，以爲平侯子，本傳作東，以爲即東國，事實前後小異。……按〈年表〉以魯昭公二十一年爲蔡悼侯東國元年；又注云：「奔楚」，則與本傳說合。考〈世家〉但言平侯之子，不言其名朱。如用《左傳》之說，則平侯之子名朱，立一年，無極以計去之，而立東國，朱奔楚。則平侯子朱奔楚在二十二年，此經文作朱之說也。用本傳、〈年表〉說，則平侯卒，東國即攻殺其君，其名不詳。至于二十一年，東國自以事奔楚，後遂卒于楚，此經文作東之說。事本相同，惟其遲早之間有異耳。……三傳說此事，大處皆同，異者其小節也。……《左傳》說則奔者爲平侯子朱，本傳說則東國也，先攻殺平侯子，于此自奔，經下有東國卒楚之文，是三傳同以東國有如楚之事，一以此經當之，一云不見經耳，非有大異同也。

《左》《公》作朱，已立一年，此奔乃被東國所逐；《穀梁》以爲東國，乃弒先君之子者。一以爲被逐之君，一以爲弒君之子者，其間不可以道里計，豈可以皆有如楚之記載，惟遲早有異爲說。且史實人物，是非異同，理無二致，豈能模稜兩可，謂其大同小異哉？廖氏理出其異是也，然以爲小異，則不敢以爲是。

廖氏以群經皆出自孔子，又以《春秋》〈王制〉統宗今文諸經，以一經統眾經，又謂三傳同出子夏，故堅持三傳本同之態度，一意求同，彌縫歧異。蓋其欲以一經通眾經，苟同源之三傳，尚見歧異，則無以貫通時代、思想各自有別之諸經；然預設立場以爲說，不免徒增淆亂，言雖辯而難通。

3. 王制為春秋大傳全合穀梁

《古義疏》以〈王制〉爲《春秋》大傳，與《穀梁》契合，書中多引其文、或其架構及其引申，以注疏經傳，尤以諸侯之爵等、職位、序立、進退爲然。〈凡例〉云：

〈王制〉爲《春秋》大傳，千古沈翳，不得其解，以《穀梁》證之，無有不合。

又云：

注以〈王制〉爲主。

檢視廖氏之論，或當或不當，茲先述《穀梁》與〈王制〉相合者。

《傳》云：

國無九年之畜曰不足，無六年之畜曰急，無三年之畜曰國非其國也。（莊二十八年）

〈王制〉與《傳》同。

又云：

山林藪澤之利，所以與民共也。（莊二十八年）

〈王制〉曰：

林麓川澤，以時入而不禁。

《古義疏》云：

山澤不以封，與民共之，但以時入耳。

桓四年《傳》云：

四時之田，皆爲宗廟之事也，春曰田，夏曰苗，秋曰蒐，冬曰狩，四時之田用三焉，唯其所先得，一爲乾豆，二爲賓客，三爲充君之庖。

〈王制〉曰：

天子諸侯無事，則歲三田，一爲乾豆，二爲賓客，三爲充君之庖。

《古義疏》云：

用三，謂四時田，無事但用其三，有事乃夏田也，四時之田以簡卒，而修戎爲三田，非有急不夏田，五年八月壬午大閱，此夏田也。《傳》曰：「修教明諭，國道也」，言夏有苗，禮也，平而修戎事，非正也，此言無事，夏不田也。

此皆兩者契合之顯例。

其說之可通者，亦舉證以明。

《傳》云：

隱不爵命大夫。（隱五年）

《古義疏》引〈王制〉曰：

大國三卿，皆命于天子，次國三卿，二卿命于天子，一卿命于其君，小國二卿，皆命于其君。

其說天王諸侯之殯葬云：

傳曰：「天王何以不書葬？天子記崩不記葬，必其時也；諸侯記卒記葬，有天子在，不必其時也」，必其時奈何？天子七日而殯，七月而葬，諸侯五日而殯，五月而葬，大夫三日而殯，三月而葬，士庶人二日而殯，二月而葬，皆何以然？曰：禮不豫凶事，死而後治凶服衣衰，飾修棺槨，作穿窆宅兆，然後喪文成，外親畢至葬墳，集孝子忠臣之恩，厚備盡矣。故天子七月而葬，同軌畢至，諸侯五月而葬，同會畢至，大夫三月而葬，同朝畢至，士庶二月而葬，外姻畢至也。（隱三年）

其引「傳曰」者，《公羊》隱三年傳文：「天子七日而殯」至「二月而葬」引自〈王制〉，惟〈王制〉作「大夫、士、庶人三月而殯，三月而葬」。「天子七月而葬」至「外姻畢至」則本《左氏》隱元年傳，惟《左氏》作「大夫三月同位至，士踰月外姻至。」〔註23〕

天王諸侯之殯葬，《穀梁》雖未及之，當亦合於《左》《公》〈王制〉之說，此《穀梁》與〈王制〉相通者也。

《古義疏》徵引或引申〈王制〉之說以說《春秋》《穀梁》，其相契相通者已如上述，次論其不相涉者。

《古義疏》云：

天子縣内九十三國，不設方伯，天子自統，八州之竟，每州二百一十國，立州伯以統之，所屬之國，事州伯以事大之禮，方伯又朝二伯。（隱元年）

極，魯屬地，一州二百一十國，立二十一連帥以統之，《春秋》惟六卒正記卒葬，餘皆不專記事，唯因大國及之，極蓋二十一連帥中

〔註23〕〈王制〉士、庶人不異，廖氏以大夫三月，士二月者，或本諸《左氏》「士踰月」之說。惟杜《注》云：「踰月，度月也。」《正義》云：「《注》云踰月度月者，言從死月至葬月，其間度一月也；士與大夫不異，而別設文者，以大夫與士，名位既異，因其名異，示爲等差，故變其文耳，其實月數同也。」

之一。凡屬長以下及百里、七十里、五十里之三等國，通不見經也。（隱二年）

此引〈王制〉中設想之體制，以說《穀梁》《春秋》而未見其相涉相合者也。

此類頗多，不贅引。

次論其說《春秋》《穀梁》之難通者。

《傳》云：

天子無事，諸侯相朝，正也。（隱十一年）

〈王制〉曰：

天子無事與諸侯相見曰朝。

一爲諸侯相朝，一爲諸侯朝天子，未必相合。《古義疏》以〈王制〉之二伯、方伯、小國說之云：

小國統朝于方伯，又朝于二伯也；二伯，天子內臣，朝二伯即朝天子。方伯，二伯所屬，朝二伯，亦以尊天子也。

傳明云「相朝」，既無小國方伯之分，亦無小國統朝於方伯；小國、方伯又朝於二伯之說。且〈王制〉之二伯，非《春秋》之伯（霸）者。〈王制〉云：「八伯各以其屬，屬於天子之老二人，分天下以爲左右，曰二伯」，是〈王制〉二伯爲直屬天子之內臣，非《春秋》率諸侯以尊周外楚之伯者。且伯者，存亡國，繼絕世，攘夷狄，率諸侯以朝覲周室，故《春秋》賢之，何有所謂方伯爲二伯之屬，朝二伯亦尊天王之說，廖氏之論實悖《春秋》大義。

隱七年，滕侯卒，《古義疏》云：

稱侯者，本爵也，〈王制〉云：「三十國以爲卒，卒有正」，春秋魯屬國，曹莒邾滕薛杞六卒正，皆侯爵，百里之國。春秋以侯屬方伯，則號不可以苟同，故六卒正皆不以本爵見，而稱子伯，以辟方伯，子伯非爵也。

廖氏「六卒正皆侯爵」「不以本爵見」之說，毫無根據。以邾言，隱元年曰「未爵命于周」，後進之稱子，（莊十六年）何能一躍爲五等僅次于公之侯爵。

又云：

《春秋》正名，辭窮相避，以成方伯之尊也，惟其非定稱，故非卒正亦可言伯，郕伯、單伯是也。方伯亦可言伯，秦伯、鄭伯是也。不相疑者，以秦鄭、郕單之尊卑不嫌也。非卒正亦可言子，楚子、吳子是也；不相別者，以小邾與楚吳之貴賤不嫌也。《春秋》貴賤不

嫌則同號，專爲此子伯發例。……又其有定之中，又復無定。(隱十一年)

《春秋》書諸侯爵等，應是當時實錄，則國有定稱，豈有貴賤不嫌即同號之理。而「有定之中，又復無定」則是辭窮難通之託詞。

又云：

一等大國例稱公，升齊晉于宋公上，明亦稱公也。二等侯國例稱侯，魯衛陳蔡是也。鄭以伯殿于末者，鄭畿内國，從天子大夫字例，卿視侯，大夫視伯，故鄭居末，因時用小國禮也。(隱元年)

廖氏分諸侯爲三等，此實不合於〈王制〉,〈王制〉云:「王者之制祿爵，公侯伯子男凡五等」，廖氏之說蓋本《公羊》,《公羊》云:「天子三公稱公，王者之後稱公，其餘大國稱侯，小國稱伯子男」(隱五年)，再配以公羊家三統之說，以五等爲周制，《春秋》爲新王，改制爲三等，而套用〈王制〉二伯王後爲一等，方伯爲二等，小國卒正爲三等，故謂一等大國例稱公，升齊晉于宋公上，明亦稱公，然《春秋》於齊晉實未見此義。

《古義疏》又云：

卒正統三十國，本百里有功之國爲之，乃稱字者也，方伯侯也，六國中首末稱伯，中稱子，明非爵也。(隱元年)

子伯非爵也，子爲七等，首伯爲字，子尊于伯，曹以伯始，以薛伯，杞兼子伯終。……《春秋》之伯皆爲字，非爵。子亦爲貴稱，非爵。傳曰「子，貴之也」，大夫得稱子。……杞本公爵，或稱子稱伯者，明子伯一也，即紀侯以子伯並見之例。(隱七年)

伯子爵稱，本無可疑，廖氏強以〈王制〉三等爵方之，不合難通，乃倒果爲因，遂謂伯子非爵。又，以子爲七等，以伯爲字，實混同爵稱、貴稱而爲一。實則，子有貴稱，《公羊》所謂:「州不若國，國不若氏，氏不若人，人不若名，名不若字，字不若子」(莊十年)；有爵稱，即五等祿爵。伯可爲字，亦爲五等祿爵之一，廖氏均混同爲說，至杞、紀或稱伯或稱子者，爵有進退也，非如廖說「子伯一也」。

《古義疏》又云：

以爵言之，則子伯貴於男，以《春秋》言之，則男貴于子伯，男猶爵，而子伯乃等之卑稱耳。……吳楚之子，不如五等之男，故曰：子卑稱也。(隱十一年)

以子為卑稱者，《傳》云：

> 黄池之會，吳子進乎哉，遂子矣！吳，夷狄之國也，……吳進矣，王尊稱也，子卑稱也，辭尊稱而居卑稱，以會乎諸侯，以尊天王。（哀十三年）

傳以子為卑稱乃相對於吳楚之僭稱王而言，豈廖氏「吳楚之子不如五等之男」云乎哉？傳義分明如是，猶強作曲解，視而不見。所以然者，廖氏先預設〈王制〉為《春秋》大傳，謂《穀梁》全合〈王制〉，而後尋求例證，其可通者通之，其不可通者，則強為曲說，甚且曲《春秋》以就己，曲《穀梁》以就己，誠為可議。

檢證《古義疏》以〈王制〉說《春秋》《穀梁》，其相合相通者少，而不相涉及牴牾者殊多。夫《穀梁》與《禮記》均為儒者典籍，有其相通之處，固理之常也；然其不相關涉或難以會通者，則不必強為牽合。倘廖氏自立一體系架構為說可也，強為牽合二者則妄也。

乙、對經傳之發明

ㄅ、經傳例發凡

廖氏於《穀梁》經傳書法、義例發凡起例，都六十有奇〔註 24〕，然或傳

〔註 24〕廖氏發凡起例雖嫌輕率，然或亦有足資參證者，茲詳列如次：△《春秋》無達辭，凡非常例皆有所起、△凡會盟言及者，皆內欲之，外欲者言會、△經例凡字以伯仲見、△凡朝者事之大禮，聘于敵國以下亦行之、△凡公子皆先君之子，時君之弟者，子不為父臣也、△《春秋》之例，已見者不再見（隱元年）、△凡屬長以下及百里、七十里、五十里之三等國，通不見經也、△凡卒正連帥皆百里者，故凡見經之國皆侯，伯子男三等小國通不見經也、△凡嫁諸侯親迎不言歸，不親迎皆如專行辭、△凡稱子國，《左》與二傳皆以為夷狄稱是也（隱二年）、△凡言侵伐國皆師至城下之辭（隱四年）、△凡傳所言多大例（隱五年）、△凡諸侯之進爵者、退爵者皆稱焉、△狄人凡不正者乃有名（隱七年）、△凡不在同盟，雖見同盟，而通不得卒葬（隱八年）、△凡外取內邑皆言田、△凡傳所及者皆有所起（桓元年）、△凡帥師逆女皆非善辭（桓三年）、△凡書來皆行朝禮、△凡世子明其得立（桓六年）、△凡經稱叔皆及立之正辭也；凡稱叔季皆為君者（桓十一年）、△凡以子繼父者稱子，以弟繼兄者稱叔季，兄終弟及之正辭（桓十五年）、△凡言地者皆自遷，國家未失（莊元年）、△凡記災之國乃言遇也、△凡出奔者繫之國，絕於本國而言所在之國、△凡言人者皆貶外以貶公也（莊四年）、△凡三傳單稱伯者皆二伯（莊十三年）、△凡方伯政事皆三監守之（桓十四年）、△凡卒正以下例不記朝，朝皆有起（莊二十三年）、△傳例凡物當用者不言用，非其宜乃言用也（莊二十四年）、△經凡殺後奔，奔後殺，皆為徒黨（莊二十六年）、△凡卒正事方伯，

已有之，或前人已及，而以隨意而發，不成凡例者爲多。如例外過多，或無涉於書法義例，或僅二三條不足成例，或爲普遍之例，視而可知，不煩起例等。茲先舉其說之可從者。

△經凡殺或奔，奔後殺，皆爲徒黨。（莊二十六年）凡殺後奔，非其徒則殺之者。（襄二十七年）

莊二十四年，曹羈出奔陳；二十六年，曹殺其大夫，《古義疏》云：

大夫者，羈之徒，賢者也。……經凡殺後奔，奔後殺，皆爲徒黨，前年羈奔，此殺，故知爲徒黨。

襄二十七年，衛殺其大夫甯喜，衛侯之弟專出奔晉，《傳》云：

專，喜之徒也。

《古義疏》云：

據喜殺而奔，知喜之徒黨也。凡殺後奔，非其徒則殺之者。

五年一朝，合朝則不書（莊二十七年）、△凡城修舊不譏（莊二十九年）、△凡小國從大國，雖爲小國事，亦序大國後、△凡期而不至者，皆從夷之國也（僖二年）、△凡帥師聘盟皆以起執政（僖七年）、△凡有歸文者皆卒（僖十六年）、△凡小國大夫通不見經，見則有所起（僖二十五年）、△凡言弗者皆可以辭，言不則譏文（僖二十六年）、△凡內不言如皆以私待之（文十一年）、△凡方伯下言會者皆外爲主，言及者皆內爲主（文十三年）、△凡其事美惡易見，則無事褒貶以見義，故如恆辭；唯是非不定，美惡相嫌，則加貶絕以解疑惑（文十八年）、△凡弒君而言逆女者皆爲與弒之人、△凡大夫致皆去氏（宣元年）、△凡弒君而立，其世不卒大夫，卒者皆其黨也（宣五年）、△凡未踰竟者地地，踰竟則地國（宣九年）、△凡納奔臣皆不正，而納惡臣使人不能討，全失伯道（宣十一年）、△凡中國書葬，夷狄不書葬者亦不卒、△凡自外言至皆內地、△凡言遂皆大夫自專，無君命（宣十八年）、△凡周與列國異文者皆尊周；凡內與外異文者皆親魯（成元年）、△凡敗皆日（成二年）、△凡經言伐者多起方伯卒正之例（成三年）、△凡記災皆爲天也（成五年）、△外遷不書，凡書者皆有所起（成六年）、△凡諸侯之事多目舉親（成八年）、△凡夷狄相敗不日；中國敗夷狄亦不日（成十二年）、△凡君新立，大國聘敵國以上之禮，小國朝卒正以下之禮（襄元年）、△凡不常在會盟而特序者，以起見滅也（襄五年）、△凡弒不書弒者四，皆葬（襄八年）、△凡戍皆伯者爭諸侯之事（襄十年）、△凡殺奔同例，殺奔正者日，不正者不日（襄二十三年）、△凡殺後奔，非其徒則殺之者（襄二十七年）、△經凡殺庶子猶公子，或國、或人，不目君，唯世子目君；經凡殺孽弟稱公子而已，不目君，唯母弟目君（襄三十年）、△魯屬凡臨外會盟，通不見大夫，惟稱人，獨繫魯事乃得稱名；凡魯事皆得名（昭五年）、△凡賢大夫皆不見經，見經者多惡（昭十八年）、△周臣凡失道者言出，絕之也（昭二十七年）、△凡以者皆小以大，卑以貴（定四年）。

廖氏說可從；襄二十八年夏，衛石惡出奔晉，《左傳》云：

> 衛人討甯氏之黨，故石惡出奔晉。

傅隸樸《春秋三傳比義》云：

> 石惡非以罪出奔，徒以宗大黨眾，懲於甯喜專政之禍，引嫌出奔。〔註25〕

茲復舉例以證：

莊十二年秋八月甲午，宋萬弒其君捷及其大夫仇牧，冬十月，宋萬出奔陳，此經明文可見。

文六年冬，晉殺其大夫陽處父，《傳》云：「襄公死，處父主竟上事，夜姑使人殺之」，下經：晉狐夜姑出奔狄。《公羊》亦云：「晉殺其大夫陽處父，則狐射姑曷為出奔？射姑殺也」，此二傳有明文。

成十五年秋，宋殺其大夫山，宋魚石出奔楚。時蕩山攻殺太子肥，將殺華元，元乃奔晉，《古義疏》云：「魚石止元，元請討罪人，許之，入而討山，魚石畏討，出奔楚」，又云：「魚石、蕩山皆桓族」，知此奔者，為其徒眾。

昭八年，陳侯之弟招殺陳世子偃師，陳公子留出奔鄭，《左傳》云：「公子招、公子過殺悼太子偃師，而立公子留」，招弒太子而立留，則留嫌也，亦招之徒黨也。

由以上之例〔註26〕，知廖氏之發凡可從。

△凡言弗者皆可以辭，言不則譏文。（僖二十六年）

僖二十六年，齊人侵我西鄙，公追齊師至巂弗及，《傳》云：「弗及者，弗與也，可以及而不敢及也」，《古義疏》云：

> 《春秋》正名，凡言弗者皆可以辭，言不則譏文。

案：經書弗者四，此經外，桓十年，公會衛侯于桃丘，弗遇，《傳》云：「弗遇者，志不相得也；弗，內辭也」；內辭者，主意在魯，以弗為內辭，是可以辭。

文十六年，季孫行父會齊侯于陽穀，齊侯弗及盟，《傳》云：「弗及者，內辭也，行父失命矣，齊得內辭也」，是弗亦可以辭。惟廖氏疏云「言弗，責行父也，如齊侯欲盟而行父不可盟者然」則非，傳明言齊得內辭，是齊侯弗

〔註25〕台北：臺灣商務印書館，72年5月，頁849。

〔註26〕所舉例證皆外大夫奔例；內大夫弒君亦有奔者，然魯君被弒僅書「公薨」，經未有弒殺之文；外諸侯奔、來奔則均無其例。

之，無所謂齊侯欲盟也。

文十四年，晉人納捷菑于邾，弗克納，《傳》云：「弗克納，未伐而曰弗克何也？弗克其義也。捷菑，晉出也，貜且，齊出也，貜且正也，捷菑不正也」，以捷菑不正，其義不可納，則此弗似非可以辭。

由上知廖氏說大致可從。

經書不者十八，僖二年、三年、文二年、十年、十三年書不雨，宣三年書牛死乃不郊，成十年、襄七年、十一年書不從乃不郊，其不者天也，無所謂譏，餘舉證如下：

僖五年，鄭伯逃歸不盟，《古義疏》云：「傳曰逃義曰逃；為此會以尊天王，乃逃不盟，不審善惡，從夷狄。」

僖二十八年，公子買戍衛，不卒戍，刺之，《傳》云：「不卒戍者，可以卒也；可以卒而不卒，譏在公子也。」

文十六年，公四不視朔，《傳》云：「公四不視朔，公不臣也，以公為厭政以甚矣。」

宣四年，公及齊侯平莒及郯，莒人不肯，《傳》云：「不肯者可以肯也」，《古義疏》云：「莒郯不和，二伯、方伯平之，和鄰事，大美事也，莒人乃恃強不肯，非也，故言不以責之。」

宣八年冬十月己丑，葬我小君頃熊，雨不克葬；定十五年九月丁巳，葬我君定公，雨不克葬，《傳》兩發「雨不克葬，喪不以制也」，《古義疏》云：「時在冬月，雨小，未至不可葬，怠緩喪事，以雨自托耳，譏不早為之備也。」（宣八年）

成十六年，公會晉侯、齊侯、衛侯、宋華元、邾人于沙隨，不見公，《傳》云：「不見公者，可以見公也，可以見公而不見公，譏在諸侯也。」

昭十三年，同盟于平丘，公不與盟，《傳》云：「公不與盟者，可以與而不與，譏在公也。」

由上之例，知不亦可以辭而兼譏也。

△凡戍皆伯者爭諸侯事。（襄十年）

襄十年，戍鄭虎牢，《古義疏》云：

> 戍者三見，僖買戍衛，襄五年戍陳，此戍鄭；凡戍皆伯者爭諸侯之事。

案：《史記・鄭世家》云：「（簡公）四年，晉怒鄭與楚盟，伐鄭，鄭與盟，楚共王救鄭，敗晉兵，簡公欲與晉平，楚又囚鄭使者」，鍾文烝《補注》亦云：「《左傳》以為修其城而置戍，蓋亦以備楚」。前此，有諸侯伐鄭，後此，有楚公子貞帥師救鄭，是伯者爭諸侯。

僖二十八年，買戍衛。前有晉侯伐衛，後有楚人救衛，同年四月即有晉楚城濮之戰，合廖氏說。

襄五年，戍陳，杜預《左傳注》云「備楚」，後此有楚公子貞帥師伐陳，諸侯救陳。

由上知經書戍者，均有伯者爭諸侯事。

廖氏創發凡例，其說可從者少，難通者多，以下略舉二例論之。

△凡有歸文者皆卒。（僖十六年）

僖十五年，季姬歸于繒；十六年，繒季姬卒，《古義疏》云：

> 此不卒者，凡有歸文者皆卒。

《春秋》書歸者八：隱二年伯姬歸于紀、隱七年叔姬歸于紀、桓九年紀季姜歸于京師、莊元年王姬歸于齊、莊十一年王姬歸于齊、莊十二年紀叔姬歸于酅、莊二十五年伯姬歸于杞、僖十五年季姬歸于繒。其書卒者四：隱二年之伯姬卒于莊四年、隱七年之叔姬卒于莊二十九年、莊元年之王姬卒于莊二年、僖十五年之季姬卒于僖十六年。餘四者未有卒文。且《傳》云「外夫人不卒」（莊四年），知廖氏之發凡不謹嚴。

△凡嫁，諸侯親迎不言歸，不親迎皆如專行辭。（隱二年）

隱二年九月，紀履緰來逆女，《傳》云：「逆女親者也，使大夫非正也」，冬十月，伯姬歸于紀，《傳》云：「婦人謂嫁曰歸，反曰來歸，從人者也。婦人在家制於父，既嫁制於夫，夫死從長子，婦人不專行，必有從也。伯姬歸于紀，此其如專行之辭何也？」《古義疏》云：

> 據與男子同辭。婦人行必有從，……今言歸，與履緰逆不同，如自行之辭；專謂斷在自己。……故凡嫁，諸侯親迎不言歸，不親迎皆如專行辭。

《春秋》明載親迎者一：莊二十四年夏，公如齊逆女；八月丁丑，夫人姜氏入。《傳》以為親迎者一：文四年，逆婦姜于齊，傳以為魯親逆。視同親迎者一：桓三年七月，公子翬如齊逆女；九月，齊侯送姜氏于讙，公會齊侯于讙，夫人姜氏至自齊，《傳》云：「公之逆而會之可也」，《古義疏》云：「齊侯以公不親迎，躬送女于讙，約公來會，再行親迎之禮。」

此三者均不言歸，然不言歸是否因親迎而不言，則未能遽以論定。一則，宣元年，公子遂如齊逆女，遂以夫人婦姜至自齊；成十四年，叔孫僑如如齊逆女，僑如以夫人婦姜氏至自齊，此兩者非親迎，亦不言歸。再則，桓三年，夫人姜氏至自齊；莊二十四年，夫人姜氏入，雖親迎，亦如專行辭，文四年則未見夫人入境之文，無以斷其如專行與否。

綜言之，就《春秋》所載，無以證親迎與不言歸之因果。不親迎皆如專行辭亦然，《春秋》書嫁歸者八，當爲記事之常文，非不親迎使然之特例。如前引桓三年、莊二十四年爲親迎亦如專行之辭，而宣元年、成十四年非親迎書「遂以夫人至」、「僑如以夫人至」均非專行辭顯然。

《古義疏》之發凡，其未論及者，較諸上述之難通更顯明者頗多，至有謂「凡不常在會盟而特序者，以起見滅」（襄五年）、「凡賢大夫皆不見經，見經者多惡」（昭十八年），可見其發凡之輕率。

ㄆ、經傳文字之訓釋

1. 文字訓詁

《古義疏》主於義理、制度之闡發與建構，且時逮晚清，文字之校勘、訓詁於前人努力下，成績已然大備，故文字之校訂、訓解非其所重，僅偶及之。〈凡例〉云：

> 陸氏《釋文》及本傳異文，諸書所詳，今不暇及，至傳文字誤，新所考訂，皆爲標識，有所據改，說見疏中，至於訓詁，人所易明者，不更贅及。

實則，就訓詁言，全書不及十處，且除莊二十二年傳套用《周禮・天官甸師》強爲作解外，全用前人之說，故於訓詁上，可謂無所發明，茲引證如下。

莊二十二年，肆大眚，《傳》云：「肆，失也；眚，災也；災，紀也；失，故也」，《古義疏》云：

> 失讀爲受，謂受眚故也。受篆似失。〈甸師〉：「喪事代王受眚災」，鄭君云：「粢盛者，祭祀之主也。今遭大喪，若曰此社稷不馨，鬼神不饗，使鬼神不逞於王，既殯，大祝作禱，辭受甸人，使以禱藉田之神，受眚災，弭後殃。」故讀如祝，大祝大喪，言甸人讀禱，鄭君云甸人受喪事，受眚災，大祝爲禱詞，語之使以禱藉田之神也。

以失讀爲受，又謂受篆似失，則是假借？抑或形誤？謂故讀如祝，亦爲無根，此皆因鄭玄有「受眚災，大祝爲禱詞」而強解。

至用前人之說者，桓六年《傳》:「以其畫我」,《古義疏》云:「行過無禮謂之畫」，此何休《解詁》也。莊三十一年《傳》:「或曰倚諸桓也」,《古義疏》云:「倚讀若奇，異也」，僖五年《傳》:「塊然受諸侯之尊己」,《古義疏》云:「塊然，獨尊貌,《荀子》:『塊然獨坐』」，則皆出自王引之《穀梁傳述聞》，廖氏未明引耳。

2. **文辭申釋**

《古義疏》於《穀梁》經傳之書法義例、文辭，有為之證補詮釋，以闡發經義傳義者，茲略分據書法義例申釋、據傳文闡釋述其說之有見者。

（1）據書法義例申釋

△隱十年:「夏，翬帥師會齊人、鄭人伐宋。」

《古義疏》:「上下有公，是公在師也，公在而曰翬，翬不臣也。師中知翬而不知公，起翬有無君之心，彊將為弒也。」

連堂案:此從經之上下記載，發公在師而書「翬帥師」，為翬不臣，起後弒君之義。上經載「春王二月，公會齊侯、鄭伯于中丘」，下經載「六月壬戌，公敗宋師于菅」，廖氏發之如此，有助經義之闡明。

△桓元年《傳》:「繼故不言即位，正也。……繼故不言即位之為正何也？曰:先君不以其道終，則子弟不忍即位也。」

《古義疏》:「不言者，例所必言，經不書之，……實皆即位,《春秋》去之，故曰不言。……即位者，繼立之變文，可即此以明繼君之志，莊僖不與弒，繼居先君位，有哀痛不忍之心，故如其志不言即位。」

連堂案:此釋傳謂「不言」者,《春秋》去之，實皆即位，又謂莊僖之不書即位者，以其有哀痛不忍之心，故如其心志而不書。此據書法義例闡發經義。

△哀元年:「仲孫何忌帥師伐邾。」

《古義疏》:「哀世多記大夫伐國，自廣其封，戰國之先兆也。」

連堂案:廖氏由哀世之書法記載，明戰國之先兆，其說可從。茲引相關經文以證。三年，季孫斯、叔孫州仇帥師城啓陽；六年，晉趙鞅帥師伐鮮虞；宋向巢帥師伐曹；十三年，晉魏曼多帥師侵衛，此皆明大夫專兵益地，為戰國之先兆。

（2）據傳文闡釋

△隱五年《傳》:「將卑師眾曰師。」

《古義疏》:「據此推之，則將卑（連堂案：卑當作尊）師眾曰某帥師，將尊師少稱將，將卑師少稱人，君將言帥師也。」

連堂案：此據傳以補傳之未及者。

△桓元年：「鄭伯以璧假許田。」

《傳》:「用見魯之不朝於周。」

《古義疏》:「見者由此見彼，所據者可言，所見者不可言也；終春秋魯不朝周不可言，故言易田以起之。」

連堂案：此申釋傳言「見」者，見不可言之經義。

△桓十一年：「宋人執鄭祭仲，突歸于鄭。」

《傳》:「死君難，臣道也。今立惡而黜正，惡祭仲也。」

《古義疏》:「曰君難者，明無與國存亡之義也。許仲不死者，惟仲存則國存，仲亡則國亡，國重君輕，易君存國，傳以二君爭立，君難非國禍，仲即死，宋不能滅鄭，有死君之道，非存國之比也。……貪生忘義，逐君求榮。」

連堂案：此闡發君難者，非關國家存亡，祭仲無爲國而存之理，有爲君而死之義，而祭仲者，不能殉君，反立惡黜正，故評其爲「貪生忘義，逐君求榮」。劉敞亦曾評析云：「若祭仲知權者，宜效死勿聽，使宋人知雖殺祭仲，猶不得鄭國乃可矣；且祭仲，宋誠能以力殺鄭忽而滅鄭國乎？則必不待執祭仲而劫之矣。如力不能而夸爲大言，何故聽之？且祭仲死焉足矣，又不能是，則若強許焉，還至其國而背之，執突而殺之可矣，何故黜正而立不正？……若仲之爲者，《春秋》之亂臣也。」〔註 27〕

△莊二十七年《傳》:「桓會不致，安之也，桓盟不日，信之也。」

《古義疏》:「傳曰『致君，殆其往而喜其反』，安之如在內，故不致。……盟例日，渝不日，如不盟，大信不日，亦盟如不盟也。……信著，故不日。」

連堂案：此申傳義，使傳義更明晰。

△僖元年：「夫人氏之喪至自齊。」

《傳》:「其不言姜，以其殺二子，貶之也。或曰：爲齊桓諱殺同姓也。」

《古義疏》:「傳曰『爲賢者諱過』，夫人於齊桓有大功，親有罪，齊桓討之，有傷親親之義；然伯者得討亂，故諱去氏以起殺同姓，謂若不

〔註 27〕程端學《三傳辨疑》卷四引。

氏姜，先絕去其氏，使其得討之，言諱者，明有親親之義。」

連堂案：廖氏之釋傳詳明切當。

△僖四年：「遂伐楚，次于陘。」

《傳》：「次，止也。」

《古義疏》：「伐楚而楚服，不進兵以俟屈完。傳曰『誅不塡服』，已服可言次。救不言次，急辭也；伐可言次，不窮誅也。以此見愛民之意，惡兵之道也。」

連堂案：此補釋次有時機可否之異；救不言次者，救人如火，惟恐不及；言次者，是畏而不敢救也。伐可言次者，愛民惡兵，不應趕盡殺絕也。

△昭七年《傳》：「以外及內曰暨。」

《古義疏》云：「《春秋》盟會必明主客，以定功過，故盟會雖多，必分首從。凡言會者，皆外爲主，內勉從之，其功過淺；言及則內主之，功過深；言暨則非己所欲，迫脅而已。傳曰：以外及內曰暨。然則言暨者，皆內迫脅于外之辭也。」

連堂案：此補釋言「會」、言「及」、言「暨」之異。

ㄇ、經傳義理創發

《古義疏》於《穀梁》經傳義理，多所創發，其要者有主天、貴命、誅心、貴義不貴惠、論霸、論大夫專政、論夷狄、論災異，茲依次論述之。

1. 主天

廖氏以《春秋》主天奉天。天者，萬物之主，未有無天而生者也。（莊三年）天生之，天主之，人倫政綱，皆繫於天，爲天所治，人臣則須奉天命，順天意以行事。成五年《傳》云：「天有山，天崩之，天有河，天壅之」，《古義疏》云：

> 言此者，主天也。《春秋》記災，明天道以正人事也。

又云：

> 兄弟之倫，天所定也，欲亂其倫，是棄天也；《春秋》奉天，先於君父。（隱元年）

天子爲天之臣子，當奉天命以治天下。《古義疏》云：

> 傳曰：「爲天下主者天也，繼天者君也」，稱天王，謂爲天臣，明當承天也；稱天子，謂天之子，當順天也。王至尊，以天臨之，如臣子之禮，故傳曰「雖天子必有尊也」，天子朝日用朝禮，如臣子禮。

絕者如王言出，宋稱公，蒲社災是也。傳曰「文無天」，亦以天治之也。……董子〈順命篇〉曰：「天子受命于天，諸侯受命於天子，子受命于父，臣受命于君，妻受命于夫，諸所受命，其尊皆天也，雖謂受命于天亦可。」（莊元年）

廖氏〈公羊驗推補證凡例〉亦云：

《春秋》以天統王，天子天王皆歸本於天，所有郊祀及記日食星孛災異，皆奉天之事。〔註28〕

皆謂天主人倫政事以治之，人臣萬物則奉天命以行事。

2. 貴命

《春秋》貴命，《傳》云「臣子大受命」（莊元年）。反之，逆命、專命，《春秋》所譏。廖氏於此，多所闡述。

莊五年，公會齊人、宋人、陳人、蔡人伐衛，《傳》云：

是齊侯、宋公也，其曰人何也？人諸侯所以人公也。其人公何也？逆天王之命也。

時衛君黔牟，天子所立，五國伐之，納惠公朔，故曰逆命，故書人以貶之。下經云：「衛侯朔入于衛」，《傳》云：

朔之名惡也，……朔出入名，以王命絕之也。

皆所以申王命于天下也。

襄十二年，季孫宿帥師救邰，遂入鄆，《傳》云：

遂，繼事也。受命而救邰，不受命而入鄆，惡季孫宿也。

知臣子以受命爲正，不得專命。《傳》又云：

寰內諸侯非有天子之命，不得出會諸侯。（隱元年）

《古義疏》云：

人臣無外交，故非有命，不得出竟會諸侯也，有至尊在上，不奉命而私出疆，妄以尊禮事人，非正也。

又引董子〈順命篇〉云：

天子不能奉天之命，則廢而稱公，王者之後是也；公侯不能奉天子之命，則名絕而不得就位，衛侯朔是也；子不奉父命，則有伯討之罪，衛世子蒯聵是也；臣不奉君命，雖善，以叛言，晉趙鞅入于晉陽以叛是也；妻不奉夫之命，則絕夫不言及是也。（莊元年）

〔註28〕同註22。

此貴命之證。

惟命有正邪，故《春秋》雖貴命而深惡邪命。莊元年，築王姬之館于外，《傳》云：「築之外，變之正也；築之外，變之爲正何也？仇讎之人，非所以接婚姻也，衰麻非所以接冠冕也。其不言齊侯之來逆何也？不使齊侯得與吾爲禮也」，《古義疏》云：

> 非外而曰外，諱與齊爲禮，外王姬，不受邪命也。不言如，言于外，不言齊侯來逆，皆拒邪命，使魯若不與其事者然。

桓九年，曹伯使其世子射姑來朝，《傳》云：「使世子伉諸侯之禮而來朝，曹伯失正矣。諸侯相見曰朝，以待人父之道待人之子，以內爲失正矣。內失正，曹伯失正，世子可以已矣；則是放命也。尸子曰：夫已多夫道」，《古義疏》云：

> 不信邪命而從道義，《春秋》之大義也。……此譏曹世子從邪命，揚父惡，不合于道也。已則放命，嫌於棄命，然《春秋》信道不信邪，能已則雖有放命之嫌，而有信道之美。

又云：

> 《春秋》大受命而深惡邪命，奚齊受命而國人不予，王子朝受命而以爲嫌，皆惡亂命。……《孝經》曰：「子從父命非孝，父有諍子，則不陷于不義。」許衛輒之拒父，絕魯莊之私母，皆不用亂命也。（隱元年）

此皆謂《春秋》貴命，然深惡邪命，不用亂命。

然則命之正邪何由而定？曰：道；曰：天。《古義疏》云：

> 命必本於道。……《傳》曰：「人之于天也，以道受命。」（隱元年）
>
> 天子爲天之臣子，當守道以奉天命，諸侯爲天子之臣子，當奉言以順王命，受命不背于道。（莊元年）

知臣子受命於君，諸侯受命於天子，君命、天子之命皆本於道，而道又出于天。《古義疏》云：

> 道出于天，《春秋》以天治君父，以道統仁義，莫不本於天道，以制萬事；故尊君也，以天臨之，則君不驕，重命也，以道次之，則命不苟從，散爲萬事而實合爲一本，故天道者，《春秋》之主宰也。（僖二十二年）

此謂天道爲《春秋》主宰，以天道治君父，統仁義，君臣人民均循天道之命而行。

3. 誅心

《春秋》判是非善惡之依準，有所謂誅心之說，《古義疏》亦論及之。傳之釋「鄭伯克段于鄢」云：

> 克者何？能也。何能也？能殺也。……甚鄭伯之處心積慮成於殺也。于鄢，遠也，猶曰取諸其母之懷中而殺之云爾，甚之也。（隱元年）

《古義疏》云：

> 據目君同殺文，言克而不言殺，知實未殺。《春秋》誅心，以殺科之。……鄭伯爲君，當導其弟以禮義，不帥教當防閑之，怨母偏愛，借兵齎糧，養成其惡，然後討之，徼倖逃奔，志則在于殺也。……故其罪在諸殺上：諸殺或蔽于讒間，或起于倉卒，其道甚易，猶有悔心，不若鄭伯視如敵國，陰謀密計，成心于殺也。

此所謂「誅心」，所謂「志則在于殺」，皆所以明其動機，探其心志。

隱四年，衛祝吁弒其君完，《傳》云：「大夫弒其君以國氏者嫌也，弒而代之也」，《古義疏》云：

> 失子弟之道，欲當國爲君，故如志而氏國。

此謂《春秋》如其心志而書。《傳》又云：

> 公何以不言即位？成公志也。（隱元年）

> 繼故不言即位，正也。繼故不言即位之爲正何也？曰：先君不以其道終，則子弟不忍即位也，繼故而言即位，則是與聞乎弒也。（桓元年）

《古義疏》云：

> 即位者，繼立之變文，可即此以明繼君之志。莊僖不與弒，繼居先君之位，有哀痛不忍之心，故如其志不言即位。

此謂莊僖繼弒，有哀痛不忍之心，故如其志不書即位。桓則不然，繼弒書即位，傳云「與聞乎弒」，故《古義疏》謂之曰：

> 貪位慕榮，安然無惻怛之念。

又云：

> 《春秋》內魯，大惡當諱，諱則沒其實，故于即位之初，緣情起例，務使其諱雖深，其志甚著，此誅志諱惡之大義也。

此皆依當事者之心志以爲書，廖氏謂其爲誅志大義。昭十九年傳亦云：「君子即止自責而責之也」，許世子實未弒君，《春秋》乃據其心志而書弒，知《春秋》確有探源心志之義。至謂其爲誅心，則就某特定事例言之也可，謂其爲

《春秋》所寄之普遍義理，則流於深苛，《春秋》實未有之。

4. 貴義不貴惠

《春秋》貴讓而善之，惟讓之爲善在不違道義。《傳》云：

> 桓弒而隱讓，則隱善矣。（隱元年）

> 何重乎請？人之所以爲人者讓也，請道去讓也。（定元年）

此傳之善讓，《古義疏》論之云：

> 劉子説吳季札曰：「夫不以國私身，捐千乘而不恨，去尊位而無忿，可以庶幾矣！故《春秋》賢而貴之。」說曹子臧曰：「子臧讓千乘之國，可謂賢矣！故《春秋》賢而褒其後。」按《春秋》貴讓，故于二公子皆褒而進之，隱能讓亦賢也。（隱元年）

又云：

> 《春秋》弒殺奔逐之禍，多起于爭，爭爲亂階，欲絕亂原，務須明讓，故《春秋》貴讓，善隱公，賢衛武、曹臧、吳札三公子，人有讓志，則禍亂不生。……爭則大者弒亂，小者忿殺。（定元年）

是以務須明讓、貴讓以息爭，而免於弒殺奔逐之禍。

然隱讓而不正者，於道義有不盡也。《古義疏》云：

> 《春秋》貴讓，然大德不踰閑，小德可以出入，今蔑天倫，忘君父，以小節自矜，則私惠小善不足以論大道。劉子云：「窮鄉多曲學，小辨害大知，巧言使信廢，小惠放大義。」（隱元年）

又云：

> 義者，家國之大綱，恵者，仁慈之小節，朝廷以義掩恩，閨門以恩掩義，《春秋》託王道以爲萬世法，故不貴小恵而一斷以義，專爲朝廷之治也。（隱元年）

其於大義大道與小惠小善之剖析明確，隱未能絕幼弟覬覦之心，杜臣下觀望之際，追行先君邪志，以國與桓，行小惠，修小善，實不足律以道義之名，傳所謂「貴義而不貴惠」也。

5. 論伯

《古義疏》於伯者論述頗多，先論春秋爲伯者之時代。

東遷以後，王道不行，齊晉迭興，春秋者，實伯者之時代也。《古義疏》云：

> 齊桓方興，沒隱晉事，晉文既伯，終于春秋。……《孟子》「其事則

齊桓晉文，其文則史」，《春秋》以二伯爲綱，所序皆統于齊晉也。（隱八年）

又云：

尊周、外楚爲《春秋》二大綱。（莊十六年）

知《春秋》多載伯者之事，爲伯者之時代也。

次論伯者之職分。

伯者起於王綱失墜，諸侯無統，齊晉尊周外楚，糾合諸侯，以維王法，故《春秋》依當時情勢，肯認伯者之功。《古義疏》云：

東遷以後，王道不行，天子内臣，不命二伯，八州方伯不復統馭，《春秋》欲明王法，以馭諸侯，因桓文有糾合之功，授齊晉爲二伯，齊晉爲正，楚吳爲變，略示中外之分。又爲黜陟之道，假以内臣之制，尊託上公之品，故序宋公上。〔註29〕（隱八年）

此述伯者起於王道不行及其分位。又云：

朝覲巡守之禮廢，則天子無以治諸侯，故《春秋》尊二伯以代王治，朝二伯即所以尊天王，扶微抑強，振王道于不墜，《春秋》之功也。（桓元年）

知伯者在維繫王道，代行王政。又云：

王者所以有二伯者，分職而授政。……班氏云：「五霸者何謂也？昆吾氏、大彭氏、豕韋氏、齊桓公、晉文公是也。昔三王之道衰，而五霸存其政，帥諸侯朝天子，正天下之化，興復中國，攘除夷狄，故謂之霸也。……齊桓晉文，霸於周者也。」（隱八年）

桓伯時，楚未大盛，故以尊周言之，晉伯以能攘楚，從其重者言之。實則，尊周者，未嘗不外楚，外楚亦所以尊周也。（莊十六年）

知伯者存王政，率諸侯以尊周攘夷，王者分其職以授其政。《古義疏》又云：

天子失政，則方伯私臣得奪盟者，權與兵事，監者不得與爭，此征伐所以自諸侯出也。桓公初伯，亟明此制，收監者之權，反之天子，此伯之大義也。（莊十四年）

收監者之權，反之天子，知伯者亦時其行事也，其歸趨仍在反諸王道。

〔註29〕廖氏二伯内臣、八州方伯，託上公，朝二伯之説，本於〈王制〉，實不合於《春秋》《穀梁》，參見本節〈論傳〉之〈王制爲春秋大傳全合穀梁〉。又，《春秋》明王道，伯者有維繫之功，然究非常道正理，與之可也，尊之則未也。

以上述伯者之職功分位也，且符其事功，《春秋》與之，其有違失，則不與其伯，甚且謂爲無伯之世。《古義疏》云：

伯者之本，在于仁信，故《春秋》重信愛民。（莊二十七年）

引管仲之言曰：

諸侯未親，今又遠伐，而還誅近鄰，鄰國不親，非伯王之道。（莊三十一年）

謂其非伯王之道者，有違存亡繼絕，統帥諸侯之職分。又云：

二伯不相伐，凡目伐者，非二伯之辭也，齊伐晉者，晉失伯，晉伐齊者，齊失伯也。（宣十八年）

春秋有伯之世，中國不滅國，于定四年蔡滅沈，六年鄭滅許，十四年陳滅頓，十五年楚滅胡。沈頓胡許，四見會盟之國，同滅于定世，見諸侯之無伯也。（定六年）

此謂齊晉相伐爲失伯，諸侯相滅，伯者未能存亡，乃無伯之世。

次論桓文及內外迭興與分期。

春秋伯者，齊晉是也，惟《古義疏》以齊晉爲正，楚吳爲變，略分中外，茲論述之。

先論齊桓，其言曰：

桓之伯也，王禁明，而王臣不下聘者六十年，盟會而諸侯無私爭者三十年，師次召陵，而荊服矣，陳旅聶北，而狄退矣，獻捷過魯，而戎弭矣，貫盟而下，葵丘以前，衣裳不歃血，兵車不大戰，仲尼稱其一匡，孟子歎其爲盛。（僖十八年）

又引《荀子》曰：

左右曰：「要盟可倍，曹劌可讎，請倍盟而討曹劌。」管仲曰：「要盟可負而君不負，劌可仇而君不仇，信義著于天下矣。」遂不倍，天下諸侯翕然而歸之；爲鄄之會，幽之盟，諸侯莫不至，爲陽穀之會，貫澤之盟，諸侯皆來，南伐彊楚，以致菁茅之貢，北伐山戎，爲燕開路，三存亡國，一繼絕世，尊事周室，九合諸侯，一匡天下，功次三王，爲五伯長。（莊十三年）

此宣揚齊桓大功，所謂歎其爲盛，爲五伯長也。

次並論桓文，其言曰：

桓不敢致王，會王世子以尊天子，晉文致王犯順，猶自託尊王，故

《春秋》許其外楚，不許其尊周。（僖二十八年）

《春秋》以同盟起二伯，初言同者，喜始集也，傳以齊之同盟爲尊周，晉之同盟爲外楚，以桓主尊周，右桓也。（莊二十七年）

桓文同稱，而《春秋》惡文，蓋桓二十餘年，積威養晦，乃能服楚：文公一駕，而城濮之功多於召陵，桓公屢盟數會，遲暮始會宰周公，文公一會，而溫之事敏乎葵丘。然功多而罪鉅，事數而道僨，召天王，執諸侯，亂人君臣之分，務於大戰以爭功，仁信非桓之比也。（僖三十三年）

桓文相較，《春秋》右桓之義顯然。

次論春秋伯者之興替。

《古義疏》以隱桓之世，伯者將起，莊閔僖之世爲齊伯，文宣成襄及昭之前半爲晉楚分伯中外，昭之後半至定之初年，爲晉主中國，楚吳主夷狄，後則四伯紛起，未有能統帥諸侯者，爲無伯之世。茲述其言：

十二公以隱桓爲遠，定哀爲立，遠爲臨天下，立爲臨一家，莊閔僖文宣成襄昭八世爲近世，爲臨一國。莊閔僖，齊伯也，文宣成襄昭，晉伯也：隱桓，伯之將起，故以爲遠世，定哀，伯之將終，故以爲立世。（莊十三年）

莊僖之間，齊爲伯，通主天下，所謂天下諸侯皆在是，同盟有蔡，至于晉文爲伯，則楚亦起，晉之同盟，傳以爲外楚，與楚分主中外，自僖二十九年至昭十三年，以後齊又興，至定四年以後，則齊與晉，同主中國，楚吳主夷狄。（定十四年）

此概論春秋全程之分期。

《古義疏》中於各期情狀，復有論證，亦引述以明。

僖二年，齊侯宋公江人黃人盟于貫，《傳》云：「中國稱齊宋，遠國稱江黃，以爲諸侯皆來至也」，《古義疏》云：

此齊桓獨伯之辭也。……皆來至，所謂一匡天下，一國主政，不分中外也。近國舉大以包小，遠國舉小以盡大，徧至辭，故不敘方伯小國。

諸侯徧至，不分大小，不分中外，此齊桓獨伯之時。

晉爲伯，與楚分主中外，凡同盟無近楚之國，惟中國四方伯，陳且不在焉。（僖二年）

> 昭初年，晉楚爲二伯，齊魯衛鄭爲晉屬方伯，秦陳蔡吳爲楚屬方伯。（昭元年）

中國統中國，夷狄統夷狄，中分天下，此齊晉分伯之時。

> 自平丘以後（昭十三年），諸侯遂亂，于二十七年以後，再見公如齊晉之文，中國則齊晉，夷狄則吳楚，爭盟諸侯，非復二伯之古制也。（昭元年）

> 平丘以後，不言同盟矣。……《左傳》「晉失諸侯」，天下無伯，晉失道而楚亦弱也。……四伯分而天下裂，不惟無王，並無伯矣。春秋自城濮以後，晉爲中國伯，楚爲夷狄伯，狎主齊盟，齊附于晉，吳尚未顯，自此以後，齊吳並起，而天下分裂。（定四年）

此謂昭公末年至定公初年，四伯並起，一時四伯，可謂無伯矣。

6. 惡大夫專政

周室東遷，王室失政，伯者帥諸侯以尊王，《春秋》所許，及諸侯失政，權力下移，大夫專政，《春秋》不與。定元年，晉人執宋仲幾于京師，《傳》云：「此其大夫，其曰人何也？微之也。何爲微之？不正其執人於尊者之所也，不與大夫之伯討也」，《古義疏》云：

> 《春秋》之義，大夫不憂諸侯，因諸侯失政，不得不假托于大夫，于善事則許之，亦如天子失權許諸侯也。然許諸侯伯討，而不許大夫伯討，大夫卑也。《春秋》以天子討諸侯，以諸侯討大夫，今以大夫討大夫，既非貴治賤，又不得爲賢治不肖，故不許之也。

此不許大夫伯討，不惟不許，且惡大夫之專政。《古義疏》云：

> 《春秋》傷王道不明，惡大夫專政，凡書帥師尤惡，不起其弒則起殺，或則君權下移，謹子孫之禍也。（隱四年）

此惡大夫專政、專兵，以其爲弒殺之漸也。

又如季氏逐魯公，逾七年不得歸，竟客死乾侯，其間昭公欲請齊晉援助歸國，皆因季氏串結兩國大夫作梗，致齊晉之君欲納昭公而不得。昭二十五年，齊侯唁公于野井，《傳》云：「弔失國曰唁」，《古義疏》云：

> 言唁，明爲奸臣所蔽，不敢自主，齊侯一公也。

知齊亦爲大夫所制，不得自主。昭三十一年，季孫意如會晉大夫荀櫟，《古義疏》云：

> 言會者起受賂，同惡相濟也，公如晉，不得入，季孫乃會其大夫，不待貶絕而罪惡見者也。

《史記・魯世家》云：

> 二十八年，昭公如晉求入，季平子私於六卿，六卿受季氏賂，諫晉君，晉君乃止，居昭公乾侯。

知昭公之不得入乃季氏勾串二國大夫所阻，傳所謂「不可者意如也」(昭三十一年)，亦可知三國皆政在大夫，諸侯無以自主爲普遍現象，此亦起將入戰國之先兆。《古義疏》引劉向曰：

> 大臣操權柄，持國政，未有不爲害者也。昔晉有六卿，齊有田、崔，衛有孫、甯，魯有季、孟，嘗掌國事，世執朝柄，終後田氏取齊，六卿分晉，崔杼弒其君光，孫林父、甯殖出其君衎，弒其君剽，季氏舞八佾于庭，三家者以《雍》徹，並專國政，卒逐昭公，《春秋》舉成敗，錄禍福，類如此甚眾，皆陰盛而陽微，下失臣道所致也。故《書》曰：「臣之有作威作福，害于而家，凶于而國。」孔子曰：「祿去公室，政逮大夫，危亡之兆。」(昭二十五年)

此皆惡大夫之專政。

7. 論夷狄

《古義疏》以王者不治四夷，故《春秋》不見眞夷，經所見之戎狄皆因諱而託名，或爲伯者所主使。

隱七年《傳》：「戎者衛也，戎衛者，爲其伐天子之使，貶而戎之也」，《古義疏》云：

> 此辟諱託名之例，《春秋》當不止二條，今明文可考者，本傳之戎衛，《公羊》之貿戎與齊仲孫而已。考禮，王者不治四夷，春秋眞四夷概不見經，則其稱戎多爲託名也，今頗由此例推廣之。

廖氏王者不治四夷之說，蓋本諸何休《公羊解詁》(隱二年)，今就《穀梁》貶衛爲戎之傳，轉爲辟諱託名之例，推而廣之，幾及全經，而牽合強解之跡顯然。

隱二年，公會戎于潛，《古義疏》云：

> 戎者何？齊也。潛者，內邑也。何以知戎爲齊？以《春秋》初不見外州國，公不能遠會戎，故知爲齊取潛諱，戎之也。戎者西方夷，《春秋》不見眞戎。

同年，公及戎盟于唐，《古義疏》云：

> 《春秋》初不見外州國，則戎狄可知。初見戎者，明此非戎，一爲齊，一爲晉，由地而起之。《春秋》託二伯于齊晉，惡事爲賢者諱，故辟齊取潛，又經晚見晉，故初見亦辟之不名。……此遠諱也，唐據《詩》今山西國。戎者何？晉也。何以爲晉？以地唐也。何爲戎晉？未爲伯，避見晉，故託之戎也。

廖氏以戎爲齊、晉，然據《左傳》：

> 公會戎于潛，修惠公之好也，戎請盟，公解。

於桓二年「公及戎盟於唐」亦云：

> 修舊好也。

《左傳》明載，而廖氏強以〈王制〉說《春秋》，先預設「《春秋》初不見外州國」，又曲解此戎爲西方夷狄，唐爲今山西之國，〔註30〕而強爲作解。再者，何以未伯要避見？又何以託之戎？且上以不能遠會，解戎爲齊，今又以戎在山西，解戎爲晉，皆其牴牾難通者也。

昭元年，晉荀吳帥師敗狄于大原，《傳》云：「中國曰大原，狄曰大鹵，號從中國，名從主人」，以「中國」與「狄」對稱，非夷狄而何？昭十二年，楚子伐徐，晉伐鮮虞，《傳》云：「其曰晉，狄之也。其狄之何也？不正其與夷狄交伐中國」，十七年，楚人及吳戰于長岸，《傳》云：「兩夷狄曰敗，中國與夷狄亦曰敗，楚人及吳戰于長岸，進楚子，故曰戰」，則明以楚吳爲夷狄，何云不見經？何云非夷狄？廖氏喜以己意曲解經籍，而扞格不免。

又莊三十二年，狄伐邢，《古義疏》云：

> 《春秋》非同盟之國，不言夷狄之事，邢非州國，此何以言之？爲伐者之爲晉也。晉伐何爲以狄言，二伯一伐一救，不可爲訓，故辟之也。盟唐，晉託之戎，此伯，爲託於狄，自此以下，皆以狄言，初託戎，後託狄，王化自西而北也，不言東南，略之也。
>
> 狄何以侵齊？晉使之也。……言狄侵者五，言赤狄侵者二，皆晉主之也。（文四年）

〔註30〕程發軔《春秋左氏傳地名圖考》從梁玉繩《左通補釋》說及楊守敬圖，戎在今山東曹縣西。《左通補釋》云「以戎在曹縣，與河南蘭陽縣接界處」。又，唐，魯地，與棠通。杜預《左傳注》：「高平方輿北有武唐亭」，《一統志》：「今山東魚台縣東北十二里有武唐亭」。台北：廣文書局，56年11月，頁106。

此廖氏以可牽引附會者爲託名，以不可附會，難以爲說者爲伯者主使，其推論類如創作之聯想，且幾遍及全經，此欲以經籍爲己之註腳耳。

尤有謬者，莊二十年，齊人伐我，《古義疏》云：

我二傳作戎，莊世伐我當言鄙。戎者何？我也，諱其伐我故託言之。

《穀梁經》作「我」本爲形近訛字，廖氏竟以諱我爲戎作解，亦可怪異矣。

8. 論災異

《古義疏》中於《春秋》日食災異之記載，大多引《漢書．五行志》以爲說，以日食災異爲天之警示或人事之應。

隱三年春王二月己巳，日有食之，《古義疏》云：

孔子曰：「古之治天下者必聖人，聖人有國則日月不食，星辰不孛。」

劉子云：「其後戎執天子之使，鄭獲隱滅戴，衛魯宋咸弒其君，爲日食之應。」

此以日食爲人事之應，爲人事之警示。又引〈五行志〉云：

班氏云：「爵有五等，以法五行也；或三等者，法三光也。或法三光，或法五行何？質家者據天，故法三光，文家者據地，故法五行。」（隱八年）

實則，經於災異記載，皆史書常文，傳之釋經，亦多平實達意，如隱五年，螟，《傳》云：「蟲災也」，桓十四年，無冰，《傳》云：「無冰，時燠也」，僖十四年，沙鹿崩，《傳》云：「林屬於山爲鹿，沙，山名也。無崩道而崩，故志之也」，桓三年，有年，《傳》云：「五穀皆熟爲有年也」，宣十六年，大有年，《傳》云：「五穀大熟爲大有年」，此皆不涉天意、人事。漢儒則以爲人事之應，如釋書「螟」，《古義疏》引之曰：

劉子說：觀魚貪利之應，書螟，言災將起，國家將亂云爾。（隱五年）

以爲人君貪利，天示以國家將亂。釋「沙鹿崩」引之曰：

劉子云：崩者陷而下也，應在山下平地，地臣象，陰位也。崩者散落，叛不事上之象。（僖十四年）

此附會陰陽以說君臣上下，廖氏且疏之曰：

山者，君之象也，鹿者，臣之象也。言沙鹿崩者，臣背叛也。

至書「有年」「大有年」，本非災異，傳亦僅釋其字義，縱使爲怪異諸說附會之《公羊傳》，其釋亦質實無妄：

有年何以書？以喜書也。大有年何以書？亦以喜書也。此其曰有年

何？僅有年也。彼其曰大有年何？大豐年也。僅有年亦足以當喜乎？恃有年也。（桓三年）

《公羊》以因喜而書，亦未以爲怪異。何休《解詁》云：

若桓公之行，諸侯所當誅，百姓所當叛，而又元年大水，二年耗減，人民將去，國喪無日，賴得五穀皆有，使百姓安土樂業，故喜而書之。

何氏雖以人事補述喜之所由，然亦平實見理，有助傳義之理解。惟何氏又云：

所以見不肖之君爲國尤危，又明爲國家者不可不有年。

此則已有警示之意，然仍未以陰陽災異爲說。廖氏則云：

《春秋》不書有年，惟于桓宣二見，以二君皆弒君，惡人而有年，則爲怪異，所謂天福淫人也。（桓三年）

桓宣書大有年者，以爲天富淫人也。（宣十六年）

以爲「怪異」，「天福淫人」，「天富淫人」，實與漢儒陰陽災異之說不異。

考之《穀梁》，陰陽二字凡四見：隱九年三月癸酉，大雨震電，庚辰，大雨雪，《傳》云：「八日之間，再有大變，陰陽錯行」；莊三年，葬桓王，《傳》云：「獨陰不生，獨陽不生，三合而後生」；莊二十五年六月辛未朔，日有食之，鼓用牲於社，《傳》云：「言充其陽也」；定元年九月，大雩，《傳》云：「古之神人有應上公者，通乎陰陽」。知《穀梁》確曾受陰陽說之影響，然未據以附會人事。如隱九年之「陰陽錯行」，當僅指自然界之異常、失序，而未有天之警示或人事乖違所致之意。

傳確以災異說人事者，鍾文烝《補注》云：

傳於蝝生曰：「非稅畝之災也」，又於梁山崩稱輦者之言曰：「天有山，天崩之，天有河，天壅之，君親素縞，帥群臣而哭之，既而祠焉」，又於宋衛陳鄭災稱子產之言曰：「天者神，子惡知之？是人也，同日爲四國災也」，自餘諸災異，皆不言某災由某事所致，亦不言某異爲某事之兆。（隱九年）

其中「蝝生」之傳，爲以災異說人事之顯例，「梁山崩」及「宋衛陳鄭災」之傳，則有以天意示人事之意，而無人事致異之說。《公羊傳》亦然，除「蝝生」之傳，以災異之生，由君上行事而然，其言曰：

未有言蝝生者，此其言蝝生何？蝝生不書，此何以書？幸之也。幸之者何？猶曰受之云爾。受之云爾者何？上變古易常，應是而有天災，其諸則宜於此焉變矣。（宣十五年）

除此傳外，皆未嘗以災異出於天戒或人君行事所招致。且全傳僅莊二十五年「日食則曷爲鼓用牲于社？求乎陰之道也」，出一「陰」字，而不見一「陰陽」名詞。就內容言，並無何休所謂「多非常異義可怪之論」，亦無任何五行觀念。〔註31〕鍾文烝《補注》云：

> 穀梁子爲經作傳，悉本夫子之意，《公羊》異流而同源，故其傳自蝝生以外，皆直曰記災記異，別無他說，與《穀梁》正同。……自漢孝武時，董仲舒說《公羊》，於災異百餘事，一一推言其應，而何休繼之，劉向治《穀梁》，傅以〈洪範〉，其說時有出入，劉歆又自以其意附合《左氏》，今見於《漢書‧五行志》者，煩蕪歧誤，大約如《史通》內外篇所譏。（隱九年）

《春秋》及《公》《穀》二傳，罕憑災異以言人事，其諸異說，多起漢儒，此有其當時政治及社會之特殊背景，而廖氏居處清末，未能爲之廓清，且多所引述，至如「聖人有國，則日月不食」之謬說，亦未予駁斥。是時西洋之天文學，早已引進中國，仍依循前人之訛說，此亦廖氏思想之局限也。

ㄷ、傳文校勘

《古義疏》於傳文校勘計二十餘處，其中可信者二，前人均已述及，另一例可備一說，餘或論證不足，或輕率妄改，且有錯誤顯然不可信者，茲論證之。

莊二十四年，赤歸於曹，郭公，《傳》云：「赤蓋郭公也」，《古義疏》云：

> 經「郭公」字，先師所注，故傳不釋，又云蓋也。

此例孔廣森已言之，鍾文烝《補注》亦曾明引。

成七年春王正月，鼷鼠食郊牛角，《傳》云：「不言日，急辭也」，《古義疏》云：

> 據口傷言「之」，「日」當作「之」。

此鍾文烝《補注》已校：

> 「不言日」當爲「不言之」，謂牛、角之間無「之」字，異於郊牛之口也。〔註32〕

〔註31〕《公羊傳》無陰陽五行介入，無非常異義可怪之論，參見徐復觀《增訂兩漢思想史》卷二〈先秦儒家思想的轉折及天的哲學的完成——董仲舒《春秋繁露》的研究〉（台北：臺灣學生書局，74年3月三版），頁326～329。

〔註32〕參見本章第一節鍾文烝《補注》，〈三成就〉丙之ㄋ〈經傳文字之校勘〉。

以上二例，前人均已言及。

成十七年夏，公會尹子、單子、晉侯、齊侯、宋公、衛侯、曹伯、邾人伐鄭；六月乙酉，同盟于柯陵，《傳》云：「柯陵之盟，謀復伐鄭也」，秋，公至自會，《傳》云：「不曰至自伐鄭也，公不周乎伐鄭也。何以知公之不周乎伐鄭，以其以會致也」，《古義疏》於「不曰至自伐鄭也」下云：

> 「也」上當有「何」字，誤脱。

廖氏之校或是，然抑或「也」字涉下文而衍，疑未敢定。此例可備一說。

其校之未當者，如宣十五年冬，蝝生，《傳》云：「蝝，非災也；其曰蝝，非稅畝之災也」，《古義疏》於下「非」字云：

> 「非」當爲「幸」。書蟲災皆在秋時，蝝在夏末，冬無爲蝝，秋而稅畝，冬而蝝生，言天人相應之速也。雖不成災，猶志之，以明天災之速，謂天之愛魯，幸之也。……《公羊》云：「蝝生不書，此何以書，幸之也。幸之者何？猶曰受之云爾」，《左傳》：「冬，蝝生，饑，幸之也」，二傳皆作幸，此本作非，幸、非字畫相近，不知者據上非災而改。

此例似校改有據，實者乃廖氏立異炫奇，輕率妄改。據《爾雅》、《說文》、何休之說，蝝爲蝗之幼蟲，即螽子。傅隸樸《春秋三傳比義》云：

> 周之冬爲夏之秋，初生蝝無翅膀可飛，而且秋霜既降，蝝無生存可能，此蝝隨生隨滅，且在秋收之時，不能爲災，《左氏》所云「幸之也」，即指其生在未能爲災之時，假若早生，則秋之螽災必然嚴重。……《公羊》也以爲書蝝生是「幸之也」，但這幸是指的天儆，因宣公稅畝，「變古易常，應是而有天災」，宣公可能受此儆告，而改變其稅畝之政了。〔註 33〕

《穀梁》則云蝝生不足爲災，記蝝生乃責宣公稅畝貪利，悉盡民力，足以致災。傳文與「幸」字無涉，倘如廖說，則稅畝之災，何幸之有？必如廖氏以天之速災乃愛魯之曲說也。且傳中與此句類同者頗多，如「非伐喪也」（僖十八年）、「非成禮於齊也」（文四年）、「非大利也」（定十三年）等是，明「非」字不誤也。

又如僖二十六年，公會莒子、衛甯速盟于向，《傳》云：「公不會大夫，其曰甯速何也？以其隨莒子，可以言會也」，《古義疏》云：

〔註 33〕同註 25，頁 612。

「甯速」上當有「會」字，因上文誤刪。

實則傳意謂公不會大夫，經書「甯速」，乃大夫之稱例，因以為問，何得有「會」字。

宣十六年，成周宣榭災，《傳》云：「周災不志也，其曰宣榭何也？以樂器之所藏目之也」，《古義疏》於「不志也」下云：

「也」當為「地」。

此處「也」字確與傳例不合，然廖氏以也當為地，乃據下文「其曰宣榭何也」臆測而來，傳例無之。〔註 34〕

定元年，晉人執宋仲幾于京師，《傳》云：「此其大夫，其曰人何也」，《古義疏》於「此其大夫」下云：

「其」當為「晉」字之誤。

廖氏說非是。鍾文烝《補注》云：

「此」字下各本衍「其」字，今依唐石經、呂本中《集解》本、張洽《集註》、俞皋《集傳釋義》本刪正。

鍾氏說有諸本可據，又合於傳例，而廖氏之說則顯與傳釋經之例不合。

綜言之，廖氏校書幾全不據傳文傳例、版本、《注》、《疏》、類書作佐證，而一以文意逆推；此種校勘法高郵王氏父子曾為之，梁啓超云：

這種工作非眼光極銳敏，心思極縝密，而品格極方嚴的人不能做。……濫用他可以生出武斷臆改的絕大毛病，所以非其人不可輕信。〔註 35〕

廖氏既乏王氏篤實之學識，又缺其謹嚴之態度，宜其言雖多而不得其中也。

四、評　價

廖氏《古義疏》於《穀梁》經傳之闡述，可謂發前人所未發，如其以《春秋》當新王、不合史實之制義、《穀梁》作者、〈王制〉全合《穀梁》之論經、論傳，至義理闡發之主天、貴命、夷狄論、伯論，皆為穀梁家所未有，而多公羊家言，謂廖氏以公羊家言，傅以〈王制〉之架構以說《穀梁》可也。

據此，則《古義疏》之功在《穀梁》理義之推擴闡揚，使其益發宏富，並啓後人闡發之機；而其失亦在此，即其說多非《穀梁》本義，廖氏不過尋

〔註 34〕同註 32。

〔註 35〕見《中國近三百年學術史》（台北：華正書局，78 年 8 月），頁 250。

經傳爲其學說之註腳耳。〔註 36〕其語錢塘張預謂「十易稿未爲定本」(張〈序〉)或欲明其投注之勤，然亦可爲曲說難通，累於彌縫之證。

徐復觀云：

> 清代以《公羊》爲中心的今文學者，若由他們所援據的經典以考校他們的解釋，而加以知識的客觀性的要求，幾乎皆可斥其爲妄誕。此一妄誕，至廖平的《古今學考》而達到了極點。……這種方法是求知的大忌。

然徐氏亦云：

> 但經學中較有時代性，有思想性的人物，竟多由此出；這實是承仲舒之風，在他們不能不援據經典以作進身之階的時代中，當他們伸張公羊學的同時，便解脫掉公羊學以馳騁自己的胸臆。所以對於這些人的著作，要分兩途來加以處理。〔註 37〕

據徐氏之論，以評廖氏《古義疏》頗爲妥切。

〔註 36〕錢穆《中國近三百年學術史・第十四章康長素》云：「方植之有言，『考證學衰，陸王將興』。若康廖之治經，皆先立一見，然後攪擾群書以就我，不啻六經皆我注腳矣，此可謂考證學中之陸王。」又引朱一新語云：「〈王制〉一篇，漢儒後得，爲殷爲周，本無定論，康成於其說之難通者，乃歸之於殷，今更欲附會《春秋》改制之義，恐穿鑿在所不免。」「〈王制〉乃漢文集博士所作，盧侍中明言之。當孝文時，今學萌芽，老師猶在，博采四代典禮以成是篇，乃〈王制〉摭及《公羊》，非《公羊》本於〈王制〉。」「公羊家言，如以祭仲爲行權，乃假祭仲以明經權之義，非眞許祭仲；以齊襄爲復九世之讎，乃假齊襄以明復讎之義，非眞許齊襄。此類頗多，皆文與而實不與。但此惟《公羊》爲然，近儒乃推此義以說群經，遂至典章制度輿地人物之灼然可據者，亦視爲莊列寓言，恣意顚倒，殆同戲劇，從古無此治經之法。」朱、錢雖非評廖氏《古義疏》，然亦適切。台北：臺灣商務印書館，72 年 11 月臺八版，頁 652～658。

〔註 37〕同註 31，頁 334。

第三章　論說之屬

清代《穀梁》述作中，凡於義理、義例有所闡發論述、置疑釋疑，或兼論義理、義例、史實、禮制、文字校勘、訓詁之等者，皆綜歸此類，計得十四家十六種，即張尚瑗《穀梁折諸》、吳浩《穀梁義疑》、惠棟《穀梁古義》、余蕭客《春秋穀梁傳經解鉤沈》、王引之《春秋穀梁傳述聞》、許桂林《春秋穀梁傳時月日書法釋例》、柳興恩《穀梁大義述》、俞樾《春秋穀梁傳平議》《春秋穀梁傳經說》、王闓運《穀梁申義》、劉曾騄《穀梁約解》、張佩綸《穀梁起癈疾補箋》、廖平《起起穀梁癈疾》《釋范》、張慰祖《穀梁大義述補闕》、江愼中《春秋穀梁傳條指》。其中兼及義理、文字、考據者多，專論唯許桂林《釋例》、王闓運《申義》、江愼中《條指》等。茲依成書先後之次論之。

第一節　穀梁折諸

一、作者傳略

張尚瑗字宏蘧，一字損持，江蘇吳江人。康熙二十七年進士，補江西興國縣知縣。初從朱鶴齡遊，講《春秋》之學，朱氏作《讀左日鈔》，張亦作《讀三傳隨筆》，積累日久，卷帙遂多，乃排纂成《三傳折諸》。

二、概　述

名「折諸」者，取揚雄「群言淆亂折諸聖」之語。《穀梁折諸》計七卷，含卷首〈先正評說〉一卷，乃引前人評述傳注之語，餘六卷依十二公之次，以傳文爲目，或引前人論說，或出己意疏證，而大要皆以史事爲據，《穀梁折諸》云：

> 二傳之宏綱奧指，不能越《左氏》之冊書，而熟精史學，足以發明經學也。（卷一）

此其以史論經之基點。

張氏此書原爲隨筆劄記，引述特多，然諸說見在，如非引述所需，皆略而不論，所論以張氏所述爲主。以下略分先正評說、以史事疏釋經傳、以傳爲典型、以傳斷史事、以傳不明史事，及品評人物、論女性諸目，分別舉證以明。

三、成　就

1. 先正評說

《穀梁折諸》卷首有〈先正評說〉九條，除一條引宋子京評論啖助、趙匡之誣固外，皆前人評述傳注之語，其中於《穀梁傳》有是之者，有非之者，於范甯《集解》則推崇者多。

其是之者，首引《漢書・儒林傳》以宣帝好《穀梁》，韋賢等以《穀梁》魯學，宜興《穀梁》之載述；次引晉元帝時，唯置《左氏》博士，荀崧上疏謂《公羊》精隱，明於斷獄，《穀梁》簡約隱要，文清義約，諸所發明，或《左氏》《公羊》所不載，足爲訂正，並三傳各宜置博士以傳其學；又引晁說之，以爲《穀梁》晚出，因得監省《左氏》《公羊》之違畔而正之，其情深遠大者，眞得子夏之所傳。此以《穀梁》有其所長，宜興不宜廢者也。

至其疑傳、非傳之論，則引《朱子語類》謂《公》《穀》乃齊魯間儒者所著，雜以己意，故多所乖舛；引黃楚望謂以陳佗爲陳君，以子既死，父不忍稱名，臣既死，君不忍稱名，知孔父爲君累先死之說，皆測度之辭，當是得之傳聞，不曾親見國史；又引趙鵬飛謂傳以「不諱敗惡內」釋乾時戰敗之書，以諸侯一軍傳作三軍，皆傳之疏妄，賴范甯而正之。

其述《集解》，謂《穀梁》先有尹更始、麋信等十餘家注解，范甯以爲膚淺，乃商略名例，爲《集解》十二卷，其義精審，爲世所重；而評之者皆推崇其注傳而不屈於傳：其引晁說之，謂范氏因諸儒博辨以申《穀梁》，且於是非，不若杜預汲汲然申傳，不敢異同；引《文中子》謂范氏有志於《春秋》，徵聖經而詰眾傳，蓋杜預屈經以申傳，何休引緯以汩經，唯范甯之學最善；引趙鵬飛謂《穀梁》多疏妄，賴范甯而正之，以其學近乎公。張氏蓋亦認同范甯之注傳而駁傳，書中即有引錄《集解》駁傳之文，如隱九年傳以聘諸侯非正，范氏引《周禮》、許愼之說以駁傳，僖元年傳載季友屏左右與莒挐相搏，范氏引江熙以爲事理不然，傳或失之，張氏均特爲引錄。

2. 以史事疏釋經傳

《穀梁折諸》有以當時史實釋經傳者，有以後世類同之史事以疏傳者。以當時史實爲說者，如成十二年，周公出奔晉，《傳》云：「其曰出，上下一見之也，言其上下之道，無以存也。上雖失之，下孰敢有之，今上下皆失之矣」，《穀梁折諸》云：

> 書奔晉，而晉罪昭矣。愚按：此伯輿之初與周公楚爭也，厥後襄十年，伯與又與王叔陳生爭政，陳生亦出奔晉，一爲簡王時事，一爲靈王時事，王臣交爭不已，易世而無忌憚，乃兩王之不能馭臣，易世而無能振起一至是乎？……王室喪亂，君子哀其志，晉爲霸主，周公楚、王叔陳生出奔，公然受之，其無王甚矣，《穀梁》立說獨正，與《左》《公》迥別。（卷五）

此舉史實釋經傳，並闡傳義。又如昭二年，公如晉，至河乃復，季孫宿如晉，《傳》云：「公如晉而不得入，季孫宿如晉而得入」，《穀梁折諸》云：

> 《左傳》昭公二年如晉，晉以少姜之喪非伉儷，不敢以勤諸侯，故辭昭公，復五年適晉，晉侯方以善於禮稱之，迨十二年，河上辭公，則以季孫取鄆之故，自是平邱之會獨外魯君，於是魯晉之交，臣日親而君日疏，此傳當用之於十載之後。《左傳》但知記事，若衛齊他國皆然，孫林父逐君，晉終助孫氏，崔杼弒君，晉猶不能致討，至意如逐君，而又甚焉，前乎此者，臣之求寵既工，君之覯閔亦多，此二語書之忿乎有餘怒，恫乎有餘悲，微君子之用心焉，謂《穀梁》長于論理，差不爽爾。（卷六）

此取《左傳》之記事以疏傳，並闡傳發君子之用心，以證《穀梁》之長於論理，非《左傳》之但知記事。

以後世類同之史事以疏傳者，如隱二年《傳》云：「知者慮，義者行，仁者守，有此三者，然後可以出會」，《穀梁折諸》云：

> 楊士勛《疏》謂司徒主察安危，司馬主斷制，司空主守，人君之行，一卿從，二卿守，然後可會中國之君，按〈曾子問〉：「諸侯適天子，命國家五官而後行，諸侯相見，亦命國家五官」，五官即三卿之意，

宋襄公會楚于盂見執，則司馬子魚立太子以拒楚，秦趙澠池之會，藺相如從，廉頗居守，請于趙王曰：「三十日不還，請立太子以絕秦望」，故知國之大臣不可無人也。（卷一）

此舉司馬子魚及廉頗之史事以疏傳。又如桓元年《傳》云：「己正即位之道而即位」，《穀梁折諸》云：

元凱云：「嗣位定于初喪，改元必俟踰年，桓公篡立而用常禮，欲自同於遭喪繼位者，與聞乎弒，先儒斷其獄審矣。」然猶愈於趙光美之改開寶九年十二月爲太平興國元年，曾無未寒之念，燭影離席，寫氏致齋，人以爲一信而一疑，吾以爲此慚而彼喜也。（卷二）

此以桓弒隱，不應依遭喪繼位之常禮書即位，而引宋太宗不待踰年改元，遽以開寶九年爲太平興國元年，示其無兄，一以疏傳，一以論史。又如文六年，夜姑殺陽處父，《傳》云「君漏言也」，《穀梁折諸》云：

楊誠齋傳《易》「不出戶庭」繇辭曰：「唐高宗告武后以上官儀教我廢汝，此君不密而失臣也；陳蕃乞宣臣章以示宦者，此臣不密而失身也。」按史傳之類此多矣，最可慨者爲京房燕見元帝，白石顯之奸，王章奏對成帝，斥王鳳之專政，及明成祖聽解縉，不立漢庶人，英宗召見岳正，深論石亨、張軏，彼疏遠新進之臣，何遽敢觸忤權奸，指斥左右，爲之君者既燕閒而納之，咨嗟而嘉許之，彼自以爲草茅遇主，千載一時，許而不言，臣則有罪，乃未幾言出而禍隨身，未庸而先蒙咎，其向之誘之使言者，反若爲求魚之餌，係獸之蹄也，可不悲哉！（卷四）

此舉後世同晉君漏言，謀臣被殺之史事以說傳，並抒君之輕率放言，致進言忠臣冤死之良可悲歎。

3. 以傳為典型

《穀梁折諸》有以《穀梁》說爲後世典型，舉以爲法以效之者，以戒之者，亦有不知戒而致罹其災禍者。

以爲典型而效之者，如莊十二年，紀叔姬歸於酅，《傳》云：「吾女也，失國喜得其所，故言歸焉爾」，《穀梁折諸》引胡安國《傳》云：

歸者順詞，以宗廟在酅，歸奉其祀也。紀既亡矣，不歸于魯，全節守義，不以亡故而虧歸道，若夏侯令女曹爽之弟婦，寡居守志，父母欲奪而嫁之，誓弗許，曰：「曹氏全盛之時，尚欲保終，況今衰亡，

何忍棄之？」見者爲之感動，其聞叔姬之風而興起者乎？（卷二）

此以曹爽弟婦不棄曹氏，蓋效《穀梁》紀叔姬之載述而起。又如魯僖爲閔公庶兄，繼閔即位，《傳》有「繼之如君父也者，受國焉爾」之論，《穀梁折諸》云：

元順帝祭告太廟，至寧宗曰：「朕，寧宗兄也，當拜否？」太常博士劉聞對曰：「寧宗雖弟，其君國時，陛下爲臣，春秋魯僖公，閔公之兄，閔先爲君，宗廟之祭，未聞僖公不拜。」乃下拜。（卷三）

又如成五年，梁山崩，壅遏河，三日不流，《傳》引伯宗據輦者之語曰：「君親素縞，帥群臣而哭之，既而祠焉，斯流矣」，《穀梁折諸》云：

貞觀八年，隴右山崩，江淮大水，虞世南曰：「春秋時，梁山崩，伯宗曰：國主山川，山崩川竭，君爲之不舉，降服出次，祝幣以禮焉，晉從之得無害。漢文帝元年，齊楚地二十九山同日崩，水大出，詔郡國無來貢，施惠天下，遠近洽穆，亦不爲災，今宜省錄纍囚，庶或當天意。」帝然之。（卷五）

此皆據《穀梁》之說，以爲禮制、論政治事之典法者。

以《傳》爲典型舉以爲戒者，如僖九年齊桓之盟葵丘，《傳》引明天子之禁曰：「毋以妾爲妻」，《穀梁折諸》云：

唐玄宗武惠妃專寵，將遂立爲后，御史潘好禮疏諫，引《春秋》宋人夏父之會，無以妾爲夫人，齊桓公誓葵丘曰「無以妾爲妻」，聖人明嫡庶之分，分定則窺競之心息矣。（卷三）

又如僖十二年，楚人滅黃，《傳》云：「貫之盟，管仲曰：『江黃遠齊而近楚，楚爲利之國也，若伐而不能救，則無以宗諸侯矣』，桓公不聽，遂與之盟，管仲死，楚伐江，滅黃，桓公不能救」，《穀梁折諸》云：

唐貞觀時，康國求內附。太宗曰：「前代帝王好招徠絕域，以求服遠之名，無益於用，今康國內附，倘有急難，于義不得不救，師行萬里，豈不疲勞，勞百姓以取虛名，朕不爲也。」太宗之見，正與管仲同。（卷三）

又如文六年，晉君漏言致夜姑殺陽處父，《傳》云：「士造膝而言，詭辭而出」，《穀梁折諸》云：

晉羊祜歷職二朝，任典樞要，嘉謀讜議，皆焚其草，所進達人，皆不知其由，或謂慎密太過者，祜曰：「夫入則造膝，出則詭辭，君臣

不密之誡，吾惟懼其不及，且拜爵公朝，謝恩私門，吾不取也。」（卷四）

此或以《傳》義爲戒，或以《傳》所述史事爲戒，皆舉以爲法以行事，而免於誤失。

未能以《傳》爲戒，致罹其災禍者，如襄六年《傳》云：「莒人滅繒，非滅也，立異姓以莅祭祀，滅亡之道也」，《穀梁折諸》云：

武后猶能聽狄梁公之諫，不立武三思，周太祖竟立聖穆后兄柴守禮之子榮爲嗣，以絕郭嗣，由不講於《春秋》之義故也。（卷五）

此明言不講《春秋》之義而絕其國。又如襄二十五年《傳》云：「吳子謁伐楚至巢，入其門，門人射吳子，有矢創，反舍而卒」，襄二十九年，閽弒吳子餘祭，《傳》云：「不狎敵，不邇怨」，《穀梁折諸》云：

孫堅悉眾攻劉表，表閉門遣將黃祖潛出，從竹木間暗射堅殺之，與吳子謁之門巢門而卒事相類；張飛鞭撾健兒，置之左右，卒爲帳下所刺，與餘祭之見弒於閽相類。（卷五）

此皆以其未能以傳之論述爲戒，致重蹈前跡者也。

4. 以傳義斷史事

《穀梁折諸》有以傳義論斷史事者，如桓十六年，《傳》以衛侯朔出奔書名者，乃天子召而不往，故惡之而書名，《穀梁折諸》云：

君子不親惡，諸侯不生名，衛朔不赴王命，惡難逭矣，故與燬之滅邢一例。晉簡文徵桓溫入輔，四詔皆以疾辭，唐時河北藩鎮往往徵入朝不至，田悅、朱滔不可枚舉，李光弼居徐州不入援，亦臣節不終之累也。（卷二）

此以天子召而不往，斷後世臣子之失節。又如閔公繼子般之弒，《傳》云：「親之非父也，尊之非君也，繼之如君父也者，受國焉爾」，《穀梁折諸》云：

夫天下重器，王者大統，付畀攸歸，隆孰踰焉？五帝官天下，不行于後世，三王家天下，其不幸而有兄終弟及，支子入繼者，《穀梁》之文，誠萬世不易之經，《公羊》亦云「孰繼？繼子般也」，般雖未踰年，不成君，在閔公受國焉者，不可以不君事之；僖公係閔兄，而受國于閔，夏父弗綦躋僖公則爲逆祀。後世人主或暱其私親，好自尊大，漢哀帝追尊定陶共皇，唐明皇別廟祀中宗、宣宗，欲降文宗、武宗，明世宗不嗣武宗，並不嗣孝宗，皆失禮之尤者也。（卷三）

此以《穀梁》説爲正論，並據以斷後世不依循其制者爲失禮。

5. 以傳不明史事

《穀梁折諸》以《公》《穀》未曾親見國史，於史事多所舛誤，紀事冊書當以《左氏》爲準，書中有以《穀梁》誤解史事，而義有未當者。如文十四年，晉人納捷菑于邾，《傳》云：「是郤克也」，《穀梁折諸》云：

納捷菑之事，《左傳》作趙盾，《公羊》作郤缺，克乃缺之子，核其年歲，尚在郤缺爲卿之時，謂爲克者，謬不待言。《左氏》據列國簡書，缺之説亦未必是。（卷四）

此以《穀梁》不明史事，誤解經文。又如隱四年，衛人立晉，《傳》云：「衛人者眾辭也，立者不宜立者也。晉之名惡也，其稱人以立之何也？得眾也。得眾則是賢也，賢則其曰不宜立何也？《春秋》之義，諸侯與正而不與賢也」，《穀梁折諸》云：

魯之軌、宋之鮑、楚之圍，身蹈大惡以邀大利，莫或致討；齊無知、晉奚齊、卓子之死，於法應繼者糾、小白、夷吾、重耳，體勢鈞敵，不無擬議；惟衛公子晉，實桓公弟，州吁伏罪，衛人迎而立之，統正名順，曰「衛人立晉」，《春秋》書法，未有如是其無貶者，《穀梁》乃曰「賢不宜立，與正不與賢」，不知所謂正者何屬？豈左公子洩，右公子職，反宜主器耶？胡氏爲之説曰：「未有爲子而不受之父，爲諸侯而不受之王」，此時莊公薨已十七年，何所從而請父命？齊小白、晉重耳皆非襄、獻之遺命；如以王命，則如襄王賜晉惠、晉文之命，皆位定而後加錫，周室東遷以後，未見如魯戲括之請所立于宣王者。大亂方夷，人望攸屬，晉立而無道致亂，猶異日之事，今日之舉，可謂百姓與能，石碏老臣忠悃，行事合眾心，反以取譏于君子，何其冤也。（卷一）

其駁傳，辭義嚴切，入於情理，以此特定史事以質傳，傳説確難自圓，惟傳之立意，或爲借事以示法，則亦有其理，范甯於「立者不宜立」注云：

嗣子有常位，故不言立。

於「《春秋》之義，與正而不與賢也」引范雍曰：

正謂嫡長也，夫多賢不可以多君，無賢不可以無君，立君非以尚賢，所以明有統也，建儲非以私親，所以定名分，名分定則賢無亂長之階，而自賢之禍塞矣；君無嬖幸之由，而私愛之道滅矣。

范《注》之說，爲普遍理則之闡述，胡氏「未有爲子而不受之父，爲諸侯而不受之王」之說，亦就常理而論，若用以說衛公子晉之立，則有所乖誤。《公》《穀》二傳爲釋義之傳，於史實時未深究，無怪張氏爲石碏呼冤矣。

與此相類者，桓十五年，許叔入于許，《傳》云：「許叔，許之貴者也，莫宜乎許叔，其曰入何也？其歸之道，非所以歸也」，《注》引范泰曰：「許國之貴，莫過許叔，叔之宜立，又無與二，而進無王命，退非父授，故不書曰歸，同之惡入」，《穀梁折諸》云：

> 自魯隱十一年，許爲三國所伐，許莊公奔衛，不知所終，鄭莊公使公孫獲處許西偏，明據有其國矣。至是鄭莊死，突與忽爭鄭，其國大亂，夫釁有釁，時不可失，諸侯以失國爲罪，復國爲榮，傳譏其歸不以道，所謂道者，如《注》所云「進非王命，退非父授」，父授于兄，而兄失之矣，復國之弟，即亢宗之子，若東晉、蜀漢，論世者所深許，此時之天子，伐鄭而敗，救衛而無功，諸侯無所歸命，自許叔於此得國，享國三十九年，至魯僖四年，從桓伐楚而卒于師，葬以侯禮，衮歛加等，其子僖公嗣位，次年被楚之伐，而諸侯救之，楚不能害，許穆公之爲賢君，春秋諸國莫之能及。（卷二）

此以史駁傳，兩者各有所據，要即經學史學之歧異。《穀梁》旨在立意，爲法後世，所重在普遍理則，不計特定情事，故揆之史實，難免扞格，於所本之人事，亦往往過於嚴苛；蓋爲後世立法，必求其弘正，所以塞循情苟且之路，而行諸久遠也。

實則，《公》《穀》旨要與史傳異趣，張氏亦習知，並謂無徒以史事核《公》《穀》。僖二十八年，晉文公致天子，《傳》謂其行事已傎矣，《穀梁折諸》云：

> 齊桓晉文相繼爲春秋之霸，獨穀梁子于齊桓稱其信厚，稱其愛民，以爲信其信，仁其仁，且曰端委搢笏而朝諸侯，諸侯皆諭乎桓公之志；其于晉文也，以爲晉文公之行事爲已傎矣。前乎此者曰惡晉侯也，于此又曰逆辭也。蓋先儒之論三傳，謂《左氏》傳事不傳義，《公》《穀》傳義不傳事。朱子亦謂《左氏》事詳而理差，《公》《穀》理精而事誤，今《公》《穀》所傳之事，較之《左傳》，十不逮一，間有所傳，而事誤者亦有矣。就事而言，孰有大于城濮之勝？孰有大于踐土之盟？而《公》《穀》不一傳其事，明明于事必無所誤，而必不屑與之傳。蓋孔子曰：「齊桓公正而不譎，晉文公譎而不正」，正

譎分而二霸之品定矣；《公》《穀》作傳之指出矣；學者知以理義求《公》《穀》，無徒以事核《公》《穀》可也。（卷三）

此謂《公》《穀》旨要在理義，無徒以事核之，而張氏以事核之者，正自不少。

6. 品評人物

《穀梁折諸》品評人物，有合於傳義，闡發傳義者，如其論魯莊公，就魯桓爲齊襄及夫人文姜所弒，莊公未能復讎，而會齊侯伐衛，《傳》惡其會仇讎而伐同姓；及齊侯狩于郜，傳刺其釋怨而卑之，《穀梁折諸》論之曰：

桓公之薨，以爲讎在外者，則如楚懷之入秦不返，代王之句注被擊；以爲亂在內者，則如晉武帝清暑殿遭張貴人蒙被之弒，唐中宗神龍殿中韋后餅餤之毒。爲莊公者，外讎弗共戴天，則宜枕戈泣血，告于天子，赴於列國，興師以致討于齊；內亂雖曰母氏，然不爲桓也妻者，即不爲莊也母，不幸而遭人倫之異變，不容以常情處之。（卷二）

至齊襄死，齊無君，《傳》云「制在公也」，《穀梁折諸》云：

無知弒君，雍廩又殺無知，此時齊國大亂，莊公誠奮然有爲，廢置之權斷出公手，內以洩先君之恥，外以鎮撫齊國之社稷，糾與小白無妨擇賢而與之，秦繆三置晉君之烈，當先見于此日。宋襄猶能殺無虧而定孝公，魯莊公反受制齊桓而殺子糾以應之，乾時生竇，不能爲齊結好，而徒爲齊貽恥，穀梁子之論，歎息痛恨于莊之不足有爲也。（卷二）

後又不能制其先機，當可納而不納，至不能存子糾，《穀梁折諸》云：

魯爲齊弱甚矣，百室之邑可以隱死，憤詞也，亦正論也。或者莊公釋怨之意猶殷，念母之情未怠，委靡頓挫，遺笑鄰封至此乎？（卷二）

此責魯莊之忘讎且不能有爲也。

至其娶齊女，《穀梁折諸》云：

莊公既如齊納幣，復如齊逆女，加之以觀社、遇穀、盟扈，其輕宗社，溺女色，瀆禮弛防已甚，更不必待穀梁子娶仇之嚴詞，何氏諱淫之苛論，而經文屢書，貶意具見，厥嗣文公踵而效之，又何譏焉？（卷二）

至其治績，傳謂其用民力已悉，《穀梁折諸》引黃若晦評之曰：

> 皇祐中，范仲淹領浙西，歲饑，召諸佛寺僧，諭以歲饑，工價至賤，可大興工役，又新敖倉，吏舍日役千夫，是歲杭晏然，民不流徙。莊公當大無麥禾之年，國內艱食，一歲而築臺者三，彼直以困民爾，豈知以此濟民哉？聖人惡而書之。新廄者，勞人以奉馬也。（卷二）

此經屢貶魯莊，傳發之，張氏復爲之闡論。

品評人物或與傳異者，《傳》論鄭莊公，以其處心積慮成於殺，然《穀梁折諸》則云：

> 毛奇齡曰：「書曰克，勝之也，蓋善其勝之不殺之也，若謂譏失教，不早裁制，則周公大聖，不能得之于管蔡，而可以責鄭莊乎？」蓋莊之克段，正是緩追逸賊，得親親之道者，惟不窮追務獲，故段得奔共，且安然久處于共，鄭之人稱共叔段者是也。當叔奔共，共，小國也，莊欲殺叔如振稿耳，移師而加共，其誰拒之？而莊不爾也。叔之子滑奔衛，邀衛師以取廩延之故邑，及莊伐衛，而衛始復之，莊此時何難取滑殪之，以絕其根株，而一則舍段，再則舍滑，十年之後猶惓惓念弟之餬口四方，迨繼世相嬗。段之孫公父定叔預雍糾之亂，仍出奔衛，猶復招而歸之，曰：不可使共叔無後于鄭。是段滑父子相繼稱亂，而君並卹之，使得爲公族于本國，鄭之恩亦厚矣。（卷一）

此述史實，明待段之恩厚，而爲鄭莊辯護。

又如《傳》評宮之奇達心言略，懦不能強諫，《穀梁折諸》云：

> 章蔓枝以轂走，宮之奇以族行，皆愈于百里奚之不諫，《左傳》又有舟之僑知虢之將亡，而先去之，其不惜強諫，不敢顧身者，所謂批龍鱗，食馬肝，盛鴟夷之皮，龍逢、比干未是俊物者也。然終無補于主之不明，與國之亡，魏文貞曰：「願陛下使臣爲良臣，毋使爲忠臣」，三復斯言，慨當以慷。（卷三）

此謂宮之奇已盡勸諫之責，然無補於君王之不明，而國仍不免於亡，不應苛責其爲死諫之忠臣。

7. 論女性

《穀梁》屢有女性角色之論述，《穀梁折諸》亦及之，而大體皆據傳爲說。《傳》云：「婦人謂嫁曰歸，反曰來歸，從人者也。婦人在家制於父，既嫁制於夫，夫死從長子，婦人不專行，必有從也」（隱二年），《穀梁折諸》云：

《大戴禮》孔子曰:「婦人,伏于人也。是故無專制之義,有三從之道,在家從父,適人從夫,夫死從子,無所敢自遂也。」後世言禮者皆祖之,傳文與之同。(卷一)

此謂婦人者,伏於人也,從人者也。《傳》又云:「婦人既嫁不踰竟」(莊二十年),文姜屢饗齊侯,會齊侯,如齊師,至齊襄死,又復如齊,且如莒,《穀梁折諸》云:

復如齊,且屢如莒,此何爲者耶?蓋盤遊成習,不能自已。如元魏胡武靈后,數幸親戚勛貴之家,遊嵩高數日乃還;王蜀順聖太后、翊聖太妃,禱青城,幸彭州,觀燈賦詩之類。(卷二)

此責婦人盤遊成習,失從人之道。

至其貞烈守節者,則標榜典型,以爲女戒,《穀梁折諸》云:

伯姬以亡國爲齊所葬,故愍而書之;叔姬,伯姬之娣,國亡夫死,守節于酅,特錄其葬,非例也;共姬則遇災而終,節行顯著,是以卒葬皆書。後之傳烈女者,其《春秋》之遺意乎?(卷二)

又云:

伯姬傅母不至不下堂,楚樊姬符不至不下漸堂,靜女貞婦,無事不離其所。(卷二)

然此生死大事,可謂之無事乎?以其爲婦人女子也。《傳》載伯姬之死云:

伯姬之舍失火,左右曰:「夫人少辟火乎?」伯姬曰:「婦人之義,傅母不在,宵不下堂,左右又曰:「夫人少辟火乎?」伯姬曰:「婦人之義,保母不在,宵不下堂。」遂逮乎火而死。婦人以貞爲行者也,伯姬之婦道盡矣(襄三十年)

此等以死標榜靜女貞婦,自春秋至清,歷千百年不曾稍異,可不悲哉!

至於對女性之歧視誣蔑,亦千古不易,《穀梁折諸》云:

陸佃云:「蜮,陰物也,麋亦陰物也」,莊公上不能防閑其母,下不能正其身,陽淑消而陰慝長,此惡氣之應。(卷二)

此以婦人爲陰物不祥之氣,又云:

取彼譖人,投畀豺虎,亦詆毀之已耳,沮抑之已耳,未有誘導其行事,設爲網羅以驅之者,驪姬之外,賈后以手書誘太子遹武,惠妃以衷甲詭太子瑛,婦人陰毒,故其智常同;若費無極之戮郤宛,李林甫之逐盧絢,嚴挺之、盧杞之陷顏眞卿、李揆,蓋希世一覯焉。(卷三)

此以驪姬設羅網以陷申生等，乃出於婦人陰毒之本性，丈夫而陰狠者則希世少見，惟據其所引，已不下婦人之數，此蔽於成見，強爲之說者也。

至爲政者之昏怠奢靡，則有歸責於婦人者，《穀梁折諸》云：

> 蜚，負蠜也，劉歆以爲蜚色青，近青眚也。南越盛暑，男女同川而浴，淫風所生，爲蟲臭惡，是時莊公取淫女爲夫人，天戒若曰：「不誅絕之，將生臭惡，聞于四方。」（卷二）

又云：

> 戎事不邇女器，而桓公于文姜黷武弛防如此，厥後與之偕聘于齊，而致殞焉。兵戎玉帛以悅婦人，與鄭文夫人之示俘馘，蕭同叔子之觀跛使，兼斯三失，安得無禍。（卷二）

此功成全屬丈夫，罹禍歸責婦人之論，皆源於男尊女卑，婦人從人者也之傳統觀感。張氏所論，大體符合《傳》說。

四、疏　失

《穀梁折諸》之缺失在蕪雜不精，此蓋因於其原爲心得箚記，引述多而闡義少，缺縝密之體系架構，又惜愛難捨，而庬雜不免，書中俯拾即是，茲略舉二例概見之。《傳》云：「孟勞者，魯之寶刀也」（僖元年），《穀梁折諸》云：

> 《琅邪代醉編》姜仲岳云：「公子左右，姓孟名勞，多力之人，爲國所寶。」蓋以刀字爲力字之訛，說詭而詞亦拗，姑錄之。（卷三）

此明知其荒誕而採錄其中，何補於《穀梁》。又如《傳》云「菁茅之貢不至」（僖四年），《穀梁折諸》云：

> 沅州歲貢包茅四十匭，茅輕舟搖，多致覆溺。柳貫爲太常博士，請附以歲貢物鎮其舟，遂以爲例。蓋包茅之貢，元世猶存也。此出《黃溍集．柳待制墓表》，《左傳》愚既引泉陵麻陽釋之矣。泉陵上湘也，沅州下湘也，皆湖南地，並錄其說于此。（卷三）

此以博聞札記之可也，據以論傳，則失於限斷

五、評　價

此書評價，《四庫全書總目》之說，頗爲中肯，其言曰：

> 其書貪多務得，細大不捐，每捃摭漢魏以下史事與傳文相證，往往

> 支離曼衍，如因衛懿公好鶴，遂涉及唐元宗舞馬之類，不一而足，與經義或渺不相關，殊爲蕪雜；然取材既廣，儲蓄遂宏，先儒訓詁之遺，經師授受之奥，微言大義，亦多錯見於其中，所謂披沙簡金，往往見寶，固未可以其糠粃，遂盡棄其精英，且《春秋》一經，說者至夥，自孫復、劉敞之徒，倡言廢傳，後人沿其流派，遂不究事實而臆斷是非，胡安國《傳》自延祐以來，懸爲功令，而僖公十七年之滅項，乃誤歸獄於季孫，由議論多而考證少也。尚瑗是書雖未能刊削浮文，頗乖體要，而蒐羅薈粹，猶爲摭實之言，過而存之，視虛談褒貶者，固勝之遠矣。（卷二十九）

《提要》之評，乃就三傳而發，其中先儒訓詁之遺，《穀梁折諸》未之見，至微言大義，亦少見闡論，惟其以史論經傳，亦多有所得，《提要》所謂披沙簡金，往往見寶，誠然。

第二節　穀梁義疑

一、作者傳略

吳浩字養齋，一字含章，江蘇華亭人，乾隆初歲貢，有《十三經義疑》、《三傳三禮字疑》。

二、概　述

《穀梁義疑》爲《十三經義疑》之一，計五十二條，大要在就傳文、傳義、范《注》、楊《疏》置疑、釋疑，而欲其無所疑。〈自序〉云：

> 夫讀書不能無疑，疑必待晰而後明，鶻突不解，久則轖結於中，若癥瘕然。雖有文摯不爲功，使穿鑿傅會，率臆而武斷之，其病尤甚。……或有揆之理而未甚確，斟之情而未甚安，每摘而出之，博采先儒之說而合訂焉，必求其義之合乎理，近乎情，準之常道而至當，而後取而詳說之，曷敢曰與先儒抗衡辨異同乎！亦盡我稽古之心，以俟同志者之相參，用晰疑焉云爾。

由此可知其述作之旨意。

以下依校勘、史實質疑、傳義解說、禮制考釋，分別舉例論述。

三、成　就

ㄅ、校　勘

△成元年：「冬十月。」

《傳》：「季孫行父禿，晉郤克眇，衛孫良夫跛，曹公子手僂，同時而聘于齊。……齊人有知之者，曰：齊之患必至此始矣。」

范《注》：「穀梁子作傳，皆釋經以言義，未有無其文而橫發傳者，甯疑經冬十月下云『季孫行父如齊』，脫此六字。」

《義疑》：「愚按《左氏》《公羊》俱但書時，無『季孫行父如齊』六字，此傳當是錯簡，在六月癸酉，季孫行父四大夫帥師會晉、衛、曹三大夫及齊侯戰於鞍齊師敗績之下，明齊致敗之由以爲戒也。次明書日之義，次明書曹公子之義，共作一篇，下盟于爰婁，傳獨言敖郤獻子者，晉尤強，能率三國以敗齊；《公羊》則以爲秋七月及國佐盟之傳，亦是追溯齊致敗之由。如范氏說，經單言季孫，傳乃突出晉郤克眇，衛孫良夫跛，曹公子手僂耶？」

連堂案：此吳氏以爲傳有錯簡，王引之《穀梁傳述聞》亦以爲然，王氏云：「《左氏》《公羊》冬十月下皆無『季孫行父如齊』之文，不應《穀梁》獨有，且《春秋》例不遺時，無事亦書冬十月，不必實之以事也。竊疑季孫行父禿以下，當在二年戰于鞍傳之末，蓋帥師與齊侯戰於鞍者，有季孫行父、晉郤克、衛孫良夫、曹公子手四人，傳於是追敘齊患所起，因慢此四人之故，而及前此四人同時聘齊之事；亦猶僖十年晉殺其大夫里克，傳因而追敘申生之死；文六年晉殺其大夫陽處父，傳因而追敘襄公之漏言；定四年蔡侯以吳子及楚人戰于伯舉，傳因而追敘子胥之于闔廬、蔡侯之拘南郢也；錯簡在冬十月下耳。《公羊》敘齊患之始，與此略同，而於經文『盟于袁婁』下始追敘之，《穀梁》或亦相似也。」王師熙元《穀梁范注發微》云：「蓋經、傳舊本別行，後始以傳附經，因而錯附於此耳。」〔註1〕

△成元年《傳》：「晉郤克眇，衛孫良夫跛。」

《義疑》：「《左氏》謂『郤子登，婦人笑於房』，蓋跛者之可笑，於登爲甚也。沈氏引《穀梁傳》亦云『郤克跛』，何定本反作眇耶？」

連堂案：吳氏說是。成二年范《注》「敖郤獻子」：「謂笑其破」，是定本

〔註1〕嘉新水泥公司《文化基金會叢書·研究論文》第二七〇種，64年9月，頁770。

《穀梁》跛眇互倒。李富孫《春秋穀梁傳異文釋》云：「《左・宣十七年傳疏》沈氏引《穀梁》作『晉郤克跛，衛孫良夫眇』，定本作『郤克眇，衛孫良夫跛』，《藝文類聚》、《御覽》引作『晉郤克跛，衛孫良夫眇』，案《左・宣十七年傳》：「郤克徵會於齊，郤子登，婦人笑於房」，杜《注》：「跛而登階，故笑之」，……杜、范據《左氏》作跛，楊《疏》從定本，非是。……臧氏曰：『郤克之跛，三傳同文，自唐定本以《穀梁傳》跛、眇互倒，《釋文》及《疏》皆從定本，故陸氏反據傳以非范《注》，楊《疏》引或說，亦以范《注》跛當作眇，是使不誤者亦誤矣！』」

△成二年《傳》：「以蕭同姪子之母爲質。」

《義疑》：「按杜氏以爲蕭君同叔之子，《公羊》以爲蕭同國君姪娣之子，俱無『之母』二字，即以《穀梁》論，前冬十月傳云『蕭同姪子處臺上而笑之』，亦無『之母』二字，郤克當惡其笑者耳，何以舍姪子而必及其母耶？疑『之母』二字衍。」

連堂案：吳氏之校是。鍾文烝《補注》云：「《左傳》作蕭同叔子，以爲是齊侯之母，杜預曰：『同叔，蕭君之字，齊侯外祖父子女也；難斥言其母，故遠言之』，《公羊》則作蕭同姪子，云是齊君之母，何休曰：『蕭同，國名，姪子者，蕭同君姪娣之子，嫁與齊，生頃公』，《史記・齊世家》作蕭桐叔子，〈晉世家〉作蕭桐姪子，並以爲是齊君母，此傳文當與《公羊》同，蓋蕭君名同，其姪娣所生女，嫁齊而生頃公，故謂之蕭同姪子，即前處臺上笑客者也。」綜《補注》所言，《左傳》《公羊》《史記》雖有異稱，其所以爲稱之由亦異，而以爲齊君之母則同。梁煌儀《春秋穀梁傳校證》云：「檢《御覽》四八○引作『且以蕭同叔子爲質』，正無『之母』二字。」〔註2〕

△襄三十年《傳》：「澶淵之會，中國不侵伐夷狄，夷狄不入中國，無侵伐八年，善之也，晉趙武、楚屈建之力也。」

《義疑》：「此傳與上文不屬，愚按豹及諸侯之大夫盟於宋，胡《傳》云：『或者乃以宋之盟，中國不出，夷狄不入，玉帛之使交乎天下，以尊周室，爲晉趙武、楚屈建之力』，正與《穀梁》此傳同，疑『澶淵』二字，或『宋』字之訛，而在此者，錯簡耳。」

連堂案：吳氏之校或是。盟宋在襄二十七年，齊召南《穀梁傳注疏考證》云：「自二十七年後至昭三年，推檢經文，並無侵伐，至昭四年書『楚子會申，

〔註2〕文化學院中文研究所碩士論文，67年6月，頁200。

執徐子』，書『伐吳滅厲』，而楚復横，此傳之所謂無侵伐八年也。」又云：「（三十年）經所書之晉人即指趙武是也，楚於是會不與，又其令尹爲王子圍，蓋屈建已於二十八年卒矣。」

ㄆ、史實質疑

《穀梁義疑》於傳之史實載述有疑義，或未符常理者，或置其疑，茲舉例明之。

△桓十二年：「十有二月，及鄭師伐宋，丁未，戰于宋。」

《傳》：「非與所與伐戰也；不言與鄭戰，恥不和也。」

《義疑》：「《左氏》《公羊》俱謂與宋戰，蓋戰於宋國之都，故不地。《穀梁》獨以爲魯與鄭戰，不知何據。」

連堂案：吳氏所疑當是。《左傳》云：「遂帥師而伐宋，戰焉，宋無信也」，《公羊》云：「戰不言伐，此其言伐何？辟嫌也。惡乎嫌？嫌與鄭人戰也。」此《左傳》明載與宋戰，《公羊》則以嫌人誤以爲與鄭戰，故書伐宋，陸淳《春秋集傳辨疑》引啖助曰：「此傳不知省文之義故云爾，且按：自此後魯常與鄭和，而同伐宋，故知此傳誤矣。」（卷二）

△僖元年：「公子友帥師敗莒師于麗，獲莒挐。」

《傳》：「公子友謂莒挐曰：『吾二人不相悅，士卒何罪？』屏左右而相搏，公子友處下，左右曰：『孟勞！孟勞！』孟勞者，魯之寶刀也，公子友以殺之。然則何以惡乎紿也？曰：棄師之道也。」

《義疑》：「《穀梁》似傳奇一則，《左氏》《公羊》皆不如此說。范《註》引江熙語良然，楊士勛《疏》何乃駁之。」

連堂案：江熙曰：「經書敗莒師，而傳云二人相搏，則師不戰何以得敗，理自不通也。夫王赫斯怒，貴在爰整，子所愼三，戰居其一，季友令德之人，豈當舍三軍之整，佻身獨鬥，潛刃相害，以決勝負者哉？雖千載之事難明，然風味之所期，古猶今也，此又事之不然，傳或失之。」江氏以事之不然，稍嫌武斷，傳之所載雖殊異，惟難謂必無其事，楊《疏》云：「老子云：『以政治國，以奇用兵』，季子知莒挐之可擒，棄文王之整旅，佻身獨鬥，潛刃相爭，據禮雖乖，於權未爽」，所言亦非無理，至江熙質疑二人相搏，不戰何以得敗，所疑是；鍾文烝《補注》謂其戰畢乃相搏，實曲爲迴護，不足釋疑，惟傳文不詳，古事難明，姑存其疑。

△成元年《傳》:「齊使禿者御禿者，使眇者御眇者，使跛者御跛者，使僂者御僂者。」

《義疑》:「浩疑四國之臣僚眾矣，何聘齊時皆遣殘疾之人，而齊之御之又一一有其匹耶？且魯報北鄙之伐，衛報新築之敗，曹以魯故出師，何嘗以禿跛見笑哉？蓋欲極形可笑，遂失之誣。」

連堂案：傳之所述，不符常理，吳氏之疑是。陸淳《春秋集傳辨疑》引啖助云:「此似街談巷議之說，不當載於冊牘」(卷八)，鍾文烝《補注》云:「《公羊》以爲郤克跛，臧孫許眇，同時而聘於齊，《左傳》《國語》但謂齊婦人笑郤子，最近事情，《穀梁》下傳亦但云『敖郤獻子』，與《左傳》《國語》同，然則此傳云云，姑廣異聞耳，原不深信也。」

ㄇ、傳義解說

《穀梁義疑》於傳說及《注》《疏》等之釋傳，或置其疑，或釋其疑，茲舉例明之。

△僖四年:「公會齊侯、宋公、陳侯、衛侯、鄭伯、許男、曹伯侵蔡，蔡潰。遂伐楚，次於陘。」

《傳》:「次，止也。」

范《注》:「楚強齊欲綏之以德，故不速進而次于陘。」

《義疑》:「楚既強矣，豈齊桓之德所能綏，傳云『次，止也』，蓋不敢深入，得用兵之道，道遠敵強，輕進則傷。」

連堂案：吳氏謂得用兵之道是，然未必以楚強不敢深入。夫兵戰爲手段，非目的，倘得不戰而功致，則兵者凶器，縱使戰而得勝，亦不免傷損，故不得已而用之。《公羊》云:「其言次于陘何？有俟也。孰俟？俟屈完也」，何休《解詁》云:「時楚強大，卒暴征之，則多傷士眾，桓公先犯其與國，臨蔡，蔡潰，兵精威行，乃推以伐楚，楚懼，然後使屈完來受盟，修臣子之職，不頓兵血刃，以文德優柔服之，故詳錄其止次待之，善其重愛民命，生事有漸，故敏則有功。」觀前之侵蔡而蔡潰，後受屈完之盟，則次于陘，當爲戰與盟，兵戎與外交之權變，而其大旨則在尊王攘夷。其下之盟召陵，《穀梁》載桓公之責楚云:「昭王南征不反，菁茅之貢不至，故周室不祭」，《公羊》亦云:「師在召陵，則曷爲再言盟？喜服楚也。何言乎喜服楚？楚有王者則後服，無王者則先叛，夷狄也，而亟病中國，南夷與北狄交，中國不絕若線，桓公救中國而攘夷狄，卒怗荊，以此爲王者之事也」，是齊桓能不以攻戰爲事而致大功，可謂得用兵之道，至范《注》云：「齊欲綏之以德」，何休云：「以文德優柔服之」，則基於《春秋》尊王攘夷之義，亦即非眞能綏之以德也，然《春秋》之旨如是。

△僖三十三年：「冬十有二月，隕霜不殺草。」

《傳》：「未可殺而殺，舉重也，可殺而不殺，舉輕也。」

《春秋大全》：「此年不殺草，定元年殺菽，《穀梁》皆謂舉重。」

《義疑》：「李氏誤矣。殺菽在十月，未可殺而殺也；不殺草在十二月，可殺而不殺也。未可殺而殺舉重，菽殺則草亦殺也可知；可殺而不殺舉輕，草不殺則菽亦不殺也可知；菽重而草輕也。」

連堂案：此《大全》誤解傳義，而吳氏釋之。

△文六年《傳》：「夜姑仁。」

《義疑》：「夜姑奚以稱仁歟？愛人之謂仁，夜姑則忍甚；無我之謂仁，夜姑則私甚。」

連堂案：吳氏之疑是。俞樾《穀梁傳平議》以仁當讀爲佞，可備一說。

△宣二年《傳》：「孰爲盾而忍弒其君者乎？」

《義疑》：「愚按『孰爲』二字貫一句，言忍弒其君者在他或有之，盾也而忍弒其君，寧有是乎？蓋據平時心跡以自明無罪也。」

連堂案：吳氏恐傳義不明而爲之釋，其說是，然未能如王引之《穀梁傳述聞》直以「謂」訓「爲」明確。

△成二年《傳》：「反魯衛之侵地，以紀侯之甗來，則諾；以蕭同姪子之母爲質，則是齊侯之母也；齊侯之母，猶晉君之母也，晉君之母，猶齊侯之母也，使耕者盡東其畝，則是終土齊也，不可。請一戰，一戰不克請再，再不克請三，三不克請四，四不克請五，五不克舉國而授。」

范《注》：「不可謂若不許己言。」

《義疑》：「竊疑傳云『不可』，承上土齊質母二事而言，與『則諾』相對，詞氣方足。」

連堂案：吳氏說是。王引之《穀梁傳述聞》云：「范以《左傳》云：『晉人不可，賓媚人曰「子又不許，請收合餘燼，背城借一」』，故以不可爲不許己言，不知此傳不可二字，與則諾相對爲文，不可者謂郤克之後二說不可行也。《公羊傳》曰：『與我紀侯之甗，請諾，反魯衛之侵地，請諾；使耕者東畝，是則土齊也，曰：不可。蕭同姪子者，齊君之母也，齊君之母，猶晉君之母也，曰：不可。』何注上『曰不可』曰：『則晉悉以齊爲土地，是不可行』，注下『曰不可』曰：『言至尊不可爲質』，彼文曰不可，與請諾相對，猶此文不可與則諾相對也，當如何氏《公羊注》作解，若以不可爲不許己言，則文義下屬『請壹戰』句，上文以蕭同姪子之母爲質云云，遂成不了之語矣。」王氏舉證詳明，足糾范氏之誤。

ㄈ、禮制考釋

《穀梁義疑》於禮制考釋亦略及之，茲舉二例明之。

△襄四年：「葬我小君定姒。」

范《注》：「定，謚。」

《義疑》：「《大全》王氏曰：『襄公、哀公之母，不應皆謚曰定。』愚按：滕有兩文公，是祖孫同謚也，西伯昌謚文，周公旦亦謚文，是父子同謚也，兩定姒安見其必有誤哉？」

連堂案：此《大全》疑范說，而吳氏釋其疑。

△昭十一年：「五月甲申，夫人歸氏薨。大蒐于比蒲。」

范《注》：「此月大蒐，人眾器械有踰常禮，時有小君之喪，不譏喪蒐者，重守國之衛，安不忘危。」

《義疑》：「《春秋》比事屬詞，繫大蒐於齊歸薨之後，其譏喪也明矣，故《左氏》以爲非禮，而胡《傳》特暢其說，如云安不忘危，蒐自有時，何獨於此五月間。」

連堂案：此駁范氏不譏喪蒐之說。胡安國《春秋傳》云：「其曰大蒐，越禮也。君有重喪，國不廢蒐，不忌君也。三綱軍政之本，君執此以馭其下，臣執此以事其上，政之大本於是乎在；君有三年之慼，而國不廢一日之蒐，則無本矣。然則君有重喪，喪不貳事，以簡車徒，爲非禮也；乃有身從金革而無避者獨何歟？曰：喪不貳事，大比而簡車徒，則廢其常可也。有門庭之寇，而宗廟社稷之存亡繫焉，必從權制而避矣。伯禽服喪，徐夷並興，至于東郊出戰之師與築城之役同日並舉，度緩急輕重，蓋有不得已焉者矣。晉王克用薨，梁兵壓境，而莊宗決勝於夾寨，周太祖殂，契丹入寇，而世宗接戰於高平，若此者君行爲顯親，非不顧也，臣行爲愛君，非不忌也，惟審於緩急輕重之宜斯可矣」。此謂喪不貳事，貳事非禮，惟事有緩急輕重，急重非常之時自可兩舉，吳氏以大蒐不爲急重，書之乃以譏之。

四、疏　失

《穀梁義疑》之疏失，一為簡略，一為駁雜，皆體例之疏失。

簡略者，《穀梁義疑》之標目、出處、論述，時過於簡略，表述不明，如成公一條標「雨木冰」，述云：

> 劉徐說是。雨木冰在魯，不當依或說為楚子傷目之應。

按：劉徐指劉向、徐邈，並或說均為楊《疏》所引，吳氏引述過於簡略。又如莊公一條標「亦不云父子也」，述云：

> 母之子即父之子也，上傳云「獨陰不生」，楊《疏》殊鑿。

其引述、論說亦有不知所云之失。

駁雜者，《穀梁義疑》中有五條屬《左傳》、胡《傳》、《春秋大全》之疑釋，無涉於《穀梁》經傳注疏，亦雜入其中，是體例不純。如僖公一條標「夏四月四卜郊，《大全》李氏曰：桓文用事不知所出」，述云：

> 按齊桓欲封禪，管仲止之，事出《中候準讖哲》，晉郊鯀事則出《左傳》昭公七年，晉平公疾，夢黃熊入於寢門，韓宣子問於子產而祀夏郊是也。

此為《大全》指明桓文用事之出處，不當入此。

五、評　價

《穀梁義疑》雖時有所見，然整體觀之，淺顯枝節之說不少，精深大旨之論罕見，蓋吳氏總義群經，且文字校勘等考據之功，尚屬創發，求其既博且精，亦良難矣。

第三節　穀梁古義

一、作者傳略

惠棟（1697～1758）字定宇，號松崖，江蘇吳縣人，承其父士奇學，揖志經術，於諸經，熟洽貫串，尤邃於《易》，著有《九經古義》、《古文尚書考》、《左傳補注》、《後漢書補注》等書。生於康熙三十六年，卒於乾隆二十三年，年六十二。

二、概　述

《穀梁古義》一卷，爲《九經古義》卷十五，凡二十六條，大多援引古籍古注，少下己意，其〈九經古義述首〉云：

> 漢人通經有家法，故有五經師，訓詁之學皆師所口授，其後乃著竹帛，所以漢經師之說，立於學官，與經並行。《五經》出於屋壁，多古字古言，非經師不能辨，經之義存乎訓，識字審音，乃知其義，是故古訓不可改也，經師不可廢也。

知其推尊漢儒古訓，《穀梁古義》亦以訓詁爲多，其次說禮制者，而及於三傳異文、傳義衍釋，並有論傳及佚書作者考證。

計其徵引四十餘處，以兩漢以前爲多，鄭玄一人即達八處，下及唐陸德明《經典釋文》、孔穎達《尚書正義》，合魏晉唐人不及十處，宋以下則一無徵引，此可概見惠氏以古爲尊，推崇漢儒之治學態度。〔註 3〕

《穀梁古義》內容有論傳、佚書作者考證、釋三傳異文、訓詁、傳義及禮制等，然少者僅一條，多者亦僅數條，茲舉其要者，以明其梗概。

三、成　就

ㄅ、論　傳

其論傳云：

> 《孝經說》云：「孔子曰：吾志在《春秋》，行在《孝經》，以《春秋》屬商，《孝經》屬參」，故應劭《風俗通》言「穀梁爲子夏門人」，楊士勛謂「受經於子夏」，余案：桓譚《新論》云：「《左氏》傳世，遭戰國寢藏，後百餘年，魯穀梁赤爲《春秋》殘略，多所違失」，然則穀梁子非親受經於子夏矣。古人親受業者稱弟子，轉相授者稱門人，則穀梁子於子夏，猶孟子之於子思，故魏麋信注《穀梁》，以爲與秦孝公同時也。楊士勛言穀梁爲經作傳，傳孫卿，卿傳魯人申公，申公傳博士江翁。案孫卿齊湣、襄時人，當秦之惠王，則在其後，又卿著書言天子廟數，及賻賵襚含之義，述《春秋》善胥命，而言盟詛不及三王，諸侯相見，仁者居守，又以大上爲天子，皆本《穀梁》

〔註 3〕惠氏以古爲尊，摒斥宋學，梁啓超評其專以「古今」爲「是非」，不問「眞不眞」，惟問「漢不漢」，謂其「凡古必眞，凡漢皆好」。見《清代學術概論》（台北：臺灣商務印書館，66 年 2 月臺一版），頁 55。

之說，其言傳孫卿信矣。又隱元年《傳》云「成人之美，不成人之惡」，僖廿二年《傳》云「過而不改，是謂之過」，廿三年《傳》云「以不教民戰，則是棄其師」，今皆在《論語》中，鄭〈論語序〉云「仲弓子夏等所撰」，《論語讖》亦言「子夏等七十二人共撰」，仲尼微言，其諸聖人之徒，私淑諸人者乎！又傳中所載，與《儀禮》、《禮記》諸經合者，不可悉舉，故鄭康成《六藝論》云「《穀梁》善於經」。

此論《穀梁》之作者、時代、傳承，及合於《論語》、《禮記》等儒家經典，而結以鄭玄《穀梁》善於經之說。柳興恩《大義述》云：

楊士勛〈序疏〉云：「《穀梁》善於經者，謂大夫日卒，諱莫如深之類是也。」《六藝論》：「《左氏》善於禮，《公羊》善於讖，《穀梁》善於經」，今以為直善於《春秋》之本經，此《穀梁》所以非《左氏》《公羊》二傳所及。（卷十）〔註4〕

惠氏以《穀梁》說與諸經合，故謂善於經，此鄭氏之原意；而楊《疏》以下，則如柳氏所云，以爲善解《春秋》本經，爲《左》《公》二傳所不及。

其一條論佚書段肅《春秋穀梁傳注》云：

《經典・序錄》云：「《穀梁》有段肅《注》十二卷，不詳何人」，《隋・經籍志》云：「《春秋穀梁傳》十四卷，段肅注，疑漢人。」棟案：《後漢・班固傳》：「固奏記東平王云：弘農功曹史殷肅，達學洽聞，才能絕倫，誦《詩》三百，奉使專對。」章懷《注》云「固集殷作段」，然則殷肅即段肅也。劉氏《史通》言肅與京兆祭酒晉馮，嘗撰《史記》，以續史遷之書。

柳興恩《大義述》云：

《書・呂刑》「維殷于民」，《墨子・尚賢中》作「維假於民」，是古叚殷通用。《經典・序錄》、《隋・經籍志》之肅《注》，蓋姓叚非姓段也。《史記・儒林列傳》：「仲舒弟子通者，廣川殷忠」，《集解》：「徐廣曰：殷一作段，又作瑕也」，又〈酷吏列傳〉：「楚有殷中」，徐廣曰：「殷一作假，人亦有姓假者也」，《後漢書》卷十七〈馮異傳〉：「段建」，章懷《注》：「《東觀記》及《續漢書》段並作殷字」。

〔註4〕柳興恩《大義述・述師說》全引《穀梁古義》以述，然《穀梁古義》成績本無如何，柳氏之述可取者復少，其可說者皆引錄於此節，本章第七節柳氏《大義述》〈述師說〉之目，不重出惠氏《穀梁古義》之部。

王師熙元《穀梁著述考徵》云：

> 殷肅當即段肅，殷段形近易誤。《史記・儒林傳》：「仲舒弟子通者，廣川殷忠。」《集解》：「徐廣曰：『殷、一作段。』」日人瀧川資言《史記會注考證》引梁玉繩曰：「徐廣曰：『殷、一作段』是。《漢書・藝文志》：『《易》有京氏段嘉。』而〈儒林傳〉訛殷嘉。〈酷吏傳〉有段仲，而史訛殷中。《後漢書・馮異傳》有段建，《注》作殷。《隋・志》及《經典・序錄》有段肅，注《穀梁》，《史通・古今正史篇》言續《史記》者也。而《後漢書・班固傳》訛殷肅，可以互證。』至柳氏以《書・呂刑》「殷」字《墨子》作「假」，遂謂叚殷通用，而以肅姓叚，非也。蓋殷、影母，叚、見母，聲相異；殷在段玉裁〈古十七部諧聲表〉十三部，而叚在第五部，韻又不同；二字聲韻乖隔，不能相通，蓋以形近而誤。王鳴盛《尚書後案》云：「疑隸變相似而誤」是也。〔註5〕

則惠棟之考證是，王師引述及考訂詳矣。

ㄆ、三傳異文考辨

《穀梁古義》中及於三傳異文者三，茲論述之。

《穀梁古義》云：

> （隱）四年衛祝吁，《釋文》云：「《左氏》《公羊》及《詩》作州吁。」案州有祝音，故或作祝，聲之誤也。

柳興恩《大義述》云：

> 《說文・吅部》：「喌，呼雞，重言之。从吅从州聲，讀若祝」，《繫傳通釋》：「臣鍇曰：重言之，故从二口，《列僊傳》有祝雞翁，後人或作喌，隻逐反」，《春秋》桓五年城祝邱，《藝文類聚》引〈洪範五行傳〉：「輿州邱之役」。

陳新雄《春秋異文考》謂州祝聲同紐，古韻同部，故同音相轉。〔註6〕惠、柳二氏說是也；惟惠氏以作祝為聲之誤則非，當為二字音同，口授不異，寫定時各書其形致異也。

《穀梁古義》云：

> 隱八年《經》：「鄭伯使宛來歸邴」，《釋文》云：「《左氏》作祊」，《穆

〔註 5〕台北：廣東出版社，63 年 2 月，頁 21。
〔註 6〕省立師大《國文研究所集刊》第七期，52 年 6 月，頁 392。

天子傳》云：「戊戌，天子北入于邴」，郭璞曰：「邴，鄭邑，《左傳》作祊」，古方丙同字。

柳興恩《大義述》云：

《儀禮・士冠禮注》：「今文枋爲柄」，〈士昏禮注〉：「今文枋作柄」，〈少牢饋食禮注〉：「古文柄皆爲枋」，故惠君云「古方丙同字」。

陳新雄《春秋異文考》謂祊邴古聲同紐，古韻同部，同音通假。〔註7〕

《穀梁古義》云：

宣八年「葬我小君頃熊」，《疏》云：「案文十八年《注》云：『宣母敬嬴，此云頃熊者，一人有兩號故也』」，棟謂頃聲近敬，熊聲同嬴，二傳由口授，故字異而音同，而云一人有兩號，非也。

惠氏說是，楊《疏》非也，顧炎武已言之，顧氏《唐韻正》云：

一東，熊，古音羽陵反，《春秋》宣八年，葬我小君敬嬴，《公羊》《穀梁》並作頃熊，頃音近敬，熊音近嬴，《正義》不得其解，乃云一人有兩號，非也。（卷一）

陳新雄《春秋異文考》謂敬頃二字，古同部位雙聲，古韻同部，同音通假也。嬴熊古雙聲，古聲轉相通，頃熊即敬嬴，聲近相通也。〔註8〕又鍾文烝《補注》謂文十八年范《注》之「敬嬴」當作「頃熊」，鍾氏說是，以范注《穀梁》宜據《穀梁》，不當據《左氏》。

ㄇ、訓　詁

《穀梁古義》云：

莊七年《經》：「辛卯，昔」，《傳》：「日入至于星出謂之昔」，王逸云：「昔，夜也」，《詩》云：「樂酒今昔」，今《詩》作夕，崔譔《莊子注》曰：「昔，夕也」，〈天官・昔人注〉云：「昔之言夕也」，《管子・小匡》云：「旦昔從事」，旦昔猶旦夕也。昔亦訓夜者，《列子》曰：「尹氏有老，役夫昔昔，夢爲國君」，張湛云：「昔昔，夜夜也」。

此引古注以注傳。

隱元年《傳》：「《春秋》貴義而不貴惠，信道而不信邪」，《注》：「信，申字，古今所共用」，韋昭《國語注》云：「信，古伸字」，〈士相見禮注〉云：「古文伸作信」。康成〈儒行注〉云：「信讀如屈伸之伸，

〔註7〕同註6，頁395。
〔註8〕同註6，頁450。

假借字也，信或爲身」。

此引古注以證《注》。

惠氏之訓詁大類如此，皆堆疊古注爲說，而未有較切要之訓解及辨正。

ㄈ、傳義申釋

其述及傳義者僅一條，亦舉以明之，《穀梁古義》云：

> 莊十七年鄭詹自齊逃來，《傳》云「逃義曰逃」，仲尼曰：「天下有大戒二，其一命也，其一義也。子之愛親命也，不可解於心；臣之事君義，無適而非君也。無所逃于天地之間，是之謂大戒」，楚箴尹克黃亦言：「君，天也，天可逃乎？」是逃義也。

此引《莊子・人間世》及宣四年《左傳》，以申衍傳義，惟惠氏以義指君臣之義，又謂其無所逃於天地之間，則非傳之本義，傳以鄭詹爲鄭之佞人，爲齊所執，今自齊逃來，傳云逃義，則義當泛指合理合宜之事，非特指君臣也。

ㄉ、禮制考辨

《穀梁古義》云：

> 桓四年《傳》：「春曰田，夏曰苗，秋曰蒐，冬曰狩」，何休《癈疾》曰：「《運斗樞》曰『夏不田』，《穀梁》有夏田，於義爲短」，鄭君釋之云：「四時皆田，夏殷之禮，《詩》云『之子於苗，選徒囂囂』，夏田明矣。孔子雖有聖德，不敢顯然改先王之法，以教授於世，若其有所欲改，其陰書於緯，藏之以傳後王，《穀梁》四時田者，近孔子故也」。

此引〈王制正義〉所引何休《癈疾》及鄭玄之釋以說禮制，而未加己意。

> 桓二年《傳》：「何以知其先殺孔父也？曰：子既死，父不忍稱其名，臣既死，君不忍稱其名，以是知君之累之也。孔，氏；父，字也」，《五經異義》云：「《公羊》說：臣子先死，君父猶名，孔子曰『鯉也死』，是已死稱名。《左氏》說：既沒稱字而不名，桓二年宋督弒其君與夷及其大夫孔父，先君死，故稱其字。《穀梁》同《左氏》說。謹案：《論語》稱鯉也死，實未死假言死」，從《左氏》《穀梁》說。「玄之聞也，《論語》云『鯉也死，有棺而無椁』，是實死未葬前也；設言死，凡人於恩猶不然，況聖賢乎？」

此先引《五經異義》，其從《左氏》《穀梁》，後引鄭玄之駁，明《左氏》《穀梁》之非是。

四、疏　失

《穀梁古義》於訓詁、禮制時引證繁多，而未必有補於傳義，《四庫全書總目》評其「愛博嗜奇，不能割愛」（卷三十三），洵不誣也。

又其最末一條云：

> 昭廿五年宋公佐卒於曲棘，《傳》云「邡公也」，《注》云：「邡當爲訪，訪，謀也，謀納公」。

此條抄錄經傳及范《注》，既未證補，亦無批駁，而《注》本附經傳刊行，如此抄錄，無所取義，就體例言，亦屬不倫。

五、評　價

《穀梁古義》僅二十餘條，卷帙寡少，且惠氏以掇拾爲主，少加裁斷，故成績不著，其功蓋在啓後人以訓詁考據之風歟！

第四節　春秋穀梁傳經解鉤沈

一、作者傳略

余蕭客（1729～1777）字仲林，號古農，江蘇吳縣人，少好學，刻苦自勵，家窶而富於書卷，聞一異書，必假鈔寫，或得觀乃已，故家多善本。受業於惠棟，晚歲失明，生徒求教，皆以口授。著有《古經解鉤沈》、《文選紀聞》等。生於雍正七年，卒於乾隆四十二年，年四十九。

二、概　述

《古經解鉤沈・春秋穀梁傳》一卷，爲該書卷二十三，凡八十八條，乃搜羅唐以前《穀梁》佚著，爲經籍注疏、史籍、類書所引而見存者，其不入輯佚者，以其體例仍近自著。〔註 9〕

〔註 9〕梁啓超《中國近三百年學術史》謂惠棟《九經古義》、余蕭客《古經解鉤沈》爲清儒輯佚之嚆矢，然未嘗別標所輯原書名，體例仍近自著。（台北：華正書局，78 年 8 月），頁 288。連堂案：余肅客《古經解鉤沈》之搜羅，有其主觀之標準，乃選擇性之摘錄，非網羅求備。就時代限斷言，宋以下不取，〈體例〉所謂「今集散失，盡取唐前」；就去取詳略言，或盡錄所見，或取其精要，〈體例〉所謂「其客主之辨，諸書則每見輒錄，注疏集解則但備一家，及精義要言什一二而已」，又云「陸德明《釋文》本爲經典作音，故其所載先儒諸音，

本書所錄，上自晉常璩《華陽國志》，下逮元程端學《春秋本義》所引，其中以引自范《注》楊《疏》二十一條，引自陸淳《春秋纂例》、《春秋辨疑》者二十六條爲多，取自類書則有《北堂書鈔》、《太平御覽》、《山堂考索》三書計十四條。載錄內容以傳義、禮制爲多，兼及訓詁、釋音及校勘。

三、成　就

ㄅ、輯　佚

散亡之書，爲經解所引，史傳類書所載，亦有千百十一之存，然散在群籍，鉤稽不易，余氏搜羅散亡之說，依序排比，使得見其梗概，馬宗霍《中國經學史》云：

> 蕭客輯《古經解鉤沈》，凡唐以前舊說，自諸經解所引，旁及史傳、類書，片語單詞，悉著其目，有網羅放失之功。〔註10〕

茲舉兩條輯文爲說：

> 〈序〉:「成帝時議立三傳博士，巴郡胥君安獨駁《左傳》不祖聖人。」

此條輯自常璩《華陽國志》，爲不著撰者之〈春秋穀梁傳序〉文。又如：

> 雹者陰脅陽之象，霰者陽脅陰之符也。(僖二十九年)

此條輯自《大戴禮注》，爲〈曾子天圓篇〉盧辯〈注〉所引《春秋穀梁說》，不見於今之《穀梁傳》。

余氏之輯錄，非如後之輯佚學者針對某佚著作完備之搜佚，乃就諸《穀梁》佚書之見引者，依十二公之次彙錄成卷，計其所輯佚書有：劉向《春秋說》、尹更始《穀梁傳章句》、何休《穀梁癈疾》、鄭玄《釋癈疾》《六藝論》、麋信《穀梁傳注》、徐邈《穀梁傳注》《穀梁音》、徐乾《穀梁傳注》、鄭嗣《穀梁傳注》、劉兆《穀梁傳解詁》、范甯《穀梁釋例》《穀梁音》《答薄氏駁穀梁義》、李軌《穀梁音》、啖助、趙匡《春秋集傳》、孔晁《指訓》、陳岳《春秋

今不傳者亦每人存一二則，其涉舊注注疏所未及者，擇善而從，錄其強半；陸淳《春秋》之書，專爲啖趙之學，兩家之卷帙雖亡，三書之採摭略備，今錄其折衷三傳理趣明者近數十條，唯此二陸不同諸書盡錄之例」。余氏時代限斷，選錄精義之體制，與輯佚盡錄全備之原則不符；參己意以爲去取標準之態度，亦與輯佚，有片言錄片言，有單句錄單句之客觀採錄有別，既有作者理念貫注其中，已非輯佚復原古籍之意，故雖類輯佚之作，仍當如梁氏所稱「仍近自著」，然不僅梁氏所稱「未嘗別標所輯原書名」之故也。

〔註10〕台北：臺灣商務印書館，68年9月，台六版。頁145。

折衷論》及不見今傳之《春秋穀梁說》，不知撰者之〈春秋穀梁傳序〉、楊《疏》所引舊說等，達二十餘種。

至其所引書則有《穀梁注疏》、《禮記疏》、《周禮疏》、《大戴禮注》、《經典釋文》、《群經音辨》、《春秋纂例》、《春秋辨疑》、《春秋皇綱論》、《春秋本義》、《華陽國志》、《晉書》、《史記注》、《文選注》、《北堂書鈔》、《山堂考索》、《太平御覽》等十餘種。

惟余氏所輯佚書雖廣，然顯而易輯者多，如《釋文》所引，楊《疏》所引，甚至范《注》所引徐乾、鄭嗣之說，亦在輯錄之列，而未就佚書作完備之搜佚，僅作檢取摘錄，雜採並陳，故雖云有功，而成績實不如何也。

ㄆ、校　勘

余書雖名經解，然於經傳注疏爲異字，爲脫衍誤者，亦附見之，計十三條，屬文字之校勘。

桓九年標「異字」云：

則是放命也。

下注「唐石經二」，此謂異字者，蓋以唐石經作「放」，異於他本作「故」，而未能遽定其誤也。

成元年標「補疏脫字」云：

言新則兼作也。

下注「影宋本八」，此以宋本補他本所脫「言」字。

宣十五年標「刪注衍字」云：

又受田十畝。

下注「並何校本、宋建安余氏萬卷堂本七」，此刪他本「十」字下所衍「五」字。

昭七年標「注脫字誤字」云：

君不聽臣易名者，欲使人重父命也，父受名於王父，王父卒則稱王父之命名之。

下注「何校余本十」，此各本無「人」字，「稱」作「聽」，據何校本補之校之。

此其校勘成績之大略也，惟余氏皆僅錄所輯之文，未明其致誤之由，亦未明何本作何，甚且未指明何字何句異脫誤衍，且似隨機爲之，未作全面之校勘，成績殊少。

四、疏　失

ㄅ、體例之失

余氏名書「經解」,〈前序〉亦云「凡涉經義，具有成書，今所不傳」者，罔不畢取，則異字脱衍既非經義，亦無成書，當不在搜羅之列，今其〈體例〉云：

> 摘其切於學者聞見，標以異字、異句、脱文諸目，直書經句，不作旁注。

將校勘文字亦收入書中，實屬不倫。

ㄆ、校勘之失

校勘不當入書已如前述，然既已採入，又未定其是非，且「直書經句，不作旁注」，並異字脱衍何處，某本作某，亦不得而知，此蓋因於余氏書旨在搜羅佚書，僅注所引書之體例，然於校勘，斯爲下矣，此亦校勘不當入此書之一驗證。又，校勘古籍，應力求全備，惟恐校之不盡，何反摘要爲之，未見所得，徒亂體例耳。

ㄇ、輯佚之失

余氏書有輯佚之功，然與後人之輯佚成績相較，其沈而未鉤者實多，其〈前序〉云：

> 凡涉經義，具有成書，今所不傳，盡《玉海》而止，罔不畢取。

《四庫全書總目》亦云：

> 凡唐以前之舊説，有片語單詞可考者，悉著其目。(卷三十三)。

就《穀梁傳》之部言，實不足以當此。

又輯錄亦偶有誤失者，如桓元年「春王」下輯陳岳《春秋折衷論》云：

> 雖是月無事，亦書空正月以紀之，何者，王既書之，正宜在焉，自始至末，無毫釐之差，《穀梁》《公羊》無辭，《左氏》得其實。

此條輯自《群書考索》續集卷十二，然漏輯「穀梁」以下「謂威簒立，以爲無王之道，故不書王，去聖人之旨遠矣，斯《穀梁》之短」，是其疏失。

又如莊二十四年《傳》「赤蓋郭公也」下輯《答薄氏駁穀梁義》云：

> 赤若是諸侯，不能治國，舍而歸曹，應謂之奔，何以詭例言歸乎？

此條輯自楊《疏》，然下尚有「徐乾又云，不言郭公，疑是魯之微者，若是微者，則例所不書，何得以微者爲譬」，此亦爲薄氏駁文，余氏引而未盡，是其漏失。

至其輯啖助、趙匡二家，亦屬不當，〈體例〉云：

> 陸淳《春秋》三書，專爲啖、趙之學，兩家之卷帙雖亡，三書之採摭略備，今錄其折衷三傳，理趣明者近數十條。

陸氏既採摭略備，余書不錄可也，後之輯佚學者，無輯啖趙佚著者是也。今余書《穀梁傳》之部，引自《纂例》者九，引自《辨疑》者十七，將完整之書，割裂析分，反無以觀其會通，且二十六條僅一條以《穀梁》爲是，餘盡爲駁《穀梁》之說，所謂「折衷三傳，理趣明者」固如是乎？

五、評　價

輯佚蓋非余氏旨意，然其不下己意，僅輯錄佚文，就《穀梁傳》之部言，實僅具輯佚之功，惟與後人成績相較，實無足觀；數條類同校勘之文字，成績亦不如何。以今言之，其成就唯在開風氣之先。其尚有可道者，則爲其態度之謹嚴，如所輯必注出處，〈體例〉云：

> 每條下注所出書名，非獨則古稱先，兼欲讀者便於覆對。

又如存古籍之舊，不爲臆改，〈體例〉云：

> 亦有明知其誤，如崔寔有《四民月令》，無《禮記月令・注》，而《白帖》指爲注〈月令〉，《穀梁》有麋信注，無庾信注，而《太平御覽》兩三處並作庾注，司馬彪有《續漢書・郡國志》，無《禮記注》，而《太平寰宇記》指爲注《禮記》，若此之類，憑臆改定，則恐實有其書，棄而不錄，則恐貽識掛漏，承訛襲謬，受教大方，雖非闕疑，抑亦愼言之體。

又如引據皆採擇善本，〈體例〉云：

> 校補缺誤，率用宋槧。

《穀梁傳》之校補即據唐石經、余本、影宋單疏本；據以輯錄之書亦然，如宋本《文選注》、朱校宋本《禮記疏》等是。

此皆其態度之嚴謹矜愼。

第五節　春秋穀梁傳述聞

一、作者傳略

王引之（1766～1834）字伯申，一字曼卿，江蘇高郵人，幼承家學，精通聲音訓詁，嘉慶初進士，官運亨通，歷任翰林院編修、侍讀學士、工、戶、禮等部尚書，著有《經義述聞》、《經傳釋詞》等書。生於乾隆三十一年，卒於道光十四年，年六十九。

二、概　述

《穀梁傳述聞》在《經義述聞》卷二十五，計六十一條。

該書體例較特殊而可道者二：其一爲王氏父子著作中時互引爲說，《讀書雜志》中書「引之曰」者是，《經義述聞》中冠以「家大人曰」者亦隨處可見，《穀梁述聞》六十一條中，引「家大人曰」者即有十六條之多；另一爲書中引證他人他書之說者，或明引，或註明出處外，且有註明引文至於何處者，如襄三年〈是大夫張也〉條，王氏引「疏曰」，文字頗長，引文末即註有「以上楊疏」，僖三十一年〈亡乎人之辭也〉條引「傳曰」後，末亦註有「以上七年傳」、「以上宣八年傳」，使讀者了然引文之始終。吾人讀古籍，以古籍未有標點，引文至於何處，或不易確認，而擾於查考，王氏如此明確謹嚴之體例，令後之讀者感佩。

《穀梁傳述聞》主要爲經傳之校勘與訓詁，屬校勘者三十四條，訓詁二十六條，另有傳義解說五條、地名考釋一條，其中或有校而後訓，或據訓以爲校者。以下分校勘、訓詁、傳義解說、地名考釋舉證論述，以明其成績。

三、成　就

ㄅ、校　勘

《穀梁傳述聞》之校勘以傳文爲主，屬《春秋》經文者僅〈(桓）十八年春王正月〉、〈(僖十二年）春王正月〉二條，此外偶及於所校傳文之相關注疏。其校訂有誤字、有衍文、有錯簡，而其方法可略分以傳校傳、以注校傳、以疏校傳、以相關書、類書、他書所引校傳及以文義校傳等，其中同條兼用二種或多種理據爲校者亦復不少，可謂證據多重，且大率皆能辨明校正之由，非僅爲「某本作某」、「依某本乙正」之死校也。

1. 以傳校傳

△莊九年：「齊人殺無知。」

《傳》：「稱人以殺大夫，殺有罪也。」

《述聞》：家大人曰：「『大夫』二字，涉上下文而衍。隱四年，衛人殺祝吁於濮，《傳》曰：『稱人以殺，殺有罪也』，與此文同一例，則不當有『大夫』二字明矣。（王氏自注〔註 11〕：僖七年，鄭殺其大夫申侯，彼是君殺大夫，故《傳》曰：『稱國以殺大夫，殺無罪也』，此不當言殺大夫。）自唐石經始有之，而各本遂沿其誤，僖七年《疏》引此無『大夫』二字。」

連堂案：此以傳文文例爲校，並以《疏》之所引佐證。

△莊二十三年《傳》：「公如：往時，正也；致月，故也。如往月致月，有懼焉爾。」

《述聞》：「下『如』字蓋衍。公如乃統下之辭，故范《注》曰：『陳公行例』，則下文但分言往與致，不須更言如矣。定八年傳：『公如，往時致月，危致也；往月致時，危往也；往月致月，惡之也』，往月上亦無『如』字，唐石經始誤衍。」

連堂案：此以傳之文例及傳意爲校。

△莊二十五年《傳》：「天子救日，置五麾，陳五兵五鼓；諸侯置三麾，陳三鼓三兵。」

《述聞》：家大人曰：「陳三鼓三兵，本作陳三兵三鼓，與上文同一例，唐石經『兵鼓』二字互誤，而各本皆從之。《北堂書鈔・武功部八》、《太平御覽》〈天部四〉、〈兵部七十二〉、《開元占經・日占六》引此並作陳三兵三鼓。」

連堂案：此引傳例校，又引類書所引爲證。

△僖二十年：「秋，齊人、狄人盟于邢。」

《傳》：「邢爲主焉爾；邢小，其爲主何也？其爲主乎救齊。」

《述聞》：「爲主乎救齊上不當有『其』字，蓋涉上句而衍，自唐石經已然，而各本皆沿其誤。二年虞師晉師滅夏陽，《傳》曰：『虞無師，其曰師何也？以其先晉，不可以不言師也。其先晉何也？爲主乎滅夏陽也』，文義正與此同。」

連堂案：此以本書文例爲校。

△文十五年：「秋，齊人侵我西鄙。」

《傳》：「其曰鄙，遠之也。其遠之何也？不以難介我國也。」

范《注》：「介，猶近也。」

〔註 11〕本節（）夾注，均爲王氏自注，下不重出。

《釋文》:「介音界。」

《述聞》:「古無訓介爲近者,『介』當爲『尒』,尒古邇字。(《荀子・禮論篇》:『尒則翫』、〈哀公篇〉:『不可以身尒也』,楊《注》並曰:『尒與邇同。』斥彰〈長田君碑〉:『紘覆遐尒』,即遐邇字。)形與介相似,故訛爲介。莊十八年夏,公追戎於濟西,《傳》曰:『其不言戎之伐我何也?以公之追之,不使戎邇於我也』,彼《注》曰:『邇猶近也,不使戎得逼近於我』,《釋文》:『邇如字,一本作介,音界。』十九年冬,齊人宋人陳人伐我西鄙,《傳》曰:『其曰鄙,遠之也。其遠之何也?不以難邇我國也』,《釋文》:『邇如字,本又作介,音界。』今案:介亦尒之訛,尒古邇字。故邇字別本作尒,陸氏並音界,失之矣。〈召誥〉:『比介于我有周御事』,《七經孟子考文》曰:『古本介作迩,迩即邇字。考傳比介解比近,恐經文作比邇爲是。蓋古作迩,後字畫蝕滅,誤作介字。』今案,比介亦比尒之訛,尒古邇字,非由迩字蝕滅也。」

連堂案:莊十九年、文十五年經文近似,傳之釋經,文字句式亦大致相同,其別在莊十九年作「邇」,文十五年作「介」,從《釋文》莊十八、十九年兩出「邇如字,一字作介」,范又同訓爲「猶近也」,知傳以「邇」「介」通用,然介無訓爲近者,邇、介亦無可通之理,王氏乃斷「介」乃「尒」形近致訛,「尒」者「邇」之古字,並舉《荀子》楊《注》爲證,後又敘《尚書》亦有相同之訛誤以爲輔證。

△宣元年:「宋公、陳侯、衛侯、曹伯會晉師于棐林,伐鄭。」

《傳》:「於棐林,地而後伐鄭,疑辭也。此其地何?則著其美也。」

《述聞》:「地而後伐鄭,當作地而後伐,言地而後伐者,疑辭也;此《春秋》之例也。而此經之地,則非疑辭,乃著其美也。桓十五年公會宋公、衛侯、陳侯于袲伐鄭,《傳》曰:『地而後伐,疑辭也』,此傳即承前傳言之也,伐下不當有『鄭』字。凡地而後伐者皆疑辭,豈獨伐鄭爲然哉?唐石經始衍鄭字。」

連堂案:此以傳例校傳,並以文意輔證。

2. 以注校傳

△莊元年《傳》:「躬君弒於齊,使之主婚姻,與齊爲禮,其義固不可受也。」

《述聞》:「躬君弒於齊,當作君躬弒於齊。范《注》曰:『魯桓親見殺于齊』，魯桓釋君字，親見殺于齊釋躬釋於齊四字，則范所據本作君躬弒於齊明甚，而《釋文》出君弒二字，則唐初君字已誤倒於躬字之下，不始於石經矣。或曰：《釋文》當本作躬弒，後人以已誤之傳文改之也。」

連堂案：鍾文烝《補注》云：「君躬各本誤作躬君，今依胡安國《傳》、俞皋《集傳釋義》本、李廉《會通》本、趙汸《集傳》乙正。王氏以注爲校，輔以宋元人之引述，不可易矣。

△成九年：「楚公子嬰齊帥師伐莒，庚申，莒潰。」

《傳》：「大夫潰莒而之楚，是以知其上爲事也。惡之，故謹而日之也。」

《述聞》：「知字義不可通；知當爲叛。范《注》曰：『臣以叛君爲事』，依經爲說也。《疏》曰：『今此莒帥眾民，叛君從楚，故變文書日以見惡』，又僖四年《疏》曰：『莒潰書日，惡大夫之叛，故謹而日之』，則此傳作『叛其上』甚明，唐石經始誤爲知。」

連堂案：此例並以注疏爲校。

3. **以疏校傳**

△隱八年：「無侅卒。」

《傳》：「無侅之名，未有聞焉。或曰：隱不爵大夫也；或說曰：故貶之也。」

《述聞》：「上云『或曰』，則下亦當然，不得又稱『或說曰』也。『說』蓋衍文。《疏》舉或曰至貶之也，釋曰『就二說之中，後或曰是也』，則或下無說字明矣。二年紀子伯、莒子盟于密，《傳》：『或曰：紀子伯、莒子而與之盟；或曰：年同爵同，故紀子以伯先也』，成二年六月癸酉，季孫行父、臧孫許、叔孫僑如、公孫嬰齊帥師，會晉郤克、衛孫良夫、曹公子手，及齊侯戰于鞌。《傳》：『其日，或曰：日其戰也；或曰：日其悉也』，亦上下皆言或曰，是其例也，唐石經始衍說字。『故』亦衍文，蓋涉四年《傳》「與于弒公，故貶之也」而衍。故者承上之辭，未有不言所以貶之故，而但言故貶之者也，唐石經始衍故字。《疏》或曰至貶之也，當作或曰貶之也。蓋楊氏所據本無故字，故舉或曰貶之也而釋之，傳寫者因上疏標題二伯至任也，下疏標題周禮至未詳，而衍至字耳，自宋本已然。」

連堂案：王氏據《疏》之說解，證「說」爲衍文，並舉隱二年、成二年兩處相同句法者爲佐證。此例爲以疏校傳，並以傳例爲校。以「故」字爲衍文，則以文意爲校，例證較不充分，以無直接證據故也。至以《疏》衍「至」字，其說非也。楊《疏》所本縱無「故」字，然《疏》乃釋「或曰：隱不爵大夫也；或曰：貶之也」二句，而非僅釋「或曰：貶之也」一句，疏文了然，無所疑義，則依疏文標題通例，正應作「或曰至貶之也」，「至」字非衍。此例因校傳論證，而及於校疏。

△僖三十三年《傳》：「秦越千里之險，入虛國，進不能守，退敗其師。」

《述聞》：「《疏》標『進不至始也』五字，釋曰：『舊解進不能守，謂入滑而去，退敗其師，謂敗於殽也，本或別進字者。』『進不能守』，當作『不能守』；『進不至始也』，當作『不能至始也』；『舊解進不能守』，當作『舊解不能守』；『本或別進字者』，當作『本或別有進字者』。蓋《疏》所據本，『不能守』上無『進』字，不能守即承入虛國言之，秦師入滑而去，故《傳》云『入虛國，不能守』，《疏》云『舊解不能守，謂入滑而去』也。後人以下云『退敗其師』，而增『進』字以爲對文，則義不可通。守以處言，非以行言，何進之有乎？《疏》既據無進字者作解，又存有進字者於後，故曰『本或別有進字者』，但記別本，不用其義也。自唐石經誤從別本，作進不能守，而諸本因之，後人又改楊《疏》以從已誤之傳文，而原本幾不可復見，幸有疏之末句，以進字爲別本，猶可知正本之無進字耳。」

連堂案：此以疏校傳，並及相關疏文。王氏說中肯入理，可謂定論；而原本錯亂如此，能疏之使順，誠難能也。其末「原本幾不可復見」云云，可感知其自信及成就非凡之欣喜之情。

△襄三年《傳》：「諸侯盟，又大夫相與私盟，是大夫張也。」

《述聞》：「張當爲彊。《疏》曰：『禮，君不敵臣，陳遣大夫赴會，諸侯大夫與之爲盟，則是貴賤之宜，而云大夫彊者，諸侯大夫君在私盟，故謂之彊也。案十六年，大夫不臣也，則不繫諸侯，此云諸侯之大夫，而謂之彊者，此雖對君私盟，慢君之意緩，至十六年，積習已久，不臣之情極，故不繫諸侯』，是楊所據本正作彊字。定六年《傳》：『城中城者，三家張也』，范《注》曰『三家侈張』，而此不釋張字；定六年《傳》《釋文》：『張如字，一音丁亮反』，而此無音，則作彊不作張可知，不然，豈有略於前而反詳於後者乎？朱梁補石經始誤作張。」

連堂案：此以疏校傳，並以范《注》及《釋文》注處佐證，王說是。

4. 以相關書類書校傳

△文六年《傳》:「故士造辟而言，詭辭而出。」

范《注》:「辟，君也。」

《述聞》:「造辟二字，文不成義。造訓至、訓適，如作適君所解，則凡入告者，孰不適君所？但言適君所，無以見其愼密也。且君謂之辟，君所不可謂之辟。今案：辟當作膝，字之誤也。膝字左旁之月，與目相似，右旁之桼，隸或作来（新莽侯鉦，重五十七斤，七作来；〈鄭固碑〉『造膝偽辭』，膝作脨），或作朿（〈韓勑碑〉『漆不水解』，漆作洓）。辟字右旁之辛，或作業（〈祝陸碑〉『辟司空府北軍中侯』，辟作辥），或作亲（〈周公禮殿記〉『公辟相承』，〈高頤碑〉『仕辟州郡』，辟皆作辥），又相似，故膝字訛而爲辟矣。造當讀爲蹙（古字造與蹙通，《大戴禮・保傅篇》『靈公造然失容』，《韓子・難篇》『景公造然變色』，即蹙然也。《韓子・忠孝篇》『舜見瞽瞍，其容造焉』，即《孟子・萬章篇》『舜見瞽瞍，其容有蹙也』），蹙者促也，近也，蹙膝而言者，君臣促膝密語，不使左右聞之也。《魏志・中山恭王傳》:『兄弟有不良之行，當造膝諫之』，〈高堂隆傳〉:『陛下所與共坐郎廟治天下者，非三司九列，則臺閣近臣，皆腹心造膝，宜在無諱』，《晉書・荀勖傳》:『孔子作《春秋》，左邱明、子夏造膝親受』，《南史・徐伯珍傳》:『徵士沈儼造膝談論』，陸雲〈九愍〉:『願自獻於承間，悲黨人之造膝』，梁昭明太子與殷芸令：『上交不諂，造膝忠規』，造膝二字，本於此傳也。《舊唐書・李吉甫傳》:『慮造膝之言，或不下聞』，常袞〈授王縉侍中制〉:『累陳造膝之言，彌契沃心之道』，造膝之言本於此傳之『造膝而言』也。郎中〈鄭固碑〉:『犯顏謇愕，造膝偽辭』，《風俗通・過譽篇》:『諫有五，諷爲上，狷爲下，故入則造膝，出則詭辭』，《晉書・羊祜傳》:『夫入則造膝，出則詭辭，君臣不密之誡，吾惟懼其不及』，《南史・劉穆之傳》:『造膝詭辭，莫見其際』，造膝詭辭本於此傳之『造膝而言，詭辭而出』也。蓋舊本多作造膝，故漢、魏、六朝、唐人之文，多用其義，促膝密語，正與此傳不漏言之指相合也。范本作造辟，蓋傳寫之誤。」

連堂案：此例王氏以漢、魏、六朝、唐人本此傳之用語，校范《注》本之誤。王氏先舉碑記，證「辟」乃「膝」字之誤，次明「造」字音讀以爲訓，而後引證引述此傳文之多種古籍以為證。

△成十七年《傳》:「祭者,薦其時也,薦其敬也,薦其美也,非享味也。」

《述聞》:家大人曰:「美當為義字之誤也。〈祭統〉云:『唯賢者為能盡祭之義』,又云:『其德盛者其志厚,其志厚者其義章,其義章者其祭也敬』,故曰『祭者,薦其時也,薦其敬也,薦其義也,非享味也』,若云薦其美,則與非享味之意不合矣。自唐石經已然,而各本皆沿其誤。《藝文類聚·禮部上》、《初學記·禮部上》、《太平御覽·禮儀部四》引此並作薦其義。」

連堂案:此以《禮記》之相關文字及《藝文類聚》、《初學記》、《太平御覽》等類書為校。惟此校鍾文烝以為非,《補注》云:「〈祭統〉言小物備,美物備,陰陽之物備,此美之說也;又言唯賢者能盡祭之義,盡其道,端其義,其志厚者其義章,其義章者其祭也敬,此義之說也;但義不可言薦,石經以下皆作美,未可以他書改本書也。美者禮物之備,傳次時與敬言之,不得謂與享味為一。〈祭統〉曰:『賢者之祭也,致其誠信,與其忠敬,奉之以物,道之以禮,安之以樂,參之以時』,明薦之而已矣,不求其為誠信,忠敬皆敬也,物禮即美也,時即傳之時也,明薦即傳之薦也。」鍾氏之說亦有據,所云未可以他書改本書是也,則王氏之校,備一說可也,不必遽改。

5. 以文義校傳

以文義校傳者,指其校勘根據,別無傳文傳例、注疏、類書、他書所引等證據,而就其上下句法文義,憑敏銳之心思識見,以校傳文之謂。王氏以此法校證古籍者多,《穀梁》三十四條,即有十條以此法為校,茲引述其例以明。

△僖二年〈經〉:「城楚丘。」

《傳》:「楚丘者何?衛邑也。國而曰城,此邑也,其曰城何也?封衛也。則其不言城衛何也?衛未遷也。其不言衛之遷焉何也?不與齊侯專封也。其言城之者,專辭也。故非天子不得專封諸侯,諸侯不得專封諸侯,雖通其仁,以義而不與也。」

《述聞》:「下『不得』,蓋涉上『不得』而衍,唐石經已然。案:既言非天子不得專封,則無庸更言諸侯不得專封,且下文言不與者,不與其專封也,若專封上有『不得』二字,則與下文不貫矣。」

連堂案:此以傳意為校。

△僖五年：「杞伯姬來朝其子。」

《傳》：「婦人既嫁不踰竟，踰竟，非正也。諸侯相見曰朝，伯姬爲志乎朝其子也；伯姬爲志乎朝其子，則是杞伯失夫之道矣。諸侯相見曰朝，以待人父之道待人之子，非正也，故曰杞伯姬來朝其子，參譏也。」

《述聞》：「非正也下『諸侯相見曰朝』六字，與下句義不相屬，蓋涉下文而衍，唐石經已有之。案：此先釋杞伯姬來四字，言婦人既嫁不當踰竟，而今踰竟者，是爲志乎朝其子也；爲志乎朝其子者，是伯姬而非杞伯，則杞伯失夫之道矣，故並譏杞伯。下文諸侯相見曰朝云云，是言伯姬之子非諸侯，不當待以諸侯之禮，諸侯相見曰朝六字，正對非諸侯者言之，以譏魯侯之失禮，與上文譏伯姬者不同，然則上文不當有此六字明矣。」

連堂案：王氏說是；惟就句義言此處似有脫文。

△僖二十二年《傳》：「人之所以爲人者言也，人而不能言，何以爲人？言之所以爲言者信也，言而不信，何以爲言？信之所以爲信者道也，信而不道，何以爲道？」

《述聞》：「末二句謂信不合於道，則不成於信也，不當云何以爲道？『何以爲道』當作『何以爲信』，上云信之所以爲信者道也，故下云信而不道，何以爲信？與人而不能言，何以爲人？言而不信，何以爲言？文義正同，寫者誤信爲道耳。唐石經已然，鈔本《北堂書鈔・藝文部五》引此正作何以爲信。」（陳禹謨本又改信爲道。）

連堂案：此例王氏以上下文之句法文義爲校，與前兩例小異者，此有鈔本《北堂書鈔》之佐證。王氏論證充分，確然不可易。

△宣十六年：「成周宣榭災。」

《傳》：「周災不志也。」

《疏》：「徐邈所據本云：『周災至』，注云：『重王室也』，今遍檢范本，並有不字，則不得解與徐同也」。

《述聞》：「徐本周災至，『至』當爲『志』，聲近而訛也。（《荀子・正論篇》：『其至意至闇也』，楊《注》曰：『至意當爲志意』，亦聲近而訛）。《疏》曰范本有不字，不得解與徐同，則志字與徐不異可知。蓋外災不志，而周災則志，所以重王室也，故曰周災志；若曰周災不志，則與經志成周宣榭災不合。周災既不志，則雖樂器之所藏，亦不當志矣，經何以書成周宣榭災乎？當以無不字爲是。周災志者，起下文之辭，言周災固當志，經不直云成周災，而舉宣榭者，以其樂器所藏重之也。故曰：周災志，其曰宣榭何也？以樂器之所藏目之也。」

連堂案：此先校疏，並以文義校傳。

△成元年：「冬十月。」

《傳》：「季孫行父禿，晉郤克眇，衛孫良夫跛，曹公子手僂，同時而聘於齊，齊使禿者御禿者，使眇者御眇者，使跛者御跛者，使僂者御僂者，蕭同姪子處臺上而笑之，聞於客，客不說而去，相與立胥閭而語，移日不解，齊人有知之者曰：齊之患，必自此始矣。」

范《注》：「穀梁子作傳，皆釋經以言義，未有無其文而橫發傳者，甯疑經冬十月下云『季孫行父如齊』，脫此六字。」

《述聞》：「《左氏》《公羊》冬十月下皆無季孫行父如齊之文，不應《穀梁》獨有，且《春秋》例不遺時，無事亦書冬十月，不必實之以事也。竊疑季孫行父禿以下，當在二年戰于鞍傳之末，蓋帥師與齊侯戰于鞍者，有季孫行父、晉郤克、衛孫良夫、曹公子手四人，傳於是追敘齊患所起，因慢此四人之故，而及前此四人同時聘齊之事；亦猶僖十年晉殺其大夫里克，傳因而追敘申生之死，文六年晉殺其大夫陽處父，傳因而追敘襄公之漏言，定四年蔡侯以吳子及楚人戰於伯舉，傳因而追敘子胥之干闔廬、蔡侯之拘南郢也；錯簡在冬十月下耳。《公羊》敘齊患之始，與此略同，而於經文盟于袁婁下，始追敘之，《穀梁》或亦相似也。」

連堂案：此傳范甯以爲經有脫文，王氏以爲錯簡，其說蓋本吳浩《十三經義疑》而加詳焉，《穀梁義疑》云：「愚按《左氏》《公羊》俱但書時，無季孫行父如齊六字，此傳當是錯簡，在『六月癸酉，季孫行父四大夫帥師會晉衛曹三大夫及齊侯戰于鞍，齊師敗績』之下，明齊致敗之由以爲戒也，……下盟于爰婁，傳獨言敖郤獻子者，晉尤強，能率三國以敗齊。《公羊》則以爲秋七月及國佐盟之傳，亦是追溯齊致敗之由。如范氏說經，單言季孫，傳乃突出晉郤克眇、衛孫良夫跛、曹公子手僂耶？」吳王二氏之說或是，然不敢定，備一說可也。

△昭十一年《傳》：「一事注乎志，所以惡楚子也。」

范《注》：「一事輒注而志之也。」

《述聞》:「注字義不可通，注當爲詳。詳字左旁草書與氵相似，右旁與主相似，故詳誤爲注。詳乎志者，詳于志也。已書楚師滅蔡，又書執蔡世子友以歸，又書用之，一事而志之甚詳，所以惡楚子之強暴也。故曰一事詳乎志，所以惡楚子也。《春秋》之義，甚美甚惡，皆詳其事，成九年、襄三十年傳並曰『詳其事，賢伯姬也』，此傳一事詳乎志，所以惡楚子也，皆謂詳志之以示法戒。范云『一事輒注而志之』，注亦當爲詳，謂詳其事而志之也。《釋文》:『注乎，張具反，又之住反』，則唐初已誤爲注，不始於石經矣。」

連堂案：王說或是，然改字爲說，及於范《注》、《釋文》，疑不敢定。

ㄆ、訓　詁

《穀梁述聞》之訓詁計二十六條，係糾正范《注》楊《疏》於文字訓解上之誤失，或《注》《疏》未加訓釋之文字自爲補注，茲分糾注、糾疏、增注述之。

（一）糾　注

糾注計十七條，居訓詁之大半，可略分爲不明古訓及不明假借。

1. 不明古訓

△僖二年:「冬十月，不雨。」

《傳》:「不雨者，勤雨也。」

范《注》:「言不雨，是欲得雨之心勤也。」

《述聞》:「《釋文》:『勤，如字，麋氏音覲』，《集韻·去聲二十二稕》:『勤，渠吝切，憂也，《春秋傳》:勤雨。麋氏說』，家大人曰：麋說是也。勤字平去二聲皆可讀，下年春王正月不雨，《傳》曰『不雨者，勤雨也』，夏四月不雨，《傳》曰『一時言不雨者，閔雨也』，六月雨，《傳》曰『雨云者，喜雨也』。案：閔者，憂之甚也，轉之則爲喜，然則勤雨、閔雨，皆憂雨也。文二年自十有二月不雨，至於秋七月，《傳》曰『歷時而言不雨，文不憂雨也』，文不憂雨，正與僖之勤雨閔雨相反。傳言僖公以不雨爲憂，故曰不雨者，勤雨也。若曰欲得雨之心勤，則非其意矣。〈問喪〉曰:『哭泣無時，服勤三年』，鄭《注》曰:『勤謂憂勞』;《呂氏春秋·不廣篇》:『勤天子之難』，高《注》曰:『勤，憂也』;〈詩序〉曰:『始於憂勤，終於逸樂』，《楚辭·七諫》曰:『居愁勤其誰告兮，獨永思而憂悲』，是古謂憂爲勤也。魏人尚通古訓，故麋信訓勤爲憂，至晉而寖失其傳矣。」

連堂案：此引鄭玄、高誘古訓及麋信《穀梁注》以正范《注》。麋說在前而可從，范不知引據，失其音讀，致不達傳意，無怪王氏「魏尚通古訓，至晉寖失其傳」之評。

△僖二十二年《傳》：「楚眾我少，鼓險而擊之，勝無幸焉。」

范《注》：「若要而擊之必可破，非僥倖也。」

《述聞》：「家大人曰：宋非楚敵，但可僥幸以取勝耳；無猶莫也。（《廣雅》曰：『莫，無也』，是無與莫同義）乘其在險擊之而勝，莫有幸於此者矣。謂之幸者，難得之時，易乘之勢，偶爾值之者也。《左傳》曰：『勍敵之人，隘而不列，天贊我也』，是幸之義矣，范《注》非。」

連堂案：王說確較范《注》理順。

△宣二年《傳》：「靈公朝諸大夫而暴彈之，觀其避丸也。」

范《注》：「暴，殘暴。」

《述聞》：「暴訓殘暴則與彈字文義不相屬。今案：暴者猝也，謂猝然引彈而彈之也。《呂氏春秋・察今篇》：『澭水暴益』，高《注》曰：『暴，卒也』，卒與猝同。《史記・主父偃傳》：『吾日暮塗遠，故倒行暴施之』，《索隱》曰：『暴者卒也，急也』」。

連堂案：王氏引古注以暴訓猝，於傳義較范《注》切當。

△宣二年《傳》：「盾曰：『天乎！天乎！予無罪。孰爲盾而忍弒其君者乎？』」

范《注》：「迴己易他，誰作盾而當忍弒君者乎？」

《述聞》：「《釋文》曰：『孰爲盾絕句』，家大人曰：范訓『爲』爲『作』，謂誰作盾而當忍弒君，義甚迂曲；陸又讀孰爲盾絕句，皆非也。爲猶謂也，言誰謂盾而忍弒其君也。（〈禮器〉：『誰謂由也而不知禮乎？』《家語・公西赤問篇》作『孰爲』）《公羊傳》曰：『趙盾曰：吾不弒君，誰謂吾弒君者乎？』是其證矣。古書爲字或與謂同義，〈楚策〉：『賁諸懷錐刃而天下爲勇，西施衣褐而天下稱美』，爲勇即謂勇也；《孟子・公孫丑篇》：『管仲曾西之所不爲也，而子爲我願之乎』，言子謂我願之也，〈告子篇〉：『爲是其智弗若與？曰：非然也』，言謂是其智弗若也，爲與謂同義，故二字可以互用。〈文王世子〉曰：『父在斯爲子，君在斯謂之臣』，《莊子・天地篇》曰：『四海之內，共利之之謂悅，共給之之爲安』，〈盜跖篇〉曰：『今謂臧聚曰：「女行如桀紂，則有怍色，有不服之心」，今爲宰相曰（〈秦策〉：「秦令周㝡爲楚王曰」，〈齊策〉：「淳于髡爲齊王曰」，《墨子・魯問篇》：「墨子爲魯陽君曰」，《韓子・內儲說篇》：「嗣公爲關吏曰」、「商臣爲其傅潘崇曰」，爲字並與謂同義）：「子行如仲尼墨翟，則變容易色稱不足」』，〈楚策〉曰：『今爲馬多力則有矣，若曰勝千鈞則不然者何也？夫千鈞非馬之任也；今謂楚強大則有矣，若越趙魏而鬥兵於燕，則豈楚之任也』，爲亦謂也。故《大戴禮・文王官人篇》：『此之爲考志也』，《逸周書・官人篇》爲作謂；莊二十二年《左傳》：『是謂觀國之光』，《史記・陳杞世家》謂作爲；《墨子・公輸篇》：『宋所爲無雉兔鮒魚者也』，〈宋策〉爲作謂；《莊子・讓王篇》：『今某抱仁義之道，以遭亂世之患，其何窮之爲』，《呂氏春秋・愼人篇》爲作謂。」

連堂案：王氏以爲猶謂也，並舉古籍爲謂同義互用之例，可謂引證宏富。

△襄九年：「同盟于戲。」

《傳》：「不異言鄭，善得鄭也；不致，恥不能據鄭也。」

范《注》：「戲盟還而楚伐鄭，故恥不能終有鄭。」

《述聞》：「家大人曰：《方言》：『據，定也。』戲盟還而楚伐鄭，是諸侯不能定鄭也。《史記・白起傳》曰：『趙軍長平，以按據上黨民』，按據，猶安定也。」

連堂案：王氏引《方言》爲注，較范《注》精當。

△定十年《傳》：「退而屬其二三大夫曰：夫人率其君，與之行古人之道，二三子獨率我而入夷狄之俗何爲？」

范《注》：「屬，語也。」

《述聞》：「家大人曰：書傳無訓屬爲語者，屬，會也，聚也。《孟子・梁惠王篇》：『乃屬其耆老而告之』，《呂氏春秋・順民篇》：『於是屬諸大夫而告之』，趙岐、高誘《注》並曰：『屬，會也』；屬其二三大夫，但言會齊之諸臣，下曰字乃及齊侯之語耳，屬而後語，屬非語也。」

連堂案：王氏引古注爲說，傳義明暢。

2. 不明假借

△隱五年《傳》：「戰不逐奔，誅不塡服。」

范《注》:「來服者，不復塡厭之。」

《述聞》:「誅謂殺戮，非特塡厭之而已。塡讀爲殄，謂殄戮之也。不殄服，猶言不殺降也，作塡者，假借字耳。〈小雅・小宛篇〉:『哀我塡寡』，毛《傳》曰:『塡，盡也』，《釋文》:『塡，徒典反』，《爾雅》曰『殄，盡也』，《集韻》:『殄或作塡』，是其證也。(凡從眞從㐱之字，多以聲近而通。《說文》引《詩・鄘風》:『㐱髮如雲』，今《詩》㐱作鬒，〈大雅〉:『胡寧瘨我以旱』，《韓詩》瘨作疹，是其例也)」

連堂案:此范不明假借之道，不得傳意，王氏改以本字讀之，傳意怡然理順。其〈自序〉云:「訓詁之旨，存乎聲音，字之聲同聲近者，經傳往往假借，學者以聲求義，破其假借之字而讀以本字，則渙然冰釋，如其假借字而強爲之解，則詰鞫爲病矣。」此王氏父子訓釋古籍之基本方法，亦爲歷來運用最爲精熟者，《穀梁傳述聞》中即有七條以此方法糾正前人之誤失。

△隱五年《傳》:「苞人氏，毆牛馬曰侵，斬樹木，壞宮室曰伐。」

范《注》:「制其人民。」

《述聞》:「家大人曰:制與苞義不相近，傳注亦無訓苞爲制者，范說非也。苞讀爲俘;俘，取也。《眾經音義》卷十三引賈逵《國語註》曰:『伐國取人曰俘，作苞者，假借字耳，苞古通作包』，《爾雅》:『俘，取也』，《漢書・賈誼傳》:『淮陽包陳以南揵之江』，晉灼曰:『包，取也』，〈敘傳〉:『包漢舉信』，劉德曰:『包，取也』，包與俘同訓爲取，而古聲又相近，故字亦相通。《說文》:『捊，引取也，或作抱』，捊訓爲取，而或作抱，猶俘訓爲取而通作苞也。《漢書・楚元王傳》曰:『浮邱伯者，孫卿門人也』，《鹽鐵論・毀學篇》曰:『昔李斯與苞邱子俱事荀卿』，苞邱即浮邱，浮之通作苞，猶俘之通作苞也。凡從孚從包之字，古聲相近，故字亦相通。」

連堂案:此例亦以聲近相通以明假借，以正范《注》之失。

△桓十四年:「秋八月壬申，御廩災，乙亥嘗。」

《傳》:「御廩之災不志，此其志何也?以爲唯未易災之餘而嘗可也，志不敬也。……何用見其未易災之餘而嘗也?曰:甸粟而內之三宮，三宮米而藏之御廩，夫嘗必有兼甸之事焉。壬申御廩災，乙亥嘗，以爲未易災之餘而嘗也。」

《述聞》:「家大人曰:傳言以爲未易災之餘而嘗者，火焚之餘米，不可以奉宗廟，必易之而後可，易之則甸粟而納之三宮，三宮米而藏之御廩，其事非兼甸不能辦，今壬申災而乙亥嘗，相距不過三日，則是未易災之餘而嘗也。上言以爲唯未易災之餘而嘗可也，志不敬也者，唯與雖古字通，言魯人不易其災之餘而嘗者，其意若曰：雖未易災之餘而嘗可也，則不敬莫大乎是。故書之曰『壬申御廩災，乙亥嘗』，所以志不敬也。徐邈讀可也絕句，志不敬也自爲句，正與傳意相合。桓八年《傳》曰：『烝，冬事也，春夏興之，黷祀也，志不敬也』，文十三年《傳》曰：『爲社稷之主，而先君之廟壞極稱之，志不敬也』，哀元年《傳》曰：『鼷鼠食郊牛角，改卜牛，志不敬也』，皆其明證矣。范甯乃用鄭嗣之說，讀可也志爲句，而釋之曰『唯以未易災之餘而嘗然後可志也』，揆之文義，甚爲不安。皆由不知唯爲雖之借字，故字義失而句讀亦舛矣。〈少儀〉：『雖有君賜』，〈雜記〉：『雖三年之喪可也』，鄭《注》並曰『雖或爲唯』；〈表記〉：『唯天子受命於天』，《注》曰：『唯當爲雖』；《荀子・性惡篇》：『今以仁義法正爲固無可知可能之理耶？然則唯禹不知仁義法正，不能仁義法正也』，楊倞《注》：『唯讀爲雖』；〈秦策〉曰：『弊邑之王所甚說者，無大大王，唯儀之所甚願爲臣者，亦無大大王；弊邑之王所甚憎者，無先齊王，唯儀之所甚憎者，亦無先齊王』，《史記・張儀傳》唯皆作雖；《史記・汲黯傳》：『宏湯深心疾黯，唯天子亦不說也』，《漢書》唯作雖；《漢書・揚雄傳・解嘲》：『唯其人之贍知哉，亦會其時之可爲也』，《文選》唯作雖；《大戴禮・虞戴德篇》曰：『君以聞之唯某無以更也』，《墨子・尚同篇》曰：『唯欲毋與我同將不可得也』，《荀子・大略篇》曰：『天下之人，唯各持意哉，然而有所共予也』，〈趙策〉曰：『君唯釋虛僞疾，文信猶且知之也』，《史記・范雎傳》曰：『須賈問曰：「孺子豈有客習於相君者哉？」范雎曰：「主人翁習知之，唯雎亦得謁」』，〈司馬相如傳〉曰：『相如使時，蜀長老多言通西南夷不爲用，唯大臣亦以爲然』，此皆古書借唯爲雖之證。」

連堂案：此例先引句法相同之傳文斷句，明范引鄭嗣說之誤，而其誤又由不知唯爲雖之借字，故字義失，而句讀亦舛，傳義之闡明未得而安矣。其次王氏引述古籍借唯爲雖之例以證。

（二）糾　疏

△桓五年《傳》：「鄭，同姓之國也，在乎冀州，於是不服，爲天子病矣。」

《述聞》:「鄭注〈士冠禮〉曰:『病猶辱也』,故凡羞愧者皆曰病。桓五年《穀梁傳》:『鄭,同姓之國也,在乎冀州,於是不服,爲天子病矣』,言近猶不服,遠者可知,此誠天子之羞矣。莊二年《傳》:『公子貴矣,師眾矣,而敵人之邑,公子病矣』,言以公子帥師,僅伐一邑,此誠公子之羞矣。九年《傳》:『十室之邑可以逃難,百室之邑可以隱死,以千乘之魯而不能存子糾,以公爲病矣』,言千乘之國猶不能免人於難,此誠公之羞矣。宣二年《傳》:『以三軍敵華元,華元雖獲,不病矣』,言華元有賢行,能得眾心,雖師敗身獲,不爲羞辱矣。襄八年《傳》:『人微者也,侵淺事也,而獲公子,公子病矣』,言公子貴人也,因淺事而爲微者所獲,則公子羞辱矣。哀九年《傳》:『取,易辭也,以師而易取,鄭病矣』,言以鄭師之重,而令宋以易得之辭言之,此鄭之羞也。十三年《傳》:『取,易辭也,以師而易取,宋病矣』,言以宋師之重,而令鄭以易得之辭言之,此宋之羞也。由己羞之謂之病,爲人羞之亦謂之病,莊二年《傳》:『病公子所以譏乎公也』,言爲公子羞之也。九年《傳》:『外不言取,言取,病內也』,言爲內羞之也。乃徐邈注襄傳公子病矣云:『公子病,不任爲將師』,則誤以爲疾病之病;楊氏疏哀傳鄭病矣云:『由君不任其才,故爲鄭國病患』,則誤以爲病患之病,古訓疏而經說遂踳矣。」

連堂案:此引鄭《注》『病猶辱也』通釋全傳病字,皆適切可通,並糾徐《注》楊《疏》之不明古訓,而不達傳意。

△僖五年《傳》:「王世子,子也,塊然受諸侯之尊己,而立乎其位,是不子也。」

楊《疏》:「徐邈云:塊然,安然也。」

《述聞》:「書傳無訓塊爲安貌者,徐說非也。今案:塊然,獨尊之貌。《荀子・君道篇》:『塊然獨坐,而天下從之如一體』,東方朔〈答客難〉曰:『塊然無徒,廓然獨居』;字亦作傀,《荀子・性惡篇》:『傀然獨立天地之間而不畏』,楊《注》曰:『傀與塊同,獨居之貌也』,《楚詞・七諫》:『塊兮鞠』,王《注》曰:『塊,獨處貌』,〈哀時命〉:『塊獨守此曲隅兮』,凡言塊者,皆獨貌也。」

連堂案:此引古籍、古注爲訓,並糾疏引誤說。

(三)增　注

增注者,范《注》楊《疏》皆無訓解,王氏以傳意不明,乃引古注、字書、韻書等爲之注。

△桓元年《傳》:「元年有王，所以治桓也。」

《述聞》:「《說文》:『討，治也』，襄五年《左傳》:『楚人討陳叛故』，杜《注》亦曰『討，治也』，討可訓爲治，治亦可訓爲討。桓元年春王，《穀梁傳》曰：『桓無王，其曰王何也？謹始也。其曰無王何也？桓弟弒兄，臣弒君，天子不能定，諸侯不能救，百姓不能去，以爲無王之道，遂可以至焉爾。元年有王，所以治桓也』，謂稱王以討桓之罪也。宣四年，公伐莒取向，《傳》曰：『伐猶可，取向甚矣，莒人辭不受治也。伐善，義兵也，取向，非也，乘義而爲利也」，謂魯人討莒，莒人辭不受討也。古者多謂討爲治，哀六年《左傳》:『晉伐鮮虞，治范氏之亂也』，謂討范氏之亂也。二十三年《傳》:『齊人取我英邱，君命瑤，非敢燿武也，治英邱也，以辭伐罪足矣』，謂討齊人取英邱之罪也。

連堂案：此例王氏引《說文》、杜《注》爲訓，並及《左氏》二處傳文爲證。

△桓三年:「秋七月壬辰朔，日有食之既。」

《傳》:「言日言朔，食正朔也。」

《述聞》:「范《注》楊《疏》不釋正字。案：正，當也。(《廣韻》:『正，正當也』) 食正朔也者，日之食當月之朔也。正之言貞也，《廣雅》云『貞，當也』，定四年《傳》:『蔡昭公朝於楚，有美裘，正是日，囊瓦求之』，謂當是日也。古人多謂當爲正。」

連堂案：此引字書、韻書以補注傳文。

△僖十年《傳》:「君喟然歎曰：吾與女未有過切，是何與我之深也？」

《述聞》:「與我之與，范氏無注，家大人曰:《方言》:『予，讎也』，予、與古字通，與我之深，讎我之深也；言我與女爲父子以來，未有過切，何讎我一至於此也？」

連堂案：王氏引《方言》爲訓，就上下文義言當是。

ㄇ、傳義解說

傳義解說計五條，乃王氏於范《注》說解傳義失當之駁難疏正，而非屬文字訓解之誤失者，茲舉例以明。

△文八年:「宋人殺其大夫司馬。」

《傳》:「司馬，官也。其以官稱，無君之辭也。」

范《注》:「何休曰:『近上七年，宋公壬臣卒，宋人殺其大夫，不言官。今此在三年中言官，義相違。』鄭君釋之曰:『七年殺其大夫，此實無君也。今殺其司馬，無人君之德耳。司馬、司城，君之爪牙，守國之臣，乃殺其司馬，奔其司城，無道之甚，故稱官以見輕慢也。』傳例:『稱人以殺，殺有罪也。』此上下俱失之。」

《述聞》:「《穀梁傳》言無君者二:隱三年，武氏子來求賻，《傳》曰:『不言使何也?無君也』，此謂桓王未即位，故曰無君也;莊九年，公及齊大夫盟於暨，《傳》曰:『大夫不名，無君也』，此謂齊人殺無知，尙未有新君也。言無君之辭者三:文八年，宋人殺其大夫司馬，《傳》曰:『司馬，官也，以其以官稱，無君之辭也』;又宋司城來奔，《傳》曰:『司城，官也，其以官稱，無君之辭也』;十五年，宋司馬華孫來盟，《傳》曰:『司馬，官也，其以官稱，無君之辭也』，蓋謂其擅權專國，不知有君，故曰無君。無君之辭也者，謂經書司馬司城，是著其專擅無君之辭也。范泰說宋司馬華孫曰:『擅權專國，不君其君，緣其不臣，因曰無君，故書官以見專』，然則經八年之書司馬司城，亦謂其專擅無君明矣。七年《傳》曰:『稱人以殺，誅有罪也』，此宋人殺其大夫司馬，亦稱人以殺，則有罪可知;司城來奔，亦有罪不容於宋可知。所謂罪者，專擅無君之謂也，故書官以見之，而鄭氏乃云『殺其司馬，無君人之德』，非也。經既稱人以殺，以明有罪，則非君之妄殺矣，何又責其無君人之德乎?且八年、十五年同一書官，同一無君之辭，而前後異訓，無是理也。」

連堂案:此范引鄭玄《釋廢疾》文，王氏駁其同辭而異訓之非是。

△成二年《傳》:「國佐曰:反魯衛之侵地，以紀侯之甗來，則諾;以蕭同姪子之母為質，則是齊侯之母也，齊侯之母猶晉君之母也，晉君之母猶齊侯之母也;使耕者盡東其畝，則是終土齊也，不可。」

范《注》:「不可，謂若不許己言。」

《述聞》:「范以《左傳》云:『晉人不可，賓媚人曰:子又不許，請收合餘燼，背城借一』，故以不可為不許己言，不知此傳不可二字，與則諾相對為文，不可者謂郤克之後二說不可行也。《公羊傳》曰:『與我紀侯之甗，請諾，反魯衛之侵地，請諾;使耕者東畝，是則土齊也，曰:不可。(《疏》引一本有此三字)蕭同姪子者，齊君之母也，齊君之母，猶晉君之母也，曰：不可。』何注上『曰不可』曰：『則晉悉以齊爲土地，是不可行』，注下『曰不可』曰：『言至尊不可爲質』，彼文曰不可，與請諾相對，猶此文不可與則諾相對也，當如何氏《公羊注》作解，若以不可爲不許己言，則文義下屬『請壹戰』句，上文以蕭同姪子之母爲質云云，遂成不了之語矣。」

連堂案：范《注》未洽，王氏疏正之，並引《公羊傳》《注》以爲論證。

△襄十八年：「公會晉侯、宋公、衛侯、鄭伯、曹伯、莒子、邾子、滕子、薛伯、杞伯、小邾子同圍齊。」

《傳》：「非圍而曰圍齊，有大焉，亦有病焉，非大而足同與，諸侯同罪之也，亦病矣。」

《述聞》：「『非圍而曰圍齊』句絕，有大焉亦有病焉者，猶言大齊也，亦病齊也，病齊謂罪齊也；非大而足同與者，承上有大焉而言，言齊若非大國，何須諸侯同圍之也，諸侯同罪之也；亦病矣者，承上亦有病焉而言，言諸侯既同罪之，則齊亦有罪矣。僖六年《傳》：『伐國不言圍邑，此其言圍何也？病鄭也，著鄭伯之罪也』，文義略與此同。范讀『非圍而曰圍』爲句，『齊有大焉』爲句，又以亦病矣爲病諸侯，與上文不合，皆失之。」

連堂案：鍾文烝《補注》云：「《注》非也。齊字當上屬，有大焉者，謂有大齊之辭，有病焉者，謂有病齊之辭，皆謂經之立文也。言所以非圍而謂之圍齊者，是所以大齊，其實亦所以病齊也。（非大而足同與）此申上有大意也，言若非以大齊之辭稱圍，則何足言同歟？方欲言同爲特文，故大之言圍也，若言同伐齊則不可矣。……（諸侯同罪之也，亦病矣）此申上有病意也，如上所云，所以大齊者，爲欲言同故耳，非實欲大齊也。言同者，以明諸侯同罪之，許翰曰『言得罪於天下也』是也，夫齊亦一國，今乃爲天下所同罪，則齊亦病矣。故曰有大齊之辭，亦有病齊之辭也。經之此文，專以書同見義，伐齊而書同，猶外楚而書同，皆爲特筆。既書同以見其義，則宜書圍以盈其辭，此傳六句，曲盡經旨，特以文義深奧，故自《注》《疏》以來，莫能通其說，惟王引之說此，大概近是。」

ㄷ、地名考釋

《穀梁傳述聞》除校勘、訓詁、傳義解說外，尚有一條屬地名考釋，乃鄭玄《毛詩箋》誤說，楊《疏》引以疏《注》，而王氏明其非。

△成五年：「梁山崩。」

范《注》：「梁山，晉之望也。」

楊《疏》：「《詩》云『奕奕梁山』，是韓國之鎮，霍陽韓魏晉之地，故云晉之望也。」

《述聞》：「此梁山非《詩》之梁山也，《詩》之梁山，在涿郡良鄉縣北，乃灅水所經，（見《水經‧灅水注》）去河甚遠，不得云『梁山崩，壅遏河三日不流』，其韓城在涿郡方城縣，（《水經‧聖水注》引王肅《注》）與燕甚近，故《詩》曰『溥彼韓城，燕師所完』，非在晉地之韓也，此梁山則在馮翊夏陽縣西北，臨於河上，（見《爾雅》郭《注》）故梁山崩，壅遏河三日不流。夏陽，春秋之梁國，（見桓十年《左傳》杜《注》）亦非韓也。（夏陽，今之韓城，在河西，韓魏之韓在河東，非今韓城也，辨見顧氏《日知錄》）自康成箋《詩》，始誤以奕奕梁山爲夏陽之山，又誤以韓城爲晉所滅之韓國，（辨見《日知錄》），而隋人遂改夏陽爲韓城縣，楊氏不能糾正而承用之，疏矣。」

連堂案：王氏引證宏富，辨析明確。

四、疏　失

孫詒讓〈札迻序〉云：

> 乾嘉大師，唯王氏父子，郅爲精博，凡舉一義，皆塙鑿不刊，其餘諸家，得失間出。（《籀高述林》卷五）

孫氏之說近似，由上之析論，可概見矣；雖然，仍有疑而未能定者，如王氏於別無佐證中，以逆文義校傳之法，成績卓然，然其校勘《穀梁》，亦略有未盡適切者，亦舉例述之。

△隱元年《傳》：「禮，賵人之母則可，賵人之妾則不可，君子以其可辭受之。其志，不及事也。」

《述聞》：「其志二字與上句文義不屬，『其』疑當爲『且』，形相似而誤也。君子以其歸賵非禮，魯人可以辭矣，今乃不辭而受之，故志以示譏，而仲子早卒，無由追賵，又當志其不及事之失，故曰『君子以其可辭受之，且志不及事也』，唐石經始誤爲其。」

連堂案：范《注》云：「常事不書」，則范所見爲「其志」，謂其所以書於經，乃以不及事爲異常禮故志之；且傳文屢書「其志」云云，而未有「且志」

之書例。俞樾《穀梁傳平議》云：「此句與上句本不相屬，『其志，不及事也』，言歸賵常事，本不必記，其所以記者，以其不及其事也。莊十一年《傳》：『其志，過我也』，二十年《傳》：『其志，以甚也』，文元年《傳》：『其志，重天子之禮也』，昭十八年《傳》：『其志，以同日也』，文與此同，可證其字之非誤。」王氏此條推求太過，疑非所疑也。

△桓十八年：「春王正月。」

范《注》：「此年書王，以王法終治桓之事。」

《述聞》：「桓元年春王正月，《傳》曰：『桓無王，其曰王何也，謹始也，其曰無王何也？桓弟弒兄，臣弒君，天子不能定，諸侯不能救，百姓不能去，以爲無王之道，遂可以至焉爾，元年有王，所以治桓也』，二年春王正月戊申，宋督弒其君與夷，《傳》曰：『桓無王，其曰王何也？正與夷之卒也』，十年春王正月庚申，曹伯終生卒，《傳》曰：『桓無王，其曰王何也？正終生之卒也』，皆言書王之故，而於是年獨無傳，則是年經文無王字，與書王者不同，故不發傳也。三年春正月不書王，遂不發傳，是其例也，范所見本已增王字，故云『以王法終治桓之事』。案：傳言元年有王，而不及末年，則末年不書王，與元年異可知，否則桓無王而書王，傳不應無說也。」

連堂案：王氏據《穀梁》釋經發傳之例，謂十八年經文無「王」字，惟未敢遽以爲是者，《左》《公》亦有王字，未嘗有疑，此其一；於十八年不發傳者，或如柳興恩《大義述・述師說》所云：「傳文簡嚴，元年發傳自可以該末年，若二年、十年之書王，非元年、末年所得包也，故不得已復發傳焉」（卷十一），鍾文烝《補注》亦云：「此與元年之治桓，以始終相對，傳文以彼言之，此從可知也」，此其二。王氏存其疑可也，據以爲校，恐有妄改之嫌。

△僖二年《傳》：「且夫玩好在耳目之前，而患在一國之後，此中知以上乃能慮之。」

《述聞》：「此論地之大小，非論時之遠近也，不得云一國之後，之後二字，蓋後人增之，以與耳目之前相對，而不知其不可通也，耳目之前至小也，一國至大也，耳目之前，得所玩好，而一國以亡，故曰玩好在耳目之前，而患在一國，下文獻公亡虢，五年而後舉虞，則患在一國之謂矣。唐石經始衍之後二字，《新序・善謀篇》載此事，亦云患在一國之後，蓋後人據誤本《穀梁》增之後二字也。」

連堂案：王氏所指傳文誠有疑義，然王氏以耳目之前至小，一國至大，謂傳乃論地之大小，仍覺未安。以耳目之前喻小，不如直就字面作解爲平順；此傳蓋謂玩好即在目前，常人難拒其誘引，而後患尚遠而難見，非中知以上善遠謀者，慮不及此。「之前」謂此時此地，可兼指時地，或以「之前」指地，「之後」指時，以時地相對爲文，亦難謂不可；而疑《新序》亦云「患在一國之後」，爲後人據誤本《穀梁》所增，則嫌迂曲，未能服人，「之後」二字不必爲衍。惟「一國」仍未得善解，柳興恩《大義述・述師說》云：「一國者指虢言，非指虞言，下傳獻公亡虢，五年而後舉虞」（卷十一），即謂虞之患尚在虢亡之後，說或可從。

△僖二年《傳》：「公遂借道而伐虢。宮之奇諫曰：『晉國之使者，其辭卑而幣重，必不便於虞』，虞公弗聽，遂受其幣而借之道。宮之奇諫曰：『語曰：「脣亡則齒寒」，其斯之謂與？』挈其妻子以奔曹。」

《述聞》：「家大人曰：下諫字衍。晉國之使者云云，宮之奇諫虞公之詞也，故終之曰虞公弗聽；其語曰脣亡則齒寒云云，則宮之奇知虞將亡，退而私論也，故終之曰挈其妻子以奔曹。明前說爲諫其君，而後說則否也，當爲宮之奇曰，不當有諫字，蓋因前宮之奇諫曰而衍也。五年《左傳》曰：『晉侯復假道於虞以伐虢，宮之奇諫曰：虢，虞之表也』云云，『弗聽，許晉使』，此宮之奇諫其君而弗聽也，而其下又曰：『宮之奇以其族行，曰：虞不臘矣，在此行也，晉不更舉矣』，則宮之奇將欲去虞，私論其必亡也，與此正相似。」

連堂案：鍾文烝《補注》云：「弗聽之後，無妨復諫，脣亡一句，《左氏》《公羊》皆爲諫辭，王說未是。」田宗堯〈春秋三傳述聞商誼〉云：「《公羊傳》曰：『宮之奇果諫曰：「脣亡則齒寒，虞、郭之相救非相爲賜，則晉今日取郭而明日虞從而亡⋯⋯」』。《呂氏春秋・權動篇》：『宮之奇諫曰：「不可許也⋯⋯先人有言曰：脣竭而齒寒⋯⋯。」』這兩處記載，都以『脣亡齒寒』爲宮之奇諫虞公的話，而不作爲宮之奇的私語。王氏以爲後一個諫字是衍文，照傳文來看，當然很合適，不過跟《公羊傳》和《呂氏春秋》比較，如果《穀梁》的傳文不是有雜沓的地方，就是他的根據和其他兩本書不同。」〔註12〕《公羊》《呂氏春秋》所述已如田氏所引，《左傳》亦云：「宮之奇諫曰：『虢，虞之表也，虢亡，虞必從之，晉不可啓，寇不可翫，一之

〔註12〕《大陸雜誌》第三十卷第三期，54年2月，頁14。

爲甚，其可再乎？諺所謂「輔車相依，脣亡齒寒」者，其虞虢之謂也。』」（僖五年）此例就上下文意及「其斯之謂與」所示之語氣，確不似諫辭，而似私論，王氏之說頗理順，然《左氏》《公羊》《呂氏春秋》皆以爲諫辭，或如田氏所云雜沓，乃傳之敘論，失其理序，諫非衍文也，王氏存其疑可也，以爲衍文，未必也。

王氏之疏失，相較於他人，皆小焉者，仍舉以爲說者，一則求備賢者，一則不以大醇掩小疵。

五、評　價

阮元〈經義述聞序〉云：

> 凡古儒所誤解者，無不旁徵曲喻，而得其本義之所在，使古聖賢見之，必解頤曰：「吾言固如是，數千年誤解之，今得明矣。」

梁啓超以此言洵非溢美，其言曰：

> 吾儕今日讀王氏父子之書，只覺其條條皆犂然有當於吾心，前此之誤解，乃一旦渙然冰釋也。雖以方東樹之力排漢學，猶云「高郵王氏《經義述聞》，實足令鄭朱俛首，漢唐以來，未有其比」，亦可見公論之不可磨滅矣。〔註 13〕

王氏之足稱道者，在其博學通達，取精用宏，輔以嚴謹之態度及方法，每有創見，引證宏富，理據充分，凡所爲說，多成定論，眞欲使古聖賢解頤，而後學者採擇不盡。

此雖據二王之總體成就爲論，然就《穀梁傳述聞》言，亦無殊異；如鍾文烝《補注》、柯劭忞《春秋穀梁傳注》多採其說，尤以鍾氏之作，於前賢論述，時予折衷、證補、闡發，甚而批駁，然於王氏此書，則多直採其說，而證補無由，此乃由其論證周延，例證完足，後賢無能置一辭故也。

阮元云：

> 高郵王氏一家之學，海內無匹。〔註 14〕

就校勘、訓詁之成就言，誠非過譽。

〔註 13〕《清代學術概論》（台北：臺灣商務印書館，66 年 2 月臺一版），頁 74。
〔註 14〕見《揅經室續集》卷二〈王石臞先生墓誌銘〉。

第六節　春秋穀梁傳時月日書法釋例

一、作者傳略

許桂林（1778～1821）字月南，一字同叔，江蘇海州人。嘉慶二十一年舉人，家貧，少孤，事母孝，爲人文行並篤，潛心經學，於諸經皆有發明，兼通象緯、句股、音韻、小學，著有《易確》、《毛詩後箋》、《春秋三傳地名考證》、《大學中庸講義》、《四書因論》、《許氏說音》、《說文後解》、《宣西通》、《算牖》、《味無味齋文集》及《春秋穀梁傳時月日書法釋例》等四十餘種，百數十卷，用力可謂勤矣。死前曾自題輓聯云：「只恨著書未了，要爲孔聖明一經，望後起有人，儻與吾徒傳絕學；若論短命堪悲，已比顏子多十歲，況天上不苦，還從老母侍仙遊」，足明其述作之志。生於乾隆四十三年，卒於道光元年，年四十四。

二、概　述

《時月日書法釋例》四卷〔註 15〕，卷一爲〈總論〉，卷二爲〈提綱〉，卷三爲〈述傳〉，卷四爲〈傳外餘例〉。

〈總論〉首述《穀梁》日月例之有功於經，次駁前人日月例有無之質疑，以證日月有例，結以鄭玄《穀梁》善於經之說，而時月日書法之釋義，即其善於經之一端。〈總論〉一文，類如該書之序；提綱者，即歸納傳以時月日釋義者以爲例，而列其大端；述傳即據提綱所列，析其子目，計分「正月」等三十例，每例或復分門類，每例每類均先舉傳文所出，然後逐條疏釋，此爲全書主體；傳外餘例則傳無明文，乃范《注》所述時月日例，許氏彙列得三十三條，另附立於後者，以示不與傳混。

以下先述其論例，以明日月有例及《穀梁》時月日例有功於經，次述其釋例，以明該書之大要。

三、成　就

ㄅ、論　例

1. 日月有例

許氏以《春秋》書法有時月日例，〈總論〉云：

〔註 15〕《清朝續文獻通考》著錄一卷，該書有六卷、四卷、一卷等不同版本，參見王師熙元《穀梁著述考徵》（台北：廣東出版社，63 年 2 月），頁 106。

> 《穀梁傳》與《公羊傳》皆謂《春秋》書法以時月日爲例，而《穀梁》尤備，先儒多譏爲迂妄，桂林通案經傳，而疑其說之不可廢也。……《穀梁》明著月日義例，居要不煩，深得經旨，如丙戌盟於武父，下書「丙戌，衛侯晉卒」，《穀梁》特著之曰『決日義也』，蓋再書丙戌，見此必當書日者也；隕石於宋五之後書「是月，六鷁退飛過宋都」，《穀梁》特著之曰「決不日而月也」，蓋特書是月，見此必當書月者也。《公羊》以是月爲晦，夫《春秋》即不書晦，而晦亦有干支，何不仍書甲子若乙丑，乃變文曰是月乎？文公則書自十有二月不雨，至於秋七月，僖公則書正月不雨、四月不雨、六月雨，若非褒貶異詞，何不曰自正月不雨至於五月乎？他如壬申御廩災，乙亥嘗，癸酉大雨震電，庚辰大雨雪，皆書日以見意之明證也。（卷一）

此以《公》《穀》皆以時月日爲例，而《穀梁》尤備，先儒或以爲迂妄，許氏則以其不可廢，並舉例以證日月之有例。其於前人之質疑，則予以駁辯，〈總論〉云：

> 後儒以日月義例爲朱子所斥，隨聲附和，不顧其安，如公子益師卒不書日，傳以爲惡，劉氏《權衡》以公孫敖、仲遂、季孫意如皆惡而卒書日，叔孫得臣不聞有罪而反不日駁之，此本何休說，鄭君《釋廢疾》已辨之，竊謂所謂惡者，非必身有大罪，《左氏》此傳云：「公不與小斂故不書日」，即《穀梁》所謂惡也。蓋譏君失親親敬大臣之禮，如此則意如書日，得臣不書日又何傷乎？又如僖十四年冬，蔡侯肸卒，《傳》云：「諸侯時卒，惡之也」，劉敞以爲非，而謂臣子慢，則赴不具月日，不知臣子慢即《穀梁》所謂惡也。……程端學謂《春秋》闕文，皆孔子修成後所闕，尤不可通；三傳各相傳受，而經文不同者不過人名，如祝吁作州吁，隱如作意如，地名如屈銀作厥憖，浩油作皋鼬，公伐齊納糾，《左氏》多子字，不至而復，《公羊》少而字，莊十六年盟幽，《公羊》有公字，《左氏》無曹伯之類，而最易訛誤脫落之月日，三傳皆同，其無脫誤審矣。……先儒最所譏爲無意義者，桓盟不日，而葵邱書日，其例不一，因謂日月或有或無，皆據舊史，寧用《公羊》年遠不詳之說，不從《穀梁》，不知晉伯諸盟皆日，而桓盟不日，不云信之不可也，桓盟不日，而葵邱書日，不云備之不可也；外盟如曲濮，孔子身當其時而不書日，瓦屋之盟遠矣乃書日，此不用《穀梁》「外盟不日，以謹參盟之始而書日」不可也。（卷一）

此以駁先儒之疑，反證日月例之有據。

2. 穀梁時月日例有功於經

許氏以《穀梁》以日月例解經，足據以考訂經文原缺，或作傳後所缺，以明寓義之有無，其間之質疑、妄說，得以釐清，實有功於經，〈總論〉云：

> 張晏謂《春秋》萬八千字，李燾謂今闕一千二百四十八字，自晏時至燾時闕字如此，向非《穀梁》有日月之例，則盟眛不日，公子益師卒不日，蔡侯肸卒不月，壬申公朝於王所不繫月，必指爲張晏以後闕文矣。自《穀梁》有傳，葉夢得、俞皋之徒，雖疑此諸經爲缺，而自不敢決，人亦莫信，其有功於經一也；春王正月、秋七月，《穀梁》皆有傳，而桓四年、七年無秋冬，昭十年、定十四年不書冬，莊二十二年書夏五月而無事，乃不發傳言其故，知此實作傳後缺文。……而先儒謂桓無秋冬，貶其篡立，莊書夏五月，譏娶讎女，昭不書冬，在娶孟子之歲，謬悠之說不攻自破，其有功於經二也；桓五年甲戌、己丑，桓十二年再書丙戌，非《穀梁》有傳，則以爲脱簡，人孰能難？嬰齊卒於貍蜃在公至後，非《穀梁》有傳，則以爲錯簡，世莫由辯，考定武成移易《大學》之事，必當先見於《春秋》一經矣，其有功於經三也。……許世子止之獄，歐公疑之，疑其同乎弒，故直以爲弒也，《穀梁》以時葬辨其異，則義正而事明矣，是其有功於經尤偉也。（卷一）

此論《穀梁》時月日之有功於經者，經不具月日，非《穀梁》發傳釋義，將以經爲闕文，此其有功於經一也；經缺時，書五月而無事，而《穀梁》不發傳言故，證其爲作傳後所缺，無他經義，此其有功於經二也；經一事書二日，或同日兩書，非《穀梁》發傳釋義，將以經爲脱簡、錯簡，此其有功於經三也；而如許世子之弒，更因《穀梁》日月例之辨而義正事明，其功尤偉。

ㄆ、釋　例

1. 歸納傳例

《時月日書法釋例》主要乃據傳以時月日釋經義，而予以歸納以成義例，許氏歸納凡得三十，列之如下，即正月、夏四月秋七月冬十月、閏月、朔晦、即位、公如、朝、盟、郊、烝嘗、嘉禮、大閱、侵、伐、戰、敗、潰、入（入國）、取、滅、入（夫人入）、歸、奔、卒葬、弒、殺用、日食、旱雩不雨雨、災異、傳疑。

每例均先列傳文所出，而後疏釋，如朝例，先列傳以時月日爲釋之經傳，〈述傳〉云：

> 隱十一年春，滕侯、薛侯來朝。《傳》：諸侯來朝時，正也。
>
> 桓二年七月，紀侯來朝。《傳》：朝時，此其月何也？桓內弒其君，外成人之亂，於是爲齊侯陳侯鄭伯討數日以賂己，即是事而朝之，惡之，故謹而月之也。
>
> 僖二十八年壬申，公朝於王所。《傳》：朝於廟，禮也，於外，非禮也。獨公朝與？諸侯盡朝也。其日，以其再致天子，故謹而日之。主善以內，目惡以外，言曰公朝，逆辭也，而尊天子；會於溫，言小諸侯。溫，河北地，以河陽言之，大天子也。日繫於月，月繫於時，壬申，公朝於王所，其不月，失其所繫也；以爲晉文公之行事爲已傎矣。

許氏疏釋，案云：

> 朝時，正也：與「公如，往時，正也」例同。公當如京師，而此朝於王所，故傳云逆辭。桓二年紀侯來朝，惡之，故謹而月也；此書日，惡可知矣；又不繫月，重惡之也。通計《春秋》，諸侯朝魯以時書者二十，餘書月而繫於他事者七，其書月者六。桓二紀朝，傳著惡之之例，僖十四六月，季姬使繒子來朝，惡越禮也，定十五正月，邾子來朝，執玉高仰，惡失禮也。成六六月邾朝，三傳皆無傳，成七曹朝，《左》但云曹宣公來朝，成十八八月邾朝，《左》但云宣公即位來見，與無傳同；《穀梁》已具於「朝時正也」，「惡之，故謹而月之」兩例，故後不贅。觀成十八年秋，杞伯來朝，八月，邾子來朝，相連并書，而一時一月，豈得謂無義例哉？來與朝同，故介與白狄書時，而祭伯來以非王命書月，實來以晝我書月。實來，范《注》云「來朝例時，月者，謹其無禮」是也。（卷三）

此其於朝例之疏釋，〈提綱〉云：

> 朝時，正也；惡之，故謹而月之；致天子而朝，則謹而日之，又不繫月也。（卷二）

此則於朝例之歸納。

又如戰例，〈述傳〉云：

宣十二年夏六月乙卯，晉荀林父帥師及楚子戰於邲，晉師敗績。《傳》：績，功也；功，事也。日，其事敗也。

成二年六月癸酉，季孫行父、臧孫許、叔孫僑如、公孫嬰齊帥師，會晉郤克、衛孫良夫、曹公子手及齊侯戰於鞍，齊師敗績。《傳》：其日，或曰日其戰也，或曰日其悉也。

許氏案云：

《春秋》戰皆書日，如桓十二年丁未，戰于宋，十三年己巳，及齊侯、宋公、衛侯、燕人戰，莊九年庚申，及齊師戰于乾時，乃至城濮、鄢陵、艾陵諸大戰，秦晉韓、殽、彭衙、令狐諸戰皆書日，《穀梁》於鞍、邲發傳，餘可推。（卷三）

此疏《春秋》戰無不日是也，〈提綱〉云：

戰書日，日其戰也，日其悉也。（卷二）

即其於戰例之歸納。

又，每例中或因事義有別，而各有其類，如盟例，傳有「不日，其盟渝也」（隱元年）、「其不日，數渝也」（莊九年），許氏云：

此盟渝不日一例，柯陵之盟（成十七年），傳文屈曲以明不渝，故書日耳。因是以推，盟唐、盟浮來、盟越、盟趡等，凡書日者皆不渝者是也。定四年，皋鼬之盟不日，《注》：「不日者，後楚伐蔡不能救故」。（〈述傳〉，卷三，下同）

傳有「卑者之盟不日」（隱元年）、「何以知其與公盟？以其日也」（文二年）、「其日，公也」（成三年），許氏云：

此卑者之盟不日一例，卑者書及而不書日，今書及書日，非卑者也，故知爲公及盟，莊二十二丙申，及齊高傒盟於防，可例推。

傳有「前定之盟不日」（桓十四年、文七年）、「其不日，前定也」（僖三年），許氏云：

此前定之盟不日一例。

傳有「外盟不日，此其日何也？諸侯之參盟於是始，故謹而日之也」（隱八年）、「公不與盟者……其日，善是盟也」（昭十三年），許氏云：

此外盟不日一例，曹南、鹿上、清邱、曲濮皆不日；平邱之盟，公不與，是亦外盟也，日以著其善；故後蔡侯廬歸於蔡、陳侯吳歸於陳，傳又云：「善其成之，會而歸之，故謹而日之」。

此外盟不日，然參盟之始或善其盟，亦謹而日之。傳有「桓盟雖內與，不日，信之也」（莊十三年）、「桓盟不日，信之」（莊二十七年），許氏云：

> 此桓盟不日之例，兩同盟於幽、貫澤、首戴、甯母、洮、牡丘皆不日，本例盟渝不日，故著桓盟不日信之也一例；本例外盟不日，故著桓盟雖內與不日一例。而葵邱之盟又獨書日，故特著美之、備之兩義。

此推崇齊桓主盟之互信，故不書日以褒之，然恐與盟渝不日之本例混同，故著桓盟不日之例；魯雖與盟，而不書日，恐與外盟不日之本例違異，故明其桓盟雖與盟亦不日以相別。而葵邱之盟，則特著美、備之義。

以上均屬盟例，許氏據傳類分有「盟渝不日」、「卑者之盟不日」、「前定之盟不日」、「外盟不日」、「桓盟不日」諸例，〈提綱〉云：

> 盟渝不日；卑者之盟不日；前定之盟不日；外盟不日，而參盟之始謹而日之，內不與而其盟善，亦謹而日之；齊桓之盟不日，雖內與亦不日，信之也，葵邱之盟日，美之也，備之也。（卷二）

此其於盟例之歸納。

又如卒之一例，亦類分多門，以文繁不贅，錄其歸納以見，〈提綱〉云：

> 諸侯日卒正也，出行未踰竟亦書日，踰竟則不日，夷狄不卒，卒而不日，進之則日，時卒惡之也；子卒日正也，不日故也，有所見則日；大夫日卒正也，不日卒惡也。（卷二）

知卒有諸侯、子、大夫之分，諸侯又有踰竟不踰竟，中國與夷狄之別，子與大夫，亦各有不同之事義，而「日卒正也」則一，爲其本例。

2. 申傳所未及

申傳所未及者，類同之經文，傳或發或不發，其發傳者，即據以歸納爲例，如上之所述，其未發者，則引而釋之，以補傳所未發。如閏月例，〈述傳〉云：

> 文六年閏月，不告月，猶朝於廟。《傳》：不告月者何也？不告朔也。不告朔則何爲不言朔也？閏月者，附月之餘日也，積分而成於月者也，天子不以告朔，而喪事不數也。
>
> 哀五年閏月，葬齊景公。《傳》：不正其閏也。

許氏案云：

> 九月癸酉，齊景公卒，並閏月數之爲五月而葬，《穀梁》此傳文略者，

喪事不數之義已著於文六年閏月不告月傳也。（卷三）

此以哀五年之書例與文六年同，傳文簡略者，以傳義已發於文六年，此亦從同，可據以解之。又如滅例，《傳》云：

滅國有三術：中國謹日、卑國月、夷狄不日。（宣十五年）

中國日、卑國月、夷狄時。（襄六年）

許氏案云：

《春秋》滅國：楚人滅江、楚人滅六、吳滅巢，皆書時，所謂夷狄時也；齊師滅譚、齊侯滅萊、晉荀吳帥師滅陸渾戎、晉人滅赤狄、甲氏及留吁、吳滅徐，皆書月，而楚之滅舒庸、舒蓼、楚人秦人巴人滅庸，皆前書有月繫於他事，以莒人滅繒，前書秋葬杞桓公、滕子來朝，傳云書時例之亦書月例，此所謂卑國月者也，且傳於滅潞氏固云夷狄不日，不云不月，陸渾、甲氏不足爲疑；蔡公孫姓帥師滅沈、楚子滅蕭、楚子滅胡，皆中國謹日之例，與衛侯燬滅邢、楚師滅蔡、楚師滅陳同。（〈述傳〉，卷三）

此皆以傳例釋傳所未及。又前引盟例，許氏於盟渝不日云：「因是以推，盟唐、盟浮來、盟越、盟趡等，凡書日者皆不渝者是也」，於卑者之盟不日云：「莊二十二丙申，及齊高傒盟於防，可例推」，於外盟不日云：「曹南、鹿上、清邱、曲濮皆不日」，於桓盟不日云：「兩同盟於幽、貫澤、首戴、甯母、洮、牡丘皆不日」，皆其類也。

3. 引范注補傳例

《時月日書法釋例》有范《注》據傳申釋傳所未及，許氏引之以補傳例者，如入例，《傳》云「日入，惡入者也」（隱十年、僖二十八年、宣十一年），許氏因以爲例，並案云：

桓二年九月，入杞，無惡也，范《注》於隱二年夏五月莒人入向云：「入例時，惡甚則日，次惡則月」，於無駭帥師入極云：「諱滅同姓，故變滅言入」，因用滅例「卑國月」，以爲極蓋卑國。（〈述傳〉，卷三）

此傳唯有「日入惡入」之說，范氏衍申入例時，次惡則月，許氏引以爲入例。又如敗例，《傳》云「不日，疑戰也」（莊十年、僖元年），疑戰者，謂不剋日而戰，以詐相襲也，此爲特例，故不書日，其通例則敗均書日，許氏引范《注》云：

敗例日與不日皆與戰同。(〈述傳〉，卷三)

此謂戰與敗同，其本例均書日，而傳無文，范《注》有說，許氏引之以補傳例。

4. 引公羊補傳例

《時月日書法釋例》有《穀梁》無說，許氏引《公羊》補之者，有《穀梁》有之，《公羊》另有他義，許氏引之以輔傳說者，如伐例，《穀梁》無文，許氏引《公羊》莊二十八年傳云「伐不日」，案云：

《公羊》此傳可補《穀梁》之闕。(〈述傳〉，卷三)

此爲《穀梁》本無，許氏引《公羊》補之。又如敗例，《穀梁》原有「不日，疑戰也；其日，成敗之也；夷狄不日」之例，許氏復引《公羊》文十一年甲午，叔孫得臣敗狄於鹹傳云：「其言敗何？大之也；其日何？大之也」，案云：

此《公羊》別發大之一例，與《穀梁》成敗之也例不相悖而可相輔。(〈述傳〉，卷三)

此《穀梁》原有，許氏復以《公羊》別有他義，不悖《穀梁》，故引爲輔說。[註16] 又如入例亦然，《穀梁》原有「日入惡入」之例，范《注》又有「入例時，惡甚則日，次惡則月」補之(見前)，許氏復引《公羊》隱八年庚寅，我入邴傳云：「其言入何，難也；其日何？難也」，案云：

《公羊》別發難也一例，與《穀》不悖而可相輔。(〈述傳〉，卷三)

5. 歸納范注為例

《時月日書法釋例》卷四爲〈傳外餘例〉，〈總論〉云：

范《注》中所論之例，別爲傳外餘例附後，不敢以溷也。(卷一)

〈傳外餘例〉卷末又云：

凡《注》稱傳例，爲傳所本有者不錄。(卷四)

知傳外餘例者，乃范《注》所論之例，且非傳所本有者，許氏錄之凡三十三條，即夫人如、外相朝、聘、會、平、遇、夫人饗、王使、歸、宗廟、祭祀、逆女、送女、狩、城、伐、圍、克、救、遷、諸侯奔、諸侯歸、執、立、公薨、夫人薨、周大夫卒、內女卒、賵、有年、大水、內災、外災。茲略舉數條以見：

[註16] 許氏以《穀》《公》同出子夏，相通者多，甚且疑《穀》《公》爲一人所述，《公羊》爲《穀梁》之外傳(〈總論〉)，故許氏書中多引《公羊》以爲輔證，或補傳之所無，或與《穀梁》對比，以顯傳例、傳義；間亦有以《公羊》爲偏失者。

城例時。(隱七年)

魯公薨，正與不正皆日，所以別內外也。(桓十八年)

有年例時。(桓三年)

觀此三條，其說可從，以城非一月可成，有年非一月可見，故從時例，魯公薨乃大事，書日求詳備，亦以別內外。

許氏於范《注》之例，大多僅條列而未予論述，其加案語者僅五條，而可述者少，茲舉一例以明。遷例：昭九年許遷于夷，范《注》云：

許比遷徙，所都無常，居處薄淺，如一邑之移，故略而不月。

許氏案云：

莊十年三月，宋人遷宿，《疏》引范《略例》言亡遷三，好遷七，惟許四遷不月，以其小略之。

此許氏引楊《疏》所引范氏《略例》，以補范《注》之說。

四、評　價

《時月日書法釋例》旨在據傳以時月日書法釋經，輔以經文記載，歸納以成書法義例，復據成例以釋傳所未及，間亦輔以范《注》之發明及《公羊》之說。觀許氏之歸納、疏釋，率多合於《穀梁》，其〈提綱〉所述大端，可謂簡明具條理，〈述傳〉所論，亦能秉持通其所可通，少執例以牽合穿鑿，強爲之釋，〔註 17〕足據之以闡發《穀梁》大義，此其有功於傳。

上之所述，乃就《穀梁》體系言，然就《春秋》書法論，《穀梁》之解已有誤說，故歷來於《春秋》例之有無，常例之確立，變例之衍申，理義之寓託，紛紜歧出，今人戴君仁〈春秋時月日例辨正總論〉即據前人之非例，爲總結之論述，以爲依例求義，行是非褒貶，常流於深刻不近情理，非孔子之本心，其〈春秋穀梁傳時月日例辨正〉則據許書之歸納立論，其中除承認少

〔註 17〕例之爲說本就紛紜難定，許氏說有疑義，自是不免，如其歸納奔例，以書日爲謹之，爲正而罪之，然既有內外之別，又有閔錄不正其罪不書日，失職不討不書日之例外，實已不成爲例。又如朝例，以書時爲正，書月爲謹之，定十五年正月邾子來朝，成六年六月邾朝，成七年曹朝，成十八年八月邾子來朝，《穀梁》未以時月日例爲說，許氏皆據例以書月爲惡而謹之；然不如鍾文烝《補注》以書月爲下經而書，如成七年曹朝書五月，乃因下經「不郊猶三望」而書，成十八年邾子來朝書八月，乃因下經「己丑公薨於路寢」而書。鍾氏說實較許氏平實合理，無牽合深求之弊失。

數確有書例，而無褒貶寓義外，多所駁辯，所論確有《穀梁》未得自圓其說者。〔註 18〕

綜言之，許書於《穀梁》本傳有疏釋會通之功，且能提綱契要，歸納大端，足資參證，然於《穀梁》解經之疑誤，仍無以辯護彌縫，以信服質傳、非傳者。

第七節　穀梁大義述

一、作者傳略

柳興恩（1795～1880）原名興宗，字賓叔，江蘇丹徒人。道光十二年舉人，善治《毛詩》，尤精《穀梁》，著有《周易卦氣輔》、《虞氏逸象考》、《尚書篇目考》、《毛詩注疏糾補》、《續王應麟詩地考》、《群經異義》、《劉向年譜》、《儀禮釋宮考辨》、《史記校勘記》、《漢書校勘記》、《南齊書校勘記》、《說文解字校勘記》、《宿壹齋詩文集》、《穀梁大義述》等書。生於乾隆六十年，卒於光緒六年，年八十六。

二、概　述

《大義述》三十卷，據阮元〈序〉約成於道光二十年，惟其卷十九〈述經師・陳澧〉條下，引有陳澧之〈穀梁大義述序〉文，〈程蒲孫、王闓運〉條下述曰：

> 同治十一年九月，年家子寶應劉恭冕叔俛與予書曰：「近爲《穀梁》之學者，有績谿程蒲孫，湘潭王闓運二君，皆淵雅之才，當有所成。」

蓋成書後略有增補。

ㄅ、述作動機

柳氏以《春秋》在治諸侯以尊天子，在誅亂臣賊子以懼千秋萬世臣子之邪心；其所以始隱公者，罪隱之爲亂臣賊子，隱元年爲邪正絕續之交，故《春秋》託始於隱公之不書即位，此《春秋》之微言大義也。此微言大義惟《穀

〔註 18〕〈春秋時月日例辨正總論〉見《東海學報》三卷一期，50 年 6 月。〈春秋穀梁傳時月日例辨正〉見《春秋三傳研究論集》（中華民國孔孟學會主編，台北：黎明文化事業公司，70 年 1 月），戴氏另有〈春秋公羊傳時月日例辨正〉、〈春秋左氏傳時月日例辨正〉兩文，亦收入《春秋三傳研究論集》。

梁》知所闡發，所謂善於經也。〈自敘〉云：

> 《公羊》予桓公以宜立，《穀梁》罪桓以不宜立；宜立則罪在桓，不宜立則罪在隱。《傳》曰：「先君之欲與桓，非正也，邪也；探先君之邪志以與桓，是則成父之惡也」，如傳意，則隱在惠公爲賊子；《傳》曰：「爲子，受之父，爲諸侯，受之君，廢天倫，忘君父」，如傳意，則隱於周室爲亂臣。……烏乎！以輕千乘之國者，而卒不能逃亂賊之誅，則千秋萬世臣子之懼心，必自隱公始矣。況《傳》曰「先君既勝其邪心以與隱」，是惠公未失正也，明其不必託始於惠也；《傳》曰「讓桓不正」，見桓之弒逆，隱實啓之也，並明其無庸託始於桓也。且惠反諸正以與隱，隱乃不行即位之禮以啓桓，是隱之納於邪也，然則隱之元年尤邪正絕續之交，《春秋》之託始於此，即於不書公即位見之。孔子志在《春秋》，故知我罪我之言，亦出於不得已，此《春秋》之微言，即《春秋》之大義也。烏乎！仲尼沒而微言絕，七十子喪而大義乖，穀梁子親授子夏，開宗明義，首發此傳，《春秋》之旨，炳如日星……故鄭康成《六藝論》獨曰「《穀梁》善於經」，此之謂也。

然柳氏以《穀梁》之善，前人鮮克舉之，《穀梁》述作，亦不如二傳之多，乃發憤闡發大義，並思集《穀梁》之大成，〈自敘〉云：

> 烏乎！自漢以來，《穀梁》師授既不敵二傳之多，至嘵嘵於癈疾、起癈疾之辨，抑末也，近阮相國刻《皇清經解》凡千四百卷，爲書百八十餘種，其中經師七十餘人，《公羊》《左氏》俱有專家，而《穀梁》缺焉；其著述中兼及之者，如齊侍郎《經傳考證》，王尚書《經義述聞》又多沿其支流，鮮克舉斯大義，故發憤卒業於此，並思爲《穀梁》集其大成。

知柳氏述作《大義述》在闡《穀梁》大義，以起《穀梁》微學。

ㄆ、體　例

柳氏曾自敘凡例七條，明各類述作之所由，玆引述如下：

> 聖經既以「春秋」定名，而無事猶必舉四時之首月，後儒紛紛競謂日月非經之大例，豈通論哉？況桓五年春王正月，甲戌、己丑陳侯鮑卒，一事而兩日迭書；十有二年丙戌，公會鄭伯盟于武父，丙戌，衛侯晉卒，二事而一日兩書；僖十有六年春王正月戊申，隕石于宋

五，是月，六鷁退飛過宋都，日先書，月後書，此即經之自起凡例也。《穀梁》日月之例，泥則難通，比則易見，與其議傳而轉謂經誤，何如信經而併存傳說之爲得耶？〈述日月例〉第一。

《春秋》治亂於已然，禮乃防亂於未然，況《穀梁》親受子夏，其中典禮尤與《論語》夏時、周冕相表裡，百世以俟聖人而不惑也，〈述禮〉第二。

《毛詩正義》云：「字與三家異者，動以百數」，謹案：《穀梁》之經與《左氏》《公羊》經異者，亦以百數，此非經旨有殊，或由齊魯異讀，音轉而字亦分也。陸氏《釋文》雖備載之，而未嘗析其源流，今本仁和趙徵君坦《春秋異文箋》以引而伸焉，〈述異文〉第三。

《穀梁》親受子夏，故傳中用孔子、孟子說者，如隱元年「成人之美，不成人之惡」，僖二十有二年「禮人而不答則反其敬，愛人而不親則反其仁，治人而不治則反其智」，其他暗相脗合者更多。《毛詩・大雅》云：「古訓是式」，竊有志焉，〈述古訓〉第四。

自漢以來，《穀梁》師授即不敵二傳之多，迨唐以後，說經者競治《春秋》，即不束三傳於高閣，其於《穀梁》或采用一二焉，或批駁一二焉，無非兼及，鮮有專家，要不得擯諸師說之外也，〈述師說〉第五。

漢儒師說之可見者唯尹更始、劉向二家，然搜獲者亦寥寥矣，其說已亡，而名僅存者，自漢以後，併治三傳者，亦收錄焉，共若干人，〈述經師〉第六。

《穀梁》久屬孤經，今日更成絕學，茲於所見載籍之涉《穀梁》者，以經史子集之序，循次摘錄，附以論斷，并著本經廢興源流，庶爲之集其大成，〈述長編〉第七。

此凡例七條，足明其述作體例及內容大要。其中〈述古訓〉第四注有「原闕」二字，蓋有其志而不果成者也；以柳氏之搜羅爲功，其經傳注疏之相關訓詁，必將卷帙浩繁，恐非力所能及。

除柳氏自述之凡例，茲復依該書之架構、敘述之方式、次序、條列數則，以加詳其體例。

1. **分類論述**

《大義述》全書分六類論述已見於前，其架構完整、明確、頗見條理，異於鍾文烝《補注》、廖平《古義疏》之附隨經傳以注疏，亦有別於侯康《禮證》、許桂林《時月日書法釋例》、阮元《校勘記》等之專一論題述作，而能分門論述，統於一篇，此爲其當代諸作所未及。〔註 19〕

2. 類中有序

每類中之次序，亦有脈絡，如〈述日月例〉之類目次序依經文出現之次爲序，柳氏所謂「悉順經文」（卷一）是也，而所析九十三例，同例中之先後，則依隱桓至定哀十二公之次，依序羅列；〈述禮〉〈述異文〉亦依十二公之次；〈述師說〉〈述經師〉則依時代先後爲序；〈述長編〉按經史子集四部，每部又依《四庫全書》之次爲序，如經部依次爲《尚書注疏》《毛詩注疏》《周禮注疏》……史部依次爲《史記》《漢書》……條理井然。

3. 排比歸納

柳氏善用相同相似之事類，歸納分析，以相驗證，相發明，且確能有所見，〈述日月例〉即其顯例，而〈述長編〉之搜羅，亦能窺知一二。

4. 責備求全

柳氏意欲集《穀梁》之大成，故刻意求其全備，如〈述日月例〉最末一條述曰：「傳之釋經，期於一字靡遺，而此十數則無例可歸，故附之篇末」，此柳氏之求全備；又如〈述經師〉〈述長篇〉，雖僅隻字片語及於《穀梁》，亦兼收無遺，均在責求全備。

5. 述　曰

《大義述》中柳氏之見，均於論述題材後冠以「述曰」，而後下己意，眉目清晰，全書除卷三十〈述長編，穀梁廢興源流〉一文，別無例外。

6. 闕

「述曰」下或注「闕」字，此或爲柳氏原闕，或爲散佚。原闕者如〈述古訓〉一類全無；又如相同論題已述於他處，不予重出，故闕而不述者，此類張慰祖《大義述補闕》均曾指明述於何處。散佚者如〈述日月例〉之晦朔例，並所列經文亦闕，此當爲散佚，非原闕。〔註 20〕

〔註 19〕清代《穀梁》著作中，體例謹嚴，明標綱目以論述者，亦惟其後江愼中之《春秋穀梁傳條指》差堪比擬，而卷帙遠不如柳氏《大義述》之宏富。

〔註 20〕柳興恩族孫柳詒徵〈穀梁大義述補闕跋〉云：「其〈述古訓〉一類，僅〈凡例〉舉《論》《孟》兩則，《賡經解》注曰『原闕』，而六類中，又多有僅載前人之文未下己意者，賡經解本皆於『述曰』下注『闕』字。蓋公中年撰著，遭亂

《大義述》所闕，除〈述古訓〉並所述經傳題材亦無，無從補述外，張慰祖《大義述補闕》均一一爲之補述，參見本章第十五節。

《大義述》之述作動機、體例已概述如上，下依柳氏原次序，分述日月例、述禮、述異文、述師說、述經師、述長編等六目，述其成績。

三、成　就

ㄅ、述日月例

凡例云：

> 聖經既以「春秋」定名，而無事猶必舉四時之首月，後儒紛紛競謂日月非經之大例，豈通論哉？況桓五年春王正月，甲戌、己丑陳侯鮑卒，一事而兩日迭書；十有三年丙戌，公會鄭伯于武父，丙戌，衛侯晉卒，二事而一日兩書；僖十有六年春王正月戊申，隕石于宋五，是月，六鷁退飛過宋都，日先書，月後書，此即經之自起凡例也。《穀梁》日月之例，泥則難通，比則易見，與其議傳而轉謂經誤，何如信經而併存傳說之爲得耶？〈述日月例〉第一。

此明日月有例，比則易見，因以述日月之例。〈述日月例〉自卷一至卷五凡五卷，柳氏將其置於全書第一，乃以其爲經之大例，且欲以此統貫全經也。

〈述日月例〉乃將《春秋》經文，依其書例，類分爲九十三例，即：

> 元年　春王正月　內盟　來歸　來朝　內大夫卒　公會　入　外盟　內女　夫人薨葬　諸侯相伐　日食　天王崩葬　王臣卒葬　來求　諸侯卒葬　取　弒　遇　內伐　外殺　立　公觀　宮廟　蟲災　圍　平　城　諸侯來聘　周聘　內災異　內敗外　公薨葬　及大夫　諸侯會　公至　內大夫如　夫人至及如　有年　狩閱　外如　雩　王后　廟祭　內戰　外大夫執　諸侯及大夫復歸　諸侯出奔　來盟蒞盟　公如　王姬　來錫　遷　次　救　降　納　侵　以歸　外敗滅　外大夫奔　桓盟　逃　追　外災異　伐我　內大夫出奔　外

散佚，晚理舊業，手書恎惲，往往不可釆識，黃漱蘭學使徵書時，諸父諸兄（連堂案：指柳興恩之子孫，爲柳詒徵之父兄輩），僅能就其明晰者，迻寫呈院，王益吾學使屬南菁高材生陳君慶年等校刊，于所未備，率從蓋闕。」又云：「詒徵曩居秄青叔保定官舍，見公稿草數十冊，零章賸誼，句乙塗抹，未易卒讀。」由此可知闕而未述之由。

戰　築　新作　獻捷　子卒　獲　潰　諸侯見執　乞　晦朔　戍　刺　天王出居　朝周　聘周　郊　歸諸京師　閏月　外大夫來奔　諸侯來奔　內大夫見執　放　歸　雜例

柳氏述曰：

此目錄悉順經文，不敢妄分條目，蓋日月例亦聖經之大端，而《穀梁傳》因之以說褒貶。

所謂悉順經文者，即以該例首次出現經文之先後爲次，而每例羅列全經同例之所有經文，或亦錄相關之傳文，而其次序則依隱桓至定哀十二公之次，茲舉二例以見，如元年例云：

隱公　元年春王正月　《傳》：雖無事必舉正月，謹始也。公何以不言即位？成公志也。焉成之？言君之不取爲公也。君之不取爲公何也？將以讓桓也。讓桓正乎？曰：不正。

桓公，元年春王正月，公即位　《傳》：繼故不言即位，正也。又曰：繼故而言即位，則是與聞乎弒也。

莊公　元年春王正月　《傳》：繼弒君不言即位，正也。

閔公　元年春王正月　《傳》：繼弒君不言即位，正也。

僖公　元年春王正月　《傳》：繼弒君不言即位，正也。

文公　元年春王正月，公即位　《傳》：繼正即位，正也。

宣公　元年春王正月，公即位　《傳》：繼故而言即位，與聞乎故也。

成公　元年春王正月，公即位

襄公　元年春王正月，公即位　《傳》：繼正即位，正也。

昭公　元年春王正月，公即位　《傳》：繼正即位，正也。

定公　元年春王　《傳》：不言正月，定無正也。六月癸亥，公之喪至自乾侯，戊辰，公即位　《傳》：厲也。

哀公　元年春王正月，公即位

又如諸侯出奔例云：

桓公　十有一年　鄭忽出奔衛　《傳》：鄭忽者，世子忽也，其名，失國也。　十有五年五月，鄭伯突出奔蔡　《傳》：譏奪正也。　十有六年　十有一月，衛侯朔出奔齊　《傳》：朔之名惡也，天子召而不往也。　莊公　十年　齊師滅譚，譚子奔莒　僖公　五年　楚人滅弦，弦子奔黃　十年　狄滅溫，溫子奔衛　二十有八年　衛侯出奔楚　襄公　十有四年己未，衛侯出奔齊　昭公　元年　秋，莒去疾自齊入于莒，莒展出奔吳　三年　北燕伯款出奔齊　二十有一年　冬，蔡侯東出奔楚　《傳》：東者東國也。　三十年　冬，十有二月，吳滅徐，徐子章羽奔楚

又，其最末所列雜例者計二十二條，《大義述》云：

傳之釋經，期於一字靡遺，而此十數則，無例可歸，故附之篇末，以爲雜例，庶不負《穀梁》釋經之意云。（卷五）

知此類書法，經只一見，不成爲例，且無例可歸附，故別附於末，茲舉三條以見：隱公元年夏五月，鄭伯克段于鄢，柳氏云：

定十有五年，楊《疏》引范《例》云：「克例有六，則數何文以充之。解：鄭伯克段一，不克納二，雨不克葬，日中而克葬各二是謂四，通前二爲六也。」今案：不克豈可與克爲例？納與葬各歸其例，則克段應歸雜例也。

此述范甯《略例》之不當，而另有所分。又如桓六年九月丁卯，子同生，僖十九年梁亡等，均爲一見而無例可歸者。

〈述日月例〉中柳氏闕而未述者，僅子卒、晦朔、朝周、放等四例，其中晦朔例並原列經文亦闕，張慰祖《大義述補闕》曾羅列並爲之補述，見本章第十五節。

柳氏〈述日月例〉大體論各例之當例時、例月、例日，並依傳例、范《注》或己見論書時書月書日之正、不正，以定褒貶，其中又以諸侯卒葬之日卒時葬爲正，日葬、月葬爲故，時葬爲惡之原則，貫串各例爲說。

其中或有無涉於日月之例者，以其求備經例，亦歸類備載，如來錫例述曰「此不在時月之例者」，歸諸京師例述曰「此無時月之例」者是。

下述柳氏日月例之說，〈述日月例〉云：

群公皆有正月，定公獨無正月，孔子特削之也；群公即位皆不日，定公獨書戊辰，亦孔子特筆之也。比而屬之，則知日月之例，所關於《春秋》之義者大矣。余表弟蔣寶素著《春秋貫》云：「孔子藉魯史以爲東周，故開宗明義首書元年春王正月，明乎元年者，諸侯列國或各不同，若正朔，則周天子所頒，正月者，周以子爲天正，即

建子之月也。春王者，周王以建子之月爲正月，即以建子之月爲首春也。書一王字於春正之間，而藉魯史爲東周之意，昭然若揭已。」今案：書元年，魯史也；書春王正月，藉魯史以尊王也。貫乎二百四十二年，其間有不書王者，有不書正月者，有不書春者，如桓公十餘年無王，隱十年無正，定公元年無正月，文公五年王不稱天，皆孔子即魯史以示義。《穀梁春秋》日月之例即從此起，何莫非奉天子以治諸侯哉？此《春秋》所以爲天子之事也。（卷一〈元年〉）

此謂《春秋》書王正月等時月日例，在藉魯史以尊王，即魯史以示義，在奉天子以治諸侯，所謂天子之事也；是日月之例所關者大。

柳氏以爲時月日例莫詳於諸侯卒葬，且各例多自諸侯卒葬例來，此例可貫串通說，〈述日月例〉云：

《穀梁》日月之例，莫詳備於諸侯之卒葬，二百四十年日月例各事之予奪，又皆自諸侯卒葬例來，治諸侯即所以尊天子，此《穀梁》所以爲善於經。（卷一〈元年〉）

又云：

《春秋》所以治諸侯，故書其卒葬特詳，而日月褒貶之例亦特備。（卷三〈諸侯卒葬〉）

知柳氏以《春秋》在治諸侯，故特於諸侯卒葬論定其功過褒貶，而其褒貶則由諸侯卒葬之日月例而見。其述諸侯卒葬云：

隱三年、八年，莊元年《傳》俱曰：「諸侯日卒，正也」，則舉宋公和、蔡侯考父、陳侯林以例其餘，而凡宿男、曹伯終生、鄭伯寤生……共五十四人皆正也。……

日卒之中又有四例：

其一，僖十有七年冬有二月乙亥，齊侯小白卒，《傳》：「此不正，其日之何也？其不正前見矣。其不正之前見何也？以不正入虛國，故稱嫌焉爾」，則由齊桓推之，凡以不正繼故者皆視此。桓十有二年丙戌，衛侯晉卒，范甯《注》：「晉不正，非日卒者也，不正前見矣；隱四年衛人立晉是也，與齊小白義同。」今案：所謂不正前見者，非必定如衛人立晉，齊小白入于齊之見於經也，凡繼弒君而立者，其不正俱已前見。如莊元年乙酉，宋公馮卒，《疏》云：「《世本》馮是宋莊公，穆公之長子，宋督既弒與夷，則馮是當正，故亦書日卒」，今案：《疏》說非也，與夷既弒，馮又非與夷長子，則亦不正前見之例耳。他如鄭伯突繼昭公之弒、宋公禦說繼捷之弒……此皆不正前見而日卒者。衛人立晉，《傳》曰：「其稱人以立之何也？得眾也，得眾則是賢也」，推此則晉侯重耳、晉侯周、齊侯杵臼等之日卒，或皆以賢而錄之與？

其二，宣九年辛酉，晉侯黑臀卒于扈，《傳》：「其地，於外也，其日，未踰竟也」，襄七年鄭伯髡原如會，未見諸侯，丙戌，卒于操，《傳》：「其地，於外也，其日，未踰竟也，日卒時葬，正也」，二十有六年八月壬午，許男甯卒于楚，昭二十有五年十有一月己亥，宋公佐卒于曲棘，《傳》：「邡公也」，僖四年夏，許男新臣卒，《傳》：「諸侯死於國不地，死於外地，死於師何爲不地？內桓師也」，成十有三年，曹伯廬卒于師，《傳》：「傳曰：閔之也，公大夫在師曰師，在會曰會」，冬，葬曹宣公，《傳》：「葬時，正也」，襄十有八年，曹伯負芻卒于師，《傳》：「閔之也」，昭二十有三年夏六月，蔡侯東國卒于楚，定四年，杞伯成卒于會。今案：《傳》云「日卒，正也，月葬，故也」，又云「時葬，正也」，合而論之，故者不得其正，則正者爲無故也。夫以一國之主，病卒於外，憂危孰甚？尚得云無故哉？況髡原之卒以弒，尚得謂之正哉？而日卒何也？夫鄭伯將會中國，其臣欲從楚，不勝其臣，弒而死，則其志正矣，故日卒者正其志也。晉侯黑臀、許男甯，事跡無徵，既皆日卒，則亦從鄭伯之正可知；宋公佐謀納昭公者，亦正其事也。其踰竟未踰竟，特借以明正之例，非借以明正與不正之例也。

其三，宣十有八年甲戌，楚子莒卒，《傳》：「夷狄不卒，卒，少進也；卒而不日，日，少進也；日而不言正不正，簡之也」，推此則襄十有三年秋九月庚辰，楚子審卒……襄十有二年秋九月，吳子乘卒……皆卒而不日，亦簡之也；他如滕莒之用狄道者，亦當視此。

其四，桓五年陳侯鮑卒，舉二日以包之，今案：甲戌至乙丑，凡十有六日，此創例也。

僖十有四年冬，蔡侯肸卒，《傳》：「諸侯時卒，惡之也」，則凡時卒者視此，皆不正也。

又有月卒者，成十有五年，《傳》:「月卒日葬，非葬者也」，推此則月卒者，不言正不正，亦從簡也。惟僖四年夏，許男新臣卒，范《注》以爲不在惡之之例，今案：《傳》云「不地，内桓師也」，所美在齊桓，安知所惡不在許男乎？且經果不惡之，當如成十有三年，曹伯卒于師，冬，葬曹宣公，《傳》:「閔之也，葬時，正也，今許男之卒則書時，葬許穆公又不書時，安見其不在惡之之例耶？夫許自仇鄭以來，終春秋之世常從此，此與於伐楚，特迫於齊桓之伯令耳，雖卒于師，不足閔也。

葬有三，與卒例正反：時卒，惡之也，而時葬，正也；月卒，非故也，而月葬，故也；日卒，正也，而日葬，故也，危不得葬也。準此以求，而諸侯之葬事備矣。又昭十有三年《傳》:「變之不葬有三：失德不葬、弑君不葬、滅國不葬」，此皆大義之凜然者也。

隱七年滕侯卒，《傳》:「滕侯無名，少曰世子，長曰君，狄道也，其不正者名也」，今案：不正者名，如昭三年書滕子原卒，二十有八年，滕子甯卒，哀四年，滕子結卒，十有一年，滕子虞母卒，其名者，非嫡長世子也，傳於此乃以嫡長言正不正，范《注》遂以釋諸華之日卒者，所謂知其一，未知其二也，推此則若莒若薛，其君或名或不名，亦宜從同。惟隱八年辛亥，宿男卒，《傳》:「宿，微國也，未能同盟，故男卒也」，不在此例。

《春秋》所以治諸侯，故書其卒葬特詳，而日月褒貶之例亦特備。禮，天子七日而殯，諸侯五日而殯，大夫三日而殯，故傳例云：日卒正也，月卒非正也，時卒惡之也。天子七月而葬，七月則歷三時矣，諸侯五月而葬，五月則歷二時矣，大夫三月而葬，三月則盡一時矣，故傳例云：時葬正也，月葬故也，日葬故也，危不得葬也。其起例之反對，實理之自然，不假強爲者也。(卷三〈諸侯卒葬〉)

柳氏之述諸侯卒葬例，辯且詳矣。其論卒例曰：日卒正也，月卒非故，時卒惡之也；葬例與卒例對反，即日葬故也，月葬故也，時葬正也。柳氏以此爲綱領，遍說全經，可謂簡要明確。而其日卒，又析爲四例；其一，不正而書卒書日者，不正已前見，如齊侯小白之卒；其二，其卒有故，而書日爲正者，正其志也，如鄭伯髡原見弑；其三，夷狄不卒，卒少進也，卒而不日，日少進也，日而不言正不正，簡之也，如楚子呂之卒；其四，陳侯鮑卒，舉二日以包之。

柳氏以《春秋》在治諸侯，故特重諸侯卒葬，且以爲《春秋》諸書例之時月日，大多自諸侯葬例來，〈述日月例〉云：

> 通傳之以書日而褒者，皆自日卒正也之例推之，以書日爲貶者，皆自諸侯日葬故也之例推之，此更一以貫之矣。（卷三〈諸侯卒葬〉）

故其〈述日月例〉日，絕大多數謂其自諸侯日卒正也來，自諸侯時葬正也來，如其述〈內盟〉云：

> 定元年傳例云：內之大事日，外亦同。凡日與不日之褒貶，皆自諸侯卒葬「日，正也，不日，略之也」例來，下〈外盟〉〈桓盟〉亦同。（卷一）

柳氏之說自有其可通者，如其論弒例云：

> 弒例凡二十有五，其書日者，皆自日卒正也例來，其不日者，凡十有一，其十有一之中，發傳者凡三，餘無傳者凡八。今案：齊陳乞之弒，范《注》:「不日，荼不正也」，據此，則晉卓子之不日亦不正，此自不日卒例來。若宋杵臼之不日，似非不正之例，文八年：宋人殺其大夫司馬，宋司城來奔，范《注》引鄭君《釋癈疾》云:「司馬、司城，君之爪牙，守國之臣，乃殺其司馬，奔其司城，無道之甚」，又文十有五年三月，宋司馬華孫來盟，《傳》曰:「司馬，官也，以其官稱，無君之辭也」，據此，則宋臣無君，與蔡世子般子奪父政一例，其不日，皆夷之也。至於莒弒其君庶其，閽弒吳子餘祭，莒人弒其君密州，吳弒其君僚，薛弒其君比，或本夷也而夷之，或本非夷也而亦夷之，故皆不書日。（卷三〈弒〉）

又柳氏於前人對日月例之質疑，亦曾駁辯，〈述日月例〉云：

> 夫人薨葬從君例，無有不書日者……自唐以來駁日月例者簽曰「日久文脫」，問：此夫人卒葬，由隱至哀，日月全具，何竟無一條脫落者乎？（卷二〈夫人薨葬〉）

《春秋》書夫人薨葬者凡二十三條皆書日，明史書載記確有其例，而無一條脫落，可爲其他不書月日者，或爲原不具月日之佐證，而不必爲日久文脫，柳氏之駁辯有據。

惟不具月日者，是否如柳氏爲孔子刪削以爲褒貶者，未能由此而定；夫史書或載月日，或不載月日，當有其理，各視事之輕重性質所宜爲定，孔子之修《春秋》，筆削以爲褒貶者，當無可疑，然以史例爲經例者當亦不少，如前引卒之書日者，死乃大事，自古所重，明確繫於該日，乃行事之宜，故天王、君夫人均以書日爲常，而其經義往往於特例見之。又如，其述〈內盟〉云：

> 盟，大事也，無論內盟外盟，舊史應皆書日，孔子成《春秋》，寓重內略外之義，於是有內盟日，外盟不日之例。（卷一）

柳氏以爲內外盟原皆書日，孔子重內略外，故削外盟之日，此恐不然；內盟日，外盟不日，當爲史例，傳因以爲經義，而發重內略外之說，較爲可從。

又柳氏以諸侯卒葬之例統說諸例，有其簡要明確處，然事之性質有別，強爲貫通，不免牽強，如范《注》以城例時（隱六年），此理之自然，以城非一日一月可竟故也；大有年例時亦然，以豐收須歷時乃見，此均與諸侯卒葬無涉，而柳氏均以其自諸侯卒葬例來。其述「來歸」，引范《注》：「凡有所歸例時」，以歸非一月一日之事，如隱元年賵例時，經書月以譏其晚，范說可從，但仍以爲自「諸侯卒葬，時正也，月故也」推得，（卷一）實乃牽強。

又如其述〈內災異〉云：

> 隱九年《傳》：「雨月志，正也」，僖二十有一年《傳》：「旱時，正也」，推之凡災異俱例時，唯隱九年震電雨雪，《傳》：「謹而日之」，而震夷伯之廟書己卯視此，文九年地震，《傳》：「謹而日之」，而御廩災等書壬申，至亳社災書辛丑視此，間有書月者，蓋亦謹之，此自諸侯卒葬，時正也，月故也，日故也例來。（卷四）

實者，傳之釋經頗爲平實，雨月、旱時，各就其宜，至震夷伯廟，御廩災等，皆當日發生而災已成，載日亦自然之理，又與諸侯卒葬之例何涉？

柳氏於其以諸侯卒葬一例統貫諸事，頗爲自得，其言曰：

> 自漢唐諸儒正例、變例之糾紛，非余亦莫能爲之觀其會通，究其終始也。（卷一〈述日月例・元年〉）

又曰：

> 通傳之以書日而褒者，皆自「日卒正也」之例推之，以書日爲貶者，皆自「日葬故也」之例推之，此更一以貫之矣。後儒未窺此秘，但見同一書日，此既爲褒，彼又爲貶，同一不書日，而此既爲貶，彼又爲褒；且同一事也，而前以不日爲信，後又以書日爲美，遂紛紛議之，固無怪其一唱而百和矣。自此說出，而《穀梁》日月之例，乃以懸諸日月而不刊云。（卷三〈述日月例・諸侯卒葬〉）

此足見柳氏於己說之自信。惟史籍時月日當依事之輕重性質而書，《春秋》則多依之以爲經例，傳亦因事而發義，因特例以明義，故書日或褒或貶，隨事而說，倘能通其可通，而不強通爲一，斯不累矣；而柳氏欲以諸侯卒葬一例統說眾事，則難免曲說遷就，取合於己說者爲論，而屈不合於其說者，如其駁范《注》之說諸侯卒葬，而范實本傳爲說；其推論傳之所未及，或亦缺合宜之理證，故雖勇於自信，自許爲不刊，而日月例之紛紜依然。

ㄆ、述　禮

凡例云：

> 《春秋》治亂於已然，禮乃防亂於未然，況《穀梁》親受子夏，其中典禮尤與《論語》夏時、周冕相表禮，百世以俟聖人而不惑也，〈述禮〉第二。

此謂《穀梁》親受子夏，其禮說與《論語》合，信而有徵。〈述禮〉凡一卷，共六十六條，其中有述者四十條，注闕者二十六條。〔註 21〕柳氏之述禮，或引他書事義之類同《穀梁》者以證傳，或引他書之足釋《穀梁》禮說者，或引後世依《穀梁》禮說以行事者；其所引述，以《白虎通》爲多，三禮及劉向《說苑》《列女傳》次之，惟率多勤於抄錄而少辨說；茲引數例以概見。

△閔元年：「春王正月。」

《傳》：「繼弒君不言即位，正也；親之非父也，尊之非君也，繼之如君父也者，受國焉爾。」

述曰：「子穀梁子此言，其所以統貫群經，而獨有千古者也。前明嘉靖間，大禮議起紛紛者，迄今未定，首輔揚廷和及子修撰愼徒以《儀禮》爲人後者爲之子，欲推士庶之禮以例天子，張璁、桂萼等不從，楊氏父子不知據此傳以折服張、桂等，至率廷臣二百餘人撼承天門大哭，聲震大內，而卒不勝，在籍大學士楊一清亦右張、桂而左楊氏父子，

〔註 21〕柳氏所闕除張慰祖有《大義述補闕》，民國蔣元慶亦有〈柳興恩穀梁述禮補缺〉一文，載《學海月刊》第一卷第四冊（南京學海月刊社，33 年 10 月 15 日）。蔣氏云：「柳稿雖傳刻，猶爲未完之本，其書缺處甚多，〈古訓〉原缺，僅標其目，即如〈述禮〉一篇，條錄經文而下無述語者共有二十六條，賴有侯氏《禮證》一書，略資考證，據陳蘭甫先生曰『君謨撰《禮證》，未成而歿』，則侯氏亦非完書，故柳氏所缺首條，侯已先缺，嘉善鍾氏《補注》，最翔實矣，而於此亦無文可證，讀者不能無恨焉。今先取侯書互校，間採鍾《注》，凡所未詳，以管見補之。」

皆不知此傳義者也；至《毛西河全集》中；大禮議以爲此繼統非繼嗣，囂囂置辨，尤爲背經畔聖；匪直此也，有宋歐陽公濮議朱子，以爲遍檢經傳，苦無證據，亦不知此傳義。愚特表而出之，此子穀梁子所以統貫群經而獨有千古者也。」

連堂案：此闡明傳說理義，足以統貫群經，爲千古獨有，而後世未能依用，特表而出之。

△文二年《傳》:「立主，桑立於虞，吉主於練。」

述曰:「《白虎通》: 所以虞而立主何？孝子既葬，日中反祭，念親已沒，棺柩已去，悵然失望，彷徨哀痛，故設桑主以虞，所以慰孝子之心，虞，安其神也，所以用桑，練主用栗。」

連堂案：此引《白虎通》以釋傳，探源禮儀之所自來。

△文六年《傳》:「故士造辟而言，詭辭而出。」

述曰：「《漢書・孔光傳》:『時有所言，輒削草稿，以爲章主之過，以奸忠直，人臣大罪也，有所薦舉，惟恐其人之聞知，沐日歸休，兄弟妻子燕語，終不及朝省政事，或問光：「溫室省中樹皆何木也？」光嘿不應，更答以它語，其不泄如是。』《後漢書・延篤傳》:『桓帝數問政事，篤詭辭密對，動依典義。』」

連堂案：此舉後世依《穀梁》說以行事之例證，所謂動依典義也。

△成五年《傳》:「梁山崩，壅河，三日不流，君親素縞，帥群臣而哭之，既而祠焉，斯流矣。」

述曰：「《隋書・禮儀志》卷三：『隋制，諸岳崩瀆渴，天子素服，避正寢，撤膳三日，遣使祭崩竭之山川，牲用太牢。』」

連堂案：此舉後世依仿《穀梁》所述，以爲禮儀行事之據。

△襄二十四年《傳》:「大侵之禮，君食不兼味，臺榭不塗，弛侯廷道不除，百官布而不制，鬼神禱而不祀。」

述曰：「〈大雅・雲漢〉毛《傳》云：『歲凶，年穀不登，則趣馬不秣，師氏弛其兵，馳道不除，祭祀不縣，膳夫徹膳，左右布而不脩，大夫不食粱，士飲酒不樂。』……《白虎通》:『陰陽不調，五穀不熟，故王者爲不盡味而食之。《禮》曰：「一穀不升，不備鶉鷃，二穀不升，不備鳧雁，三穀不升，不備雉兔，四穀不升，不備囿獸，五穀不升，不備三牲。」』」

連堂案：此引古籍類似之說，以證補傳義。

△襄三十年《傳》：「傅母不在，宵不下堂；保母不在，宵不下堂。」

述曰：「劉向《列女傳》：『伯姬者，魯宣公之女，成公之妹也，其母曰繆姜，嫁伯姬於宋恭公，恭公不親迎，伯姬迫於父母之命而行。既入宋，三月廟見，當行夫婦之道，伯姬以恭公不親迎，故不肯聽命，宋人告魯，魯使大夫季文子於宋，致命於伯姬，還復命，公享之，繆姜出於房，再拜曰：「大夫勤勞於遠道，辱送小子，不忘先君，以及後嗣，使下而有知，先君猶有望也，敢再拜大夫之辱」，伯姬嫁於恭公十年，恭公卒，伯姬寡，至景公時，伯姬嘗遇夜失火，左右曰：「夫人少避火」，伯姬曰：「婦人之義，保傅不俱，夜不下堂，待保傅來也」，保母至矣，傅母未至也，左右又曰：「夫人少避火」，伯姬曰：「婦人之義，傅母不至，夜不可下堂，越義求生，不如守義而死」，遂逮於火而死。《春秋》詳錄其事，爲賢伯姬，以爲婦人以貞爲行者也，伯姬之婦道盡矣。當此之時，諸侯聞之，莫不悼痛，以爲死者不可以生，財物猶可復，故相與聚會於澶淵，償宋之所喪，《春秋》善之。君子曰：「禮，婦人不得傅母，夜不下堂，行必以燭，伯姬之謂也」，《詩》云：「淑愼爾止，不愆於儀」，伯姬可謂不失儀矣。頌曰：伯姬心專，守禮一意，宮夜失火，保傅不備，逮火而死，厥心靡悔，《春秋》賢之，詳錄其事。』」

連堂案：此引《列女傳》宋伯姬之事蹟以詳明傳說，然引述雖詳而一無闡發。

柳氏〈述禮〉之功，在勤於引錄與《穀梁》相關之載記，以證釋傳說，而其未足處在少論辨以探源闡義；若與侯康《穀梁禮證》相較，顯有不及。

ㄇ、述異文

凡例云：

> 《毛詩正義》云：「字與三家異者，動以百數」，謹案：《穀梁》之經與《左氏》《公羊》經異者，亦以百數，此非經旨有殊，或由齊魯異讀，音轉而字亦分也。陸氏《釋文》雖備載之，而未嘗析其源流，今本仁和趙徵君坦《春秋異文箋》以引而伸焉，〈述異文〉第三。

此謂三傳經文歧異，本趙坦《春秋異文箋》引伸之。〈述異文〉凡卷七、卷八兩卷，每條先列《穀梁》經文，後述《左》《公》二傳與《穀梁》之同異，間探其相異之由，或逕謂某經脫、衍、訛誤，然幾不出趙坦之說，且往往刪節趙說，凡例所謂「引而伸焉」者實未之見。檢覽全卷，其可述者約僅三條：本趙說而略有補證者一，駁趙說者一，以趙爲誤而未從者一，茲舉述之。

△莊十三年：「春，齊人宋人陳人蔡人邾人會于北杏。」

述曰：「齊人《左氏》《公羊》作齊侯。」

連堂案：柳氏於〈述師說・齊召南春秋穀梁傳注疏考證〉述云：「《異文箋》云：『北杏之會爲齊桓九合之一，不當貶稱人，《穀梁》訛作人，遂從而爲之辭』，今案：趙說非也。傳例『人者，眾詞也』，如趙說，人爲貶詞，則自宋以下皆貶，而獨敘一齊侯於諸貶人之上，亦何謂乎？」（卷十）柳說是也，《傳》云：「是齊侯宋公也，其曰人何也？……舉人，眾之辭也」，是就《穀梁》言，經文當作「人」，不從趙說是。

△文十六年：「六月戊辰，公子遂及齊侯盟于師丘。」

述曰：「《左氏》作郪丘，《公羊》作犀丘。謹案：《毛詩》：『齒如瓠犀』，《爾雅・釋草》：『瓠，棲瓣』，此郪、犀相通之證。《箋》曰：「《漢書・匈奴傳上》：黃金犀毗一。師古《注》：犀毗，胡帶之鉤也。亦曰鮮卑，亦謂師比，總一物也，語有輕重耳，謹案：此犀、師相通之證。」

連堂案：此柳氏引《毛詩》《爾雅》證郪、犀相通，以輔趙坦犀、師相通之說，明三傳師、郪、犀三字相通。

△昭十二年：「冬十月，公子慭出奔齊。」

述曰：「《左氏》同，《公羊》慭作整，形近之訛。」

連堂案：此例趙坦以爲聲之訛，非是，故柳氏不從。陳新雄《春秋異文箋》云：「慭整二字，聲不相近，義亦各異，無由相通。蓋整隸變亦作慗，或形似致誤。陸氏《公羊釋文》云『整或作慗』，是陸氏所見本，《公羊經》亦有作慗字者。」〔註22〕

柳氏〈述異文〉於前人成就之外，實無所見，其抄錄之者，欲求備以集《穀梁》大成耳。

ㄈ、述師說

凡例云：

自漢以來，《穀梁》師授即不敵二傳之多，迨唐以後，說經者競治《春秋》，即不束三傳於高閣，其於《穀梁》或采用一二焉，或批駁一二

〔註22〕同註6，頁489。

焉，無非兼及，鮮有專家，要不得擯諸師說之外也，〈述師說〉第五。

此以《穀梁》微學，鮮有專家，故特標舉其及於《穀梁》者，以爲論述。〈述師說〉自卷九至卷十四凡六卷，計收錄唐陳岳《春秋折衷論》、宋王應麟《困學紀聞・穀梁》、清顧炎武《日知錄・穀梁傳》（以上卷九）、齊召南《春秋穀梁傳注疏考證》、惠棟《九經古義・穀梁》（以上卷十）、王引之《經義述聞・春秋穀梁傳》（卷十一）劉逢錄《穀梁癈疾申何》（卷十二、十三）、阮元《春秋穀梁傳注疏校勘記》、邵晉涵《南江札記・穀梁傳》（以上卷十四）共九家。

以下除惠棟《穀梁古義》以其成就不高，柳氏之述可取者復少，且於本章第二節已有專節論述，不復重出，餘八家依序論述於後。

（一）陳岳春秋折衷論

陳岳以三傳異說，各執一家，以訾二傳，欲折衷一是，〈自序〉云：

> 夫經者根本也，傳者枝葉也，本根正，則枝葉固正矣，本根非，枝葉曷附焉。矧《公羊》《穀梁》第直釋經義而已，無他蔓延，苟經義是，則傳文亦從而是矣，經義非，則傳文亦從而非矣，《左氏》釋經義之外，復廣記當時之事，備文當時之辭，與二傳不類……《左氏》多長，《穀梁》多短，然同異之理，十之六七也。鄭玄、何休、賈逵、服虔、范甯、杜元凱皆深於《春秋》者也，而不簸糠蕩秕，芟稂抒莠，掇其精實，附於麟經，第各釀其短，互鬥其長，是非千種，惑亂微旨，其弊由各執一家之學，學《左氏》者則訾《公》《穀》，學《公》《穀》者則詆《左氏》，乃有膏肓、癈疾、墨守之辨設焉；謂之膏肓、癈疾者，則莫不彌留矣，亡一可砭以藥石者也，謂之墨守，則莫不堅勁矣，亡一可攻以利者也。

該書屬《春秋》通學，非《穀梁》專家，依體例不當收錄。此書已佚，《大義述》引自朱彝尊《經義考》者二十六條，程端學《春秋本義》者二條，計二十八條；柳氏有述者，合陳岳〈敘〉述一計十六條，其中四條唯明引錄出處，餘十二條則均駁陳岳之說，而可觀者少，今略舉例以明。

柳氏於第一條述曰：「以下二十六條見《山堂考索續集》十二，朱彝尊采入《經義考》第百七十八」，末兩條述曰：「見程端學《春秋本義》卷五」「見程氏《本義》卷十二」，此僅指明引錄出處。

其駁陳岳說者：

△莊二十有五年：「陳侯使女叔來聘。」

《左氏》:「始結陳好，嘉之故不名。」

《公羊》:「字者，敬老。」

《穀梁》:「不名者，天子之命大夫也。」

《折衷》:「凡升絀之體，唯在爵氏名字而已，朝聘之使，苟循常禮，無升絀名氏，如衛侯使甯俞來聘是也；苟有可嘉，字以貴之，如齊仲孫來是也；雖天子之使，苟可嘉亦嘉之，可絀亦無所避，如天王使南季來聘，故字之，宰咺歸賵，故貶名之；《左》謂結好嘉之得其旨。」

述曰:「陳岳書名《三傳折衷》，其實盡從《左氏》，如日月之例，《公》《穀》說也，則駁之；爵氏名字，《左氏》說也，則從之矣。」

連堂案:此評陳氏揚《左氏》抑《公》《穀》之立論態度。

△文十二年:「自十二月不雨至于秋七月。」

《左氏》:「五穀猶可收。」

《公羊》:「記異。」

《穀梁》:「歷時而言之，文不憂雨也。」

《折衷》:「聖人之文，苟異於常，則必有旨。常文者，史冊之舊文也；異於常者，筆削之微旨也。斯文異於常矣，凡旱之為災，多繫於夏，如竟夏不雨，則為災矣；故書旱之常文曰夏大旱，是竟夏不雨，書為災也。有旨之文則弗然，如僖三年書正月不雨、夏四月不雨、六月雨，是旱不竟夏，書不為災也。不曰不為災，第書六月雨，則不為災可知矣。斯書自十二月不雨至於秋七月，歷四時而言之，又夏在其中，則為災可知矣；故不復曰大旱，苟亦曰夏大旱，則嫌聯春冬之不雨，苟備書歷四時不雨，而更曰大旱，則嫌文之繁，斯聖人之實書旱明矣；如書螽、蝝、有蜮、有蜚，不曰為災，而災可知也。三家俱失其旨。」

述曰:「陳岳沾沾自謂得聖人之旨者，不過書旱之為災爾。夫經不曰至于秋八月，則七月以後得雨可知也；周之七月於夏為五月，五月得雨，雖前旱猶可不為災，即實至為災，苟無關於人君之心，亦徒委之天運而已；故《穀梁》於僖之書雨，見其勤民，於文之得雨而不書雨，見其不勤民，乃為獨得聖人之旨要，豈陳岳所知哉？」

連堂案:此駁陳岳評《穀梁》之失，並謂《穀梁》闡義，獨得聖人之旨，非陳岳所能知。

（二）王應麟困學紀聞

王應麟《困學紀聞》論《穀梁》之部者十二條，《大義述》錄之，並及卷十四、十九述及《穀梁》者各一，計十四條，惟柳氏有述者僅一條，茲引錄之。《困學紀聞》云：

> 蕭穎士與韋述書，欲依魯史編年，著歷代通典，起漢元十月，終義甯二年，約而刪之，勒成百卷，於《左氏》取其文，《穀梁》師其簡，《公羊》得其核，綜三傳之能事，標一字以舉凡。（卷十四）

此見《困學紀聞・考史》，柳氏述曰：

> 《唐書・蕭穎士傳》：「嘗謂仲尼作《春秋》，爲百王不易法，而司馬遷作本紀、書、表、世家、列傳，敘事依違，失褒貶體，不足爲訓，乃起漢元年迄隋義甯編年，依《春秋》義類，爲傳百篇。」今佚。

柳氏於此，可謂徒事抄錄，無所闡發。

（三）顧炎武日知錄

顧炎武《日知錄》論《穀梁》之部僅五條，《大義述》兼及他卷之與《穀梁》相關者六，計十一條，有述者八，茲錄二條以明。

△隱十一年《傳》：「隱十年無正，隱不自正也。」

> 《日知錄》：「隱十年無正者，以無其月之事而不書，非有意削之也；《穀梁》以爲隱不自正者，鑿矣。趙氏曰：『宣成以前，人名及甲子多不具，舊史缺也』，得之。」
>
> 述曰：「武進莊侍郎存與曰：『隱公，春秋之始也，公即位可闕乎？踐其位，行其禮，削不書乎？抑未嘗踐其位，行其禮，無可書乎？曰：公踐其位，行其禮，然後稱元年，君之始年非他人，隱公也。則何以不書？成公之讓，與繼故者同辭，非所以尊先君也。善乎穀梁子之言，隱公成父之惡以爲讓，所由與伯夷叔齊異矣。嘗得而推言《春秋》之志，天倫重矣，父命尊矣，讓國誠，則循天理，承父命，不誠矣。雖行即位之事，若無事焉，是以不書即位也；君位，國之本也；南面者，無君國之心，北面者，有二君之志，位又焉在矣。十年無正，隱不自正，國無以正也；元年有正，正隱之宜爲正，而不自爲正，不可一日而不之正也。』案：嘉定黃汝成重刻《日知錄集釋》，附莊氏說於此條下，善體穀梁之意，故備錄之。」

連堂案：此以莊存與闡《穀梁》傳義，足駁顧氏之說，故柳氏錄而存之。

△文公三年：「王子虎卒。」

《日知錄》：「《左氏》以爲王叔文公者是也，而《穀梁》以爲叔服。按：此後文公十四年有星孛入于北斗，周內史叔服曰：『不出七年，宋齊晉之君皆將死亂』，成公元年劉康公伐戎，叔服曰：『背盟而欺大國，此必敗』，明叔服別是一人，非王子虎。」

述曰：「王子虎一叔服也，周內史一叔服也，兩叔服不嫌同時，猶魯成公十五年仲嬰齊卒，成公十七年公孫嬰齊卒，同時不嫌有兩嬰齊。」

連堂案：此顧氏從《左傳》，以《穀梁》爲非，柳氏衛傳申辨之，然未知孰是，姑存之。

（四）齊召南春秋穀梁傳注疏考證

《大義述》於齊氏《考證》九十四條全文引錄，且皆有所述。觀其持論態度，爲謹守《穀梁》傳說傳義，即於《考證》之是傳、闡傳、頌傳者，皆從而是之，或且稱揚齊氏之善解傳義；於《考證》之疑傳者必釋其疑，駁傳者則必爲之辯護，甚且曲說迴護，此柳氏之述作態度，前述陳岳《春秋折衷論》、顧炎武《日知錄》已可略窺一二。茲舉柳氏論述之有見者，以明其成績。

△隱二年：「無侅帥師入極。」

《傳》：「極，國也。」

范《注》：「諱滅同姓，故變滅言入。」

《考證》：「極爲魯同姓，更無可考，即杜氏注《左傳》，祇謂極是附庸之國耳；范《注》必以莊八年夏，師及齊師圍郕，郕降于齊師，秋，師還，《傳》曰：『還者事未畢也，遯也』，有避滅同姓之意，故以極爲同姓。《春秋》之義，滅國即是大惡，內大惡當諱，變文言入、言取耳，不必以極爲同姓而後諱滅矣。」

述曰：「此傳末明云『不稱氏者，滅同姓貶也』，范《注》承傳文而言，齊氏豈未見全傳耶？抑未便非傳，而借注以相形耶？均不可解。禮，諸侯滅同姓則名，衛侯燬滅邢是也；推之大夫滅同姓則去氏，此無侅帥師入極是也。」

連堂案：齊氏以《春秋》之義，滅國即是大惡，不必以極爲同姓而後諱滅也，其說見理，傅隸樸《春秋三傳比義》亦以極與蕭、牟、鄟、郜爲春秋爵姓皆無的五個國家，滅同姓之義，殊乏根據〔註23〕；然就范《注》言，《穀

〔註23〕台北：臺灣商務印書館，72年5月，頁19。

梁》明言滅同姓，范據傳爲說，無可非議，而柳氏即據傳以申傳。此齊氏考證三傳，超然於《穀梁》理據之外；范氏據傳，柳氏謹守《穀梁》，此二說之所由異也。

△桓八年春：「正月己卯，烝。」

《傳》：「志不時也。」

《考證》：「杜注《左傳》曰：『此夏之仲冬，非爲過時而書者，爲下五月復烝見瀆也』，《穀梁》於此曰『志不時』，於夏五月丁丑烝曰『志不敬』，義不同。」

述曰：「杜說非也。《春秋》常事不書，即但書五月之烝，亦足以見其瀆，不嫌冬未烝而於夏始補行也，唯烝當在周之冬，而乃延及春，故云志不時，至夏又烝，故云志不敬，豈以前之得禮形後之非禮哉？」

連堂案：此齊氏引杜《注》以疑傳之禮說，而柳氏釋其疑；楊《疏》云：「正月烝，傳云不時，五月烝，傳云不敬者，一失禮尚可，故以不時言之，再失禮重，故以不敬釋之。」

△莊九年：「公伐齊納糾。」

《注》：「親納讎子。」

《考證》：「按《左傳》《史記》皆以小白、子糾爲僖公之子，何休云『親納讎子』，范氏亦云『又不能保全讎子』，則說《公》《穀》者以小白、子糾爲襄公子矣。」

述曰：「非以二人爲襄公子也，欲納之於齊以嗣襄公之位，即謂之讎子可矣。」

連堂案：此齊氏以史實疑范《注》，柳氏釋之，其說可通。

△莊九年：「齊人取子糾殺之。」

范《注》：「言子糾者，明其貴，宜爲君。」

《考證》：「《穀梁》並無貴宜爲君之說，但其前傳云：『公子糾、小白不能存，出亡』，敘糾於小白之上，似糾爲兄，小白爲弟耳。《公羊傳》曰：『其稱子何？貴宜爲君者也』，《左傳》杜《注》亦曰：『子糾，小白庶兄』，《荀子》《史記》亦謂子糾是兄。」

述曰：「《傳》云：『猶曰取其子糾而殺之云爾』，是前不書子，後書子者，明其爲齊之親，非明其爲齊之貴也；明其親者，以甚桓也。」

連堂案：范氏據《公羊》注經，齊氏以《穀梁》無貴宜爲君之說糾之，柳氏以經名氏稱謂之義，爲其證補。

△閔元年：「齊仲孫來。」

《傳》：「其曰齊仲孫，外之也。」

《考證》：「以仲孫爲慶父，《公》《穀》二傳所同；《左傳》云『齊仲孫湫來省難』是也。慶父即係逆賊，可以魯人爲齊人乎？公子稱公子，公子之子稱公孫，公孫之子始以王父字爲氏。大夫固有以字稱者，如叔牙、季友是也；然稱牙爲叔牙可也，稱牙爲叔孫必不可也，何也？至叔孫得臣而後稱叔孫也；稱友爲季友可也，稱友爲季孫，必不可也，何也？至季孫行父而後稱季孫也。豈惟牙、友不得稱叔孫、季孫，牙之子茲稱公孫茲而已，不得稱叔孫茲也；友之子某雖不見經，亦當稱公孫而已，不得稱季孫某也。慶父爲仲孫氏之祖，即稱仲孫可乎？且於慶父之來曰仲孫，於其明年出奔又曰公子慶父，入則孫之，出則子之，進退無據，應以《左氏》說爲正。」

述曰：「據《左傳》伍員使於齊，屬其子於鮑氏爲王孫氏，吳人自改爲齊人，魯人不可貶爲齊人乎？故《傳》云『外之也』，其曰仲孫，以其後之氏目之，既明其實爲慶父，而又不稱公子，故《傳》云『疏之也』，及出奔莒，《傳》云『不復見矣』，故經特書公子慶父以顯之，曰出，絕之也；其自齊歸則書齊仲孫以外之，曰來，防之也。大義凜然，《穀梁》善於經，信不誣矣。」

連堂案：於此鍾文烝《補注》亦有辨析：「實是吾仲孫，繫齊以外之，《公羊》亦同。言來者，順外文也，案：慶父得稱仲孫，而仲孫自齊來，得稱齊仲孫者，楚殺慶封，《傳》曰：『其以齊氏何也？爲齊討也』，明慶封已爲吳大夫，本當言吳慶封，此齊仲孫之比也。下傳又曰：『言齊以累桓也』，明以齊桓受之，同之於齊人矣。公子而不言公子，但言仲孫，是疏之。不言齊慶父者，既繫諸齊，則不欲直其文，上言季即季孫，故連文言仲孫也。案前後經文，仲慶父、叔牙、季友皆稱公子，其子稱公孫，其孫乃稱仲孫、叔孫、季孫；今慶父之身得稱仲孫者，仲孫、叔孫、季孫之氏，雖至其孫始爲專稱，其實當身已有此稱，已以爲氏。《左傳》於牙之卒曰『立叔孫氏』，公孫茲稱叔孫戴伯，又公子彄字子臧，稱臧僖伯，其子稱臧哀伯，亦稱臧孫達，明當時大夫通有此例，故一稱季，一稱仲孫也。」

△僖二年：「齊侯、宋公、江人、黃人盟于貫。」

《傳》:「中國稱齊、宋，遠國稱江、黃，以爲諸侯皆來至也。」

《考證》:「此與《公羊》說同。其贊美齊桓極矣；但聖經書法，理不得然，使魯君同盟，豈可不書公及乎？使陳、蔡、衛、曹、邾、許，諸君同盟，其可不敘諸君乎？江、黃二國，南逼於楚，而北近宋，齊侯至宋，與二國之使臣盟，其餘諸國皆不在會，經但書其實耳。」

述曰:「齊云二國之使臣，則以江、黃之書人爲微者也，豈知《穀梁》之例，書人者眾詞，故遠國稱江、黃，以爲諸侯皆來至也；以爲云者，不必其實至也，固不戾於經。」

連堂案:柳氏以人爲眾詞非也，此處稱人確指小國之使；其釋「以爲」，謂不必其實至，乃藉以託義，明齊桓主霸之盛，此說可從。齊氏以諸國皆不在會，經書其實者，考史也，當如其說；二傳以諸侯皆至者，託義也，此所以異。

△成元年:「臧孫許及晉侯盟于赤棘。」

楊《疏》:「何休云:謀結鞍之戰不相負，所以不日者，執在三年，非此所得保也。」

《考證》:「《疏》此條大誤。據何休《公羊注》本文云:『執在三年外尋舊盟後，非此盟所能保』，其言執，指十六年執季孫行父也，其言尋盟，指三年冬荀庚來聘，及荀庚盟也。何休於傳不誤，疏乃以隱元年盟眛，因七年伐邾而盟去日駁之，誤也。赤棘盟後，晉魯交歡，豈有三年即執之事見於經傳，何休謂執在三年外尋舊盟後，而《疏》以爲三年即執，不亦異乎？」

述曰:「《疏》之誤駁，咎不容辭；而其所由誤者，則以何休之例:不信者日，信者不日;《穀梁》之例:盟信者日，盟渝者不日，說正相反故也。」

連堂案:楊《疏》以何《注》爲非，齊氏《考證》則以何休不誤，楊《疏》大誤，柳氏推究相異之由，在二傳信、不信之書不書日，義例相反，即何《注》以執在三年外，此盟爲信，故不日；楊《疏》則以此盟爲渝，故不日；柳氏說足以廓清異疑。又齊氏《考證》摘引《疏》說，義不甚明，茲全引之:「何休云:『謀結鞍之戰不相負，所以不日者，執在三年，非此所得保也。』案:隱元年眛之盟，爲七年伐邾尚猶去日，何爲二年即執，反云非此所以保乎？蓋謀爲鞍戰，歸我汶陽之田，至八年渝前約，故略之。」《疏》謂「二年即執」，三傳無文，未知何據？或指經四年夏四月臧孫許之卒乎？然此經未見任何拘執之跡；而《考證》謂執指十六年執季孫行父，盟指三年及荀庚盟，則本諸徐彥《公羊疏》。

△成九年：「二月，伯姬歸于宋。」

范《注》：「逆者非卿故不書。」

《考證》：「伯姬賢名遠者，至於三國來媵，宋初圖婚，即使華元來聘，其納弊也，使公孫壽，魯之致女，致季孫行父，甚重其事，而備其禮，豈有逆女之時，反使微者將命乎？《公羊》《穀梁》皆無傳，范氏之言未可信也。」

述曰：「范《注》本傳為說也，《傳》云『逆者微，故致女』，齊未檢明下傳，故不信范《注》耳。」

連堂案：齊氏謂《穀梁》無傳，非也，柳氏明范氏所本，其引傳在同年夏，季孫行父如宋致女。

△哀二年：「晉趙鞅帥師納衛世子蒯聵于戚。」

《傳》：「其弗受以尊王父也。」

范《注》：「甯不達此義。」

《考證》：「《穀梁》之失，此條為最大，有害於名教，經既書曰『納衛世子蒯聵』，雖本據晉人納之之辭，然不去世子可云不應立乎？就使蒯聵負罪以出，義不當立，在輒斷無拒父之理，范氏引江熙說直糾《傳》失是也。」

述曰：「輒之不早出奔，律以拒父之罪，義無所逃。若云蒯聵非不當立，以經不去世子耳，不思經書立、納、入皆篡也。但父不篡子，故與輒以王父之命，還蒯聵以世子之稱，以見蒯聵之篡父。其書世子者，非鄭世子忽反正之例，乃楚世子商臣弒其君之例；非以為輒，乃所以治蒯聵也。此穀梁子釋經之苦心，二千餘年以來，無有發明之者。」

連堂案：柳氏據傳申義，以釋江熙、齊氏之疑。

（五）王引之經義述聞春秋穀梁傳

《大義述》於王引之《經義述聞．春秋穀梁傳》六十一條，全文引述。其中以王說為是而未予證補，或證補無足道者約三分之一強，駁正王氏說者幾達半數，惟王氏說理據充分，率皆可從，足為定論，柳氏之駁反多曲說自是，立異為高之說；其中亦偶有駁王說而可從者，有二條已引述於本章第五節王引之《穀梁傳述聞》之疏失，此不重出。茲舉其證補之有見者及一立異曲說之例以明。

△隱元年：「祭伯來。」

《傳》：「來者，來朝也；其弗謂朝何也？寰內諸侯，非有天子之命，不得出會諸侯，不正其外交，故弗與朝也。聘弓鍭矢，不出竟埸，束脩之肉，不行竟中，有至尊者，不貳之也。」

范《注》：「臣當稟命於君，無私朝聘之道。」

楊《疏》：「不貳之者，言臣當一一稟命，無自專之道也。」

《述聞：》「范《注》楊《疏》皆未得傳意，貳非專之謂也。貳，敵也；並也。天子聘遺諸侯，天子之臣亦聘遺諸侯，則是與天子相敵耦，相比並，故謂之貳；人臣不敢並於至尊，故無外交，故曰有至尊者不貳之也。〈郊特牲〉曰：『大夫執圭而使，所以申信也，不敢私覿，所以致敬也，而庭實私覿，何為乎諸侯之庭，為人臣者無外交，不敢貳君也』，正與此同義；而孔氏《正義》又誤解為二心，蓋古訓之湮久矣。」

述曰：「王以『敵也』、『並也』解『貳』字是也，其云『天子之臣，不敢與天子相敵耦，相比並』，非也。祭伯既朝於魯，且不敢與魯君相敵，何至與天子相敵乎？夫王臣外交，則以諸侯敵天子，而有二天矣；大夫外交，則是以鄰國並主君而有二君矣。所謂貳者，自指鄰之君言，非指臣之心言，亦非指臣之身言也。」

連堂案：王氏之訓詁是，釋傳非也，柳氏之說，足補正其說。

△隱五年《傳》：「尸子曰：舞夏，自天子至諸侯，皆用八佾，初獻六羽，始厲樂矣。」

范《注》：「言時諸侯僭侈，皆用八佾，魯於是能自減厲，而始用六。穀梁子言其始僭，尸子言其始降。」

《述聞》：「注意非傳意也。穀梁子以諸侯四佾為正，六佾為僭；尸子以諸侯八佾為正，六佾為厲；僭與厲皆斥其非，非謂魯能革諸侯之僭侈也。厲之言裂也，《廣雅》云：『裂，裁也』，裁減八佾為六佾，故曰始厲樂矣。古厲、裂同聲，〈魯語〉『烈山氏』，〈祭法〉為『厲山氏』，是其證也。譏厲樂者，謂其不當減而減也。」

述曰：「尸子謂自天子至諸侯，每列皆用八人，隱公裁減為六人，始裂樂矣。厲者，裂其每佾之數，范《注》固非，王說亦未喻尸子意也。」

連堂案：王氏以厲爲裂可從，然傳義當如柳說。

△桓元年《傳》:「所以治桓也。」

宣四年《傳》:「莒人辭不受治也。」

《述聞》:「《說文》『討，治也』，襄五年《左傳》:『楚人討陳叛』，故杜《注》亦曰：『討，治也』。討可訓爲治，治亦可訓爲討。桓元年春王，《穀梁傳》曰：『桓無王，其曰王何也？謹始也。其曰無王何也，桓弟弒兄，臣弒君，天子不能定，諸侯不能救，百姓不能去，以爲無王之道，遂可以至焉爾。元年有王，所以治桓也』，謂稱王以討桓之罪也。宣四年，公伐莒取向，《傳》曰：『伐猶可，取向甚矣，莒人辭不受治也。伐莒，義兵也；取向，非也，乘義而爲利也』，謂魯人討莒，莒人辭不受討也。古者多謂討爲治，哀六年《左傳》:『晉伐鮮虞，治范氏之亂也』，謂討范氏之亂也。二十三年《傳》:『齊人取我英邱，君命瑤，非敢耀武也，治英邱也，以辭伐罪足矣』，謂討齊人取英邱之罪也。」

述曰：「隱十一年《傳》曰：『元年有正，所以正隱也』，桓元年《傳》曰：『元年有王，所以治桓也』，正與治對，治者討其不正，正者不待治也。推此，則桓二年正與夷之卒，十年正終生之卒，襄廿有三年正臧紇之出，凡言正者，不待治也，乃范《注》不明正字、治字之例，於與夷云『姦逆之人，王法所宜誅，故書王以正之』，於臧紇云『正其有罪』，是以正字誤治字也；故因王伸治字之例而附辨之。」

連堂案：此就王說申其義；惟其辨與夷事，柳氏誤解范意。經書「宋督弒其君與夷」，《傳》云：「桓無王，其曰王何？正與夷之卒也」，《注》曰：「諸侯之卒，天子所隱痛，姦逆之人，王法所宜誅，故書王以正之」知姦逆之人乃指弒君之華督，與夷遭弒，經正其卒，正卒所以誅逆也，注義顯明，無容曲解；至臧孫訖出奔，范注「正其有罪」，亦符傳意。實則，諸正字非屬一例，柳氏「凡言正者，不待治」之說非是。

△莊九年：「春，齊人殺無知。」

《傳》:「稱人以殺大夫，殺有罪也。」

《述聞》:「家大人曰：大夫二字，涉上下文而衍。隱四年，衛人殺祝吁于濮，《傳》曰『稱人以殺，殺有罪也』，與此文同一例，則不當有大夫二字明矣。自唐石經始有之，而各本遂沿其誤，僖七年《疏》引此無大夫二字。」

述曰:「王說非也,由不得其句讀耳。此傳『稱人以殺,大夫殺有罪也』,傳之大夫釋經人字,此時齊無君,則殺無知者大夫也。經不與大夫之專殺,故以眾詞書齊人,而前之衛人殺祝吁,衛人立晉,俱視此例,故僖七年《疏》引此不妨截去大夫二字,王不得其句讀,誤恐大夫即指無知,故云然。」

連堂案:王氏以傳、疏爲校,理據充分,柳氏強作曲解,且不顧傳無此句法,予人爲駁而駁之感,實爲無謂。

(六)劉逢祿穀梁廢疾申何

何休自尊所習,墨守《公羊》之餘,並廢疾《穀梁》,鄭君釋之,清劉逢祿因何氏《廢疾》,推其波瀾,廣其端緒,作《穀梁廢疾申何》二卷,其〈敘〉云:

> 穀梁子不傳建五始、通三統、張三世、異內外諸大旨,蓋其始即夫子所云「中人以下不可語上者」;而其日月之例,災變之說,進退予奪之法,多有出入,固無足怪。玩經文,存典禮,足爲公羊氏拾遺補闕,十不得二三焉;其辭同而不推其類焉者,又何足算也。兼之經本錯迕,俗師附益,起應失指,條例乖舛,信如何氏所名廢疾,有不可強起者。余采擇美善,作《春秋通義》及《解詁箋釋》,因申何氏廢疾之說,難鄭君之所起,覃思五日,綴成二卷,藩籬未決,區蓋不言,非敢黨同,微明法守,世有達士,霍然起之,亦有樂焉。

劉氏《廢疾申何》除何休原存三十七條外,另由《穀梁疏》、《禮記正義》輯鄭玄《釋廢疾》四條,又仿何休難傳並略及范《注》,條舉一五七條,都二卷一九八條。

《大義述.述師說》彙鈔《穀梁》諸作,乃條列劉氏《廢疾申何》,逐一論述,其於劉〈敘〉述曰:

> 黨同伐異之見,經生俱所不免,《穀梁》之在東漢,學已不顯,何休欲申《公羊》,乃復從而廢疾之,鄭康成之起廢疾,非與何氏爲難,將以存其學也。今《公》《穀》二家,頒在學宮,並無軒輊,武進劉申受乃申何難鄭,不過自形其黨伐之私,於《穀梁》何加損焉;況何休注《公羊》,積思十有七年,而劉申受止覃思五日,已綴成二卷,何其敏也。余既彙鈔眾說,固亦不得遺之。

觀劉氏〈敘〉言及難傳難鄭，不以闡義立說爲志，蓋以攻人爲事、攻人爲樂者，知其輕率發難，意欲全然抹煞，滅裂學術，誠非爲學之正道。本論文旨在闡述清代穀梁學之成績，如劉氏之《癈疾申何》，偏頗立場，專以攻伐曲解《穀梁》爲事者，不以其爲《穀梁》著作，故未予專節論述，今依《大義述》之述，略論於此。

劉氏《癈疾申何》所難，實多《公》《穀》二傳歧說，是己可也，非人則不必。如桓十四年《傳》曰：「來盟，前定也；不日；前定之盟不日」，劉氏申曰：

> 來盟何以爲前定乎？《傳》曰：「聘而言盟者，尋舊盟也」，尋舊盟方可云前定，何以皆日乎？盟例時月日，《公羊》何氏，若網在綱矣。

柳氏述曰：

> 《公羊》成三年傳云：「聘而言盟，尋舊盟也」，此自《公羊》例爾，《穀梁》則內之前定之盟謂之莅，外之前定之盟謂之來，皆不日，其聘而求盟者爲後定，故日，其例亦若網在綱矣。

此二傳各有體系，自有義例，各是其是，兩存可也，不必伐異。《癈疾申何》中往往取便於己者以攻人，甚且不問理之是非，唯論口舌之輸贏。如《穀梁》以仲子爲惠公之母，孝公之妾，《公羊》以爲桓公之母，劉氏《何氏解詁箋》以《穀梁》爲得之，然於《癈疾申何》則曰：「隱爲桓立，故以桓母之喪赴于王，《春秋》因之以成公意爾」，且自注曰：「義與《箋》異，《箋》爲正」，此誠何說哉？

又劉氏《癈疾申何》一崇何休，甚且違《公羊》以從何。如文十一年《傳》曰：「古者不重創，不禽二毛，故不言獲，爲內諱也」，范《注》：「既射其目，又斷其首爲重創」，劉氏申曰：「刑不并致可也，以殺敵致果爲諱，則宋襄之爲矣」，柳氏述曰：

> 宋襄《公羊》所深許者也，劉治《公羊》，思以易三傳，豈以爲非是而不貴也？今乃曰則宋襄之爲，知其寧叛《公羊》，不叛何《注》矣；何《注》多出于《公羊》之外也。

黨同伐異，意氣之爭，甚且不免口出惡言。宣十年《傳》曰：「氏者，舉族而出之辭也」，何休難曰：「氏者，譏世卿也；即稱氏爲舉族而出，尹氏卒，寧可復以爲舉族死乎」？何休「舉族死乎」之問，誠爲過甚，故鄭玄責以「舉族死是何妖問甚乎」？而劉氏《穀梁申何》亦不免，其評鄭玄曰：「夫子曰：

『惡佞恐其亂義也，惡利口恐其亂信也』，殆不免矣」（〈僖公篇〉）；又評《穀梁》以爲「瞽」（〈襄公篇〉）。

《大義述》之答劉難，其立場之拘執，亦不遑多讓。柳氏堅守《穀梁》說，除二條劉氏以范《注》爲失，柳氏肯認其說外，其於傳之駁難，皆所未許，至引「後儒以不削意如之日爲孔子咎，孔子受之矣」（〈隱公篇〉）爲說，異哉！《穀梁》出自《春秋》，柳氏爲守《穀梁》，竟屈孔子以護之，此與劉氏屈《公羊》以從何休，可謂異曲同工。又如桓十年《傳》:「桓無王，其曰王何也？正終生之卒也」，劉氏申曰：「何氏云：『十年有王者，數之終也』，得之」，柳氏述曰：「《公羊》並不知有桓無王之義，何《注》襲《穀梁》大義而小變其說，劉反是何非《穀梁》，曷不思飲水知源之義乎？」柳氏不據理辨說，竟質劉氏不思飲水知源，此直如童稚之鬥口耳。

至出惡言，劉氏謂《穀梁》爲「瞽」，柳氏則以劉「非瞽亦狂」（〈襄公篇〉）；劉氏評鄭玄「亂義」「亂信」，柳氏則謂劉「悲夫」（〈僖公篇〉）「野哉」（〈襄公篇〉），二氏之態度，皆可議也。

因二氏之態度立意，多所偏頗，故能闡義、明辨者少，僅舉數例論之。

△隱元年《傳》:「大夫日卒正也，不日卒惡也。」

《癈疾》:「《公羊》以爲日與不日爲遠近異，若《穀梁》云惡而不日，則公子牙及季孫意如何以書日？」

《起癈疾》:「公子牙，莊公弟，不書弟則惡明也，故不假去日；季孫意如則定公所不惡，故亦書日。」

《申何》:「《春秋》之義，遠則殺其恩，惡則略其恩，何氏之例詳而不亂。如無駭之不日，有疾始滅之文，叔孫得臣之不日，有與聞乎故之文。《春秋》不以疑辭眩人，而愛有差等，故張三世之義，《公羊》獨得之。公子牙之爲莊公弟固也，然經無起文也；意如爲定所不惡似矣，仲遂之貶、得臣之不日，豈宣所惡與？益師爲隱所惡，又何說乎？《春秋》以時君之美惡爲美惡，何以理嫌疑、明是非乎？」

述曰：「內大夫之卒，舊史自皆書日，孔子之寓褒貶，先於益師、無侅及俠等削之，《穀梁》爲發『日卒正也，不日卒惡也』之例，而公子牙、仲遂、季孫意如等之不宜日卒，不待削而自見，此屬辭比事所以爲《春秋》之教也。後儒以不削意如之日爲孔子咎，孔子受之矣。知斷不以存丙申之日爲季孫意如之美也，則意如之惡，已自著於百世也。」

連堂案：劉氏之難鄭有理，鄭說確有不周，故柳氏未從，然其謂公子牙等不宜日卒，不待削而自見，實則三人不日之由未易見。廖平《起起癈疾》云：「大夫不日惡，據得臣也；意如惡日，惡已前見也；子般卒日有所見，《傳》曰『有所見則日』，子牙亦有見日也。又莊不卒大夫，日卒牙，不卒者也；卒則不卒，不以去日見貶絕。」又云：「鄭君以《公羊》稱弟說《穀梁》，《集解》駁之是也。《春秋》大夫小惡不日，大惡不卒，翬與弒不卒，仲遂卒，《傳》曰『此不卒者也』；得臣卒不日，首公子遂也。莊不卒大夫，此卒公子牙，不卒者也；不言刺，非殺也，未弒而殺，其惡未成，《春秋》成美不成惡，故不主牙也；日之如正卒，季子不暴其罪，以藥飲之，如以疾卒日，以成季子之志也。」廖氏「日卒牙，不卒者也，卒則不卒，不以去日見貶絕」之說，亦含混不清，未足以釋疑，至謂成季子之志或然矣，然當非牙日卒不日卒之正解。鍾文烝《補注》云：「此當以下文慶父事比觀之，其義乃見。慶父首惡，牙次之，慶父猶公子遂，牙猶叔孫得臣也。慶父諱奔言如，又諱其縊死，則牙卒可書日以掩惡矣。遂卒見不卒之文，則得臣當去日以明惡矣。」（莊三十二年）又云：「書日自是常例，所以從常例者，前書意如會荀櫟，荀櫟唁公，則逐君事已有所見，不嫌得無惡，故此得仍史文從常例也；叔孫得臣與聞乎弒君，而其惡未有所見，故須去日以著之；公子益師、俠之惡亦無所見，無侅之惡又不止入極，恐其不明，故皆去日；公子牙之惡，亦無所見，而從常例書日者，彼順下諱文，其諱者，亦以其有所見也。」（定五年）鍾氏遍釋諸大夫日不日卒之由，可謂周全矣。其說或常例，或特筆，或有所見，或未有所見，或諱以掩惡，或不諱以見惡，其刻意彌縫之用心至矣；然曲委繁複，終未能令人釋然。此《春秋》義例所以紛紜，而攻伐篤守不免之所由。夫日月之例，爲《公》《穀》釋經之法，而時有異說，此類異說依《春秋》原意，僅容皆非，不容兩是，然就《公》《穀》言，已爲各自義理，各有闡發及體系，兩存之可也，不必相攻相難，廖平〈起起穀梁癈疾序〉云：「今者三傳之學，唯求內理，不鶩旁攻，仁智異端，取裁所見，誠各尋其指歸，莫不互有依據，同者從同，異者從異」，其說是矣。又，觀傳之釋經，雖未必義例周密，然多有所見，後人鑽研，立例見義，或推論過度，牽引附會，或輕率立例，疏漏不周，則漫羨無歸矣。爲免斯累，當謹據傳說，傳未明言者，通其可通，而不強其所難通，庶不病矣。

△桓十三年《傳》：「其不地，于紀也。」

《癈疾》:「在紀何爲不地？」

《起癈疾》:「紀當爲己，謂在魯也；字之誤耳。時在龍門城下之戰，迫近故不地。」

《申何》:「鄭以《公羊》義改紀爲己，不知傳意如此，當云于內，不云于己，于己爲不辭也。」

述曰：「于內更不辭，龍門之戰出《春秋說》亦不足信。今案：傳文紀字不必改也，是時齊已謀紀，敗績之兵齊爲主，與戰之兵紀爲主，經書會紀侯，則戰紀已明，故傳申明之，請爲之引其例。莊二十有八年春王三月甲寅，齊人伐衛，衛人及齊人戰，衛人敗績。《傳》:『於伐與戰，安戰也？戰衛』，是其例也。經書伐衛，則戰衛亦明，故傳申明之也。何云『在紀何爲不地』？然則在衛亦何爲不地乎？又桓六年蔡人殺陳佗，《傳》云『其不地，於蔡也』，亦其例也。」

連堂案：王引之亦以鄭說爲非，《穀梁傳述聞》云：「傳凡目魯皆曰我，或曰內，無言己者，六年蔡人殺陳佗，《傳》曰『其不地，於蔡也』，文義正與此同；蔡也、紀也皆國名也，不得破紀爲己。戰魯龍門者，《公羊》之說，非《穀梁》說也，鄭君改《穀梁》之說以從《公羊》，非是。」

△文三年《傳》:「外災不志，此何以志也？曰：災甚也。其甚奈何？茅茨盡矣。」

《癈疾》:「螽猶眾也，死而墜者眾，象宋群臣相殘害也；蓋由三世內娶，貴近妃族，禍自上下，故異之云爾。今《穀梁》直云『茅茨盡矣；著于上見于下謂之雨』，與讖違，是爲短。」

《起癈疾》:「《穀梁》意亦以爲宋德薄，後將有禍，故螽飛在上，墜地而死，言茅茨盡者，著甚之驗，於讖何錯之有乎？」

《申何》:「《穀梁》不傳三統之例，譬猶瞽之無相，夜之無燭矣；鄭君文之，奚益哉？」

述曰：「何休以讖爭，劉逢祿又以三統之例爭，要皆非《公羊》所有之本義也。」

連堂案：異議可怪附會之謬說，非二傳所本有，不必舍傳求合於讖，柳氏說是。廖平《起起癈疾》亦云：「《公羊》以爲死螽主異，《穀梁》以爲生螽主災，不必舍傳求合於讖，讖不一家，有主《穀梁》說者，不能據以駁《公羊》，鄭君求合于讖，亦以爲墜地而死，又何茅茨皆盡乎？用《公羊》說以解

《穀梁》，非也。」

△襄二十七年《傳》：「專之去合乎《春秋》。」

《癈疾》：「甯喜本弒君之家，獻公過而殺之，小負也；專以君之小負自絕，非大義也，何以合乎《春秋》？」

《起癈疾》：「甯喜雖弒君之家，本專與約納獻公爾。公由喜得入，已與喜以君臣從事矣，《春秋》撥亂，重盟約，今獻公背之，而殺忠於己者，是獻公惡而難親也。獻公既惡而難親，專又與喜爲黨，懼禍將及，君子見幾而作，不俟終日，微子去紂，孔子以爲三仁，專之去衛，其心若此，合于《春秋》，不亦宜乎？」

《申何》：「甯喜之殺不去大夫，與里克同文，惡獻公之盜國，非惡其背約也。專于獻之未出，既不能維持其君臣，及其入也，又與喜約共弒剽，至喜見殺，乃徒執其硜硜之信，以暴君兄之過，經書出奔，以爲是喜之黨而已矣。《詩》曰：『君子屢盟，亂是用長』，穀梁子亦云：『盟詛不及三王』，《春秋》繼三王以撥亂，豈其重盟約乎？既云專爲喜黨，又以微子去紂例之，儗人不倫，莫此爲甚。」

述曰：「專爲喜之徒，《春秋》本不盡與之，特其去見幾，故經書衛侯之弟；《穀梁》以爲織絇邯鄲，終身不言衛，《左氏》亦以爲或勸之仕，專曰《是昭吾所以出也》，豈有意暴君兄之過乎？」

連堂案：鍾文烝《補注》云：「上言專以守信而奔，故得稱弟；正解經文已畢，此又言其去國之深得事宜，合乎《春秋》之義也。專雖守信，終爲喜徒，嫌其雖著弟文，不得以去爲善，故明專之去實是善也。但較叔肸則不如之，故一兼稱字，一直稱名，一云取貴，一云合也。鄭君比之微子，李廉以爲過美，而其說大概近是。」廖平《起起癈疾》云：「《春秋》貴信，專有信者也；美之以明貴信，不責餘事，《公羊》以權許祭仲，義亦如此。《傳》曰『專爲喜徒』，責其從惡；曰『去合《春秋》』，唯取一節；所謂成人之美，不成人之惡。凡目《春秋》者，皆非常創義，不可以一端解之。」何氏謂專以君之小負自絕，非大義；鄭氏以獻公背盟，惡而難親，故專見幾而去；劉氏則謂鄭以專比微子去紂，擬人不倫，三氏說皆見理；而柳、鍾、廖氏之辨，均切要入理，深具卓識。夫《春秋》借事明義，有一義可取則取之。人有一善即據以褒之，人有一惡即據以貶之；褒之非謂其全無譏貶，於褒處所不計耳，貶之非謂其無一毫可取，於貶處所不計耳。此足釋何、劉之疑難，亦爲此傳之正解。

（七）阮元春秋穀梁傳注疏校勘記

阮元《校勘記》十二卷，蓋以浩繁，《大義述》僅摘錄少許，柳氏述曰：

> 阮宮保《校勘記》凡十二卷，今但擇其切要者若干條，以備一家之學。

其中有述者僅四條，上引即其一。又於《校勘記》「引據各本目錄」所列「毛本」下述曰：

> 蒙所卒業者，即家藏毛子汲古閣本，誤字不少，幸有此《校勘記》可以對讀；然《記》中之失校勘者尚有十餘處。

柳氏並於其下條列所校，茲述其可道者。

△桓十年《疏》:「答鄭玄之駁。」

柳校:「鄭玄當作薄氏。」

連堂案:阮校底本作「薄氏」不誤，柳說非。

△莊十八年《疏》:「張靖《策廢疾》。」

柳校:「『策』誤失校，當作『箋』，見《新唐書・藝文志》。」

連堂案:柳說是,《隋志》亦作箋。

△莊二十二年《傳》:「公子之重視大夫。」

范《注》:「視，此。」

柳校:「此當作比。」

連堂案:柳說是，梁煌儀《春秋穀梁傳校證》云:「古無訓視爲此者，推求傳意，此當爲比字之訛。《小爾雅・廣言》:『視，比也』,《孟子・萬章下注》:『視，比也』，余本、古籍叢殘本正作比。」〔註24〕

△文十八年:「夫人姜氏歸于齊。」

《傳》:「惡宣公也。」

范《注》:「其母敬嬴。」

《釋文》:「依《左傳》應作頃熊。」

柳校:「陸云『依下傳應作頃熊』，下傳者宣八年『葬我小君頃熊』是也，不知何時誤作『左傳』，盧本改作《公羊》，皆非也。夫《穀梁》之本經本傳即作頃熊，何用遠取《公羊》以證范《注》乎？」

〔註24〕同註2，頁84。

連堂案：柳氏以不必取《公羊》證范《注》是；惟宣八年乃經文，非傳文，校改「左」字為「下」，尚未能無疑。或「左」為衍文，陸氏原僅稱「傳」，以所釋本為《穀梁傳》而略稱歟？無他佐證，姑存之。

△襄十五年《疏》：「此時王者《世本・本紀》當頃王也。」

柳校：「頃王當作靈王。」（卷十四〈述師說〉）「頃王字誤，毛本如此，阮宮保《穀梁校勘記》亦失校，當作靈王；魯襄公之十有五年為周靈王之十有四年。」

連堂案：阮校底本作「傾王」，柳校是也。

△定十四年：「天王使石尚來歸脤。」

《傳》：「生曰脤，熟曰膰。」

柳校：「徐堅《初學記》卷廿六引，膰下多『蓋社肉也』四字，今本無，《記》亦未引。」

連堂案：梁煌儀《春秋穀梁傳校證》以為「當為徐堅等引申語」。〔註25〕

△哀十二年《疏》：「范《例》：夫人薨者十而書葬者十。」

柳校：「十而當作十二。」

連堂案：柳說非是。《春秋》書夫人薨者十，即隱二年夫人子氏薨一、莊二十一年夫人姜氏薨二、僖元年夫人姜氏薨于夷三、文四年夫人風氏薨四、十六年夫人姜氏薨五、宣八年夫人熊氏薨六、襄二年夫人姜氏薨七、四年夫人姒氏薨八、九年夫人姜氏薨九、昭十一年夫人歸氏薨十，疏文不誤，柳氏以為十二者，蓋數定十五年弋氏卒及哀十二年孟子卒，而范《例》不數。惟楊氏以書葬之十人即書薨之十人，非也；《疏》云：「范《例》：『夫人薨者十，而書葬者十』，夫人之道從母儀，即桓公夫人文姜一、莊公夫人哀姜二、僖公之母成風三、文公之母聲姜四、宣公之母頃熊五、成公之母穆姜六、成公之嫡夫人齊姜七、襄公之母定姒八、昭公之母歸氏九、哀公之母定弋十，十者並書葬。」疏所列即書葬者，然定弋書卒不書薨，《傳》云『妾辭也』，范《注》：『不言夫人薨』，知范氏《略例》當不數定弋；而隱二年明書「夫人子氏薨」，不知楊氏何以不數，此則書薨不書葬者也。

（八）邵晉涵南江札記

《南江札記》述及《穀梁》者凡十四條，皆引述古籍而不下己意，其中

〔註25〕同註2，頁248。

引劉向說者七條，引《白虎通義》者四條爲多，茲各引一例以略見。

閔二年狄入衛，《札記》云：

> 劉向《新序》卷八：衛懿公有臣曰宏演，遠使未還，狄人攻衛，其民曰：「君之所與祿者鶴也，所富者宮人也，君使宮人與鶴戰，余焉能戰？」遂潰而去。狄人迎及懿公於滎澤殺之，盡食其肉，獨舍其肝，宏演至，報使于肝畢，呼天而號，盡哀而止，曰：「臣請爲表」，因自刺其腹，內懿公之肝而死。齊桓公聞之曰：「衛之亡也以無道，今有臣若此，不可不存」，於是救衛於楚邱。

此引劉向《新序》。隱六年宋人取長葛，久之也，《札記》云：

> 《白虎通義》曰：古者師出不踰時者，爲怨思也，天道一時生，一時養；人者，天之貴物也，踰時則內有怨女，外有曠夫。

此引自《白虎通義》。邵氏均札記而無說。

邵氏《札記》及《穀梁》者僅數條，又無己見，故本論文未列專節論述，今因《大義述》之引錄而附見，惟柳氏於《札記》雖全錄之，然述僅一條，即前引《新序》所載宏演事，述曰：

> 宏演之事，《左氏傳》亦無之，當出《穀梁》外傳。

知邵氏之於《穀梁》，柳氏之於邵，成績均無足道。

ㄉ、述經師

凡例云

> 漢儒師說之可見者唯尹更始、劉向二家，然搜獲者亦寥寥矣；其說已亡，而名僅存者，自漢以後，併治三傳者，亦收錄焉，共若干人，〈述經師〉第六。

此述《穀梁》經師，且以專家鮮少，並及治三傳者焉。

〈述經師〉自卷十五至卷十九凡五卷，計周至前漢二十九人，後漢三十五人，三國至隋代八十八人，唐代三十六人，宋元九十人，明代四十一人，清代四十八人，始周卜子夏，終清王闓運凡三百六十七人。

其收羅選錄之依據有先師之載錄、史傳、史志、歷代圖書敘錄、《經義考》、《四庫全書總目》、《存目》、《漢學師承記》及其同代所聞見者，其或一言語及《春秋》、《穀梁》、三傳，甚或僅一「傳」字，亦細大不捐，遍採無遺，其搜羅之功，可謂勤矣。

如其錄唐代劉鎔，述曰：

著《經典集音》三十卷，見《唐志》、《經義考》。（卷十七）

此凡例所謂「併治三傳者」。又如北魏馮元興，述曰：

《魏書》本傳：「學通《禮》、《傳》，頗有文才。」（卷十六）

北齊馮偉，述曰：

《北齊書》本傳：「多所通解，尤明《禮》、《傳》。《北史》同。」（卷十六）

二人均僅一「傳」字，亦以其爲《穀梁》經師。至如唐王彥威，述曰：

《新唐書》百六十四：「彥威，其先出太原，少孤，自力於學，舉明經甲科，拜博士。憲宗以正月崩，有司議葬，用十二月下宿，彥威建言：『天子之葬七月，《春秋》之義，志崩不志葬，必其時也；舉天下葬一人，故過期不葬則譏之。』」（卷十七）

此則僅引述一相關傳文，亦在收錄之列，其收羅範圍可見一斑矣。

至其述經師，則亦力求詳盡，其於《穀梁》《春秋》有關之記述，無分大家小家，皆備載之。如北魏房景先，述曰：

《魏書・房法壽傳》：「景先字光胄，幼孤貧，無資從師，其母自授《毛詩》、〈曲禮〉，作《五經疑問》百餘篇，其言該典，今行於時，文多，列舉其切於世教者：『問《穀梁傳》，魯僖三十一年夏四月，卜郊不從，乃免牲，《傳》曰：「乃者，亡乎人之辭也」。曰：樂以觀風，禮爲教本，其細已甚，民不堪命，齊不加兵，屈於周典。僖公，魯之盛君，告誡虔祀，穆卜迎吉，而休徵不至。若推咎於天，則神不棄鑒，歸愆於人，則頌聲宜替。既命龜失辰，靈威弗眷，郊享不從，配天斯缺，即傳所言，殆非虛美，何承而制？』」《冊府》：「魏房景先，孝文時爲太學博士，作《五經疑問》百餘篇；符璽郎王神貴答之，名曰《辨疑》，合成十卷。」《經義考》：「房氏景先，《五經疑問》十卷，佚。」（卷十六）

此詳錄相關史傳，及《冊府元龜》、《經義考》之說。

又如三國唐固，述曰：

〈穀梁序疏〉云：「魏晉以來，注者有唐固。」《釋文・敘錄》：「唐固注十二卷。」《吳志・闞澤傳》：「丹陽唐固，修身積學稱爲儒者，著《國語》、《公羊》、《穀梁傳注》，講授常數十人，權爲吳王，拜固議郎，黃武四年，爲尚書僕射。」《隋志》：「《春秋穀梁傳》十二卷。」

《注》:「吳僕射唐固注。」《舊唐志》:「《春秋穀梁傳》十二卷。」《注》:「唐固注。」《新唐志》:「唐固注《穀梁》十二卷。」《冊府》:「唐固注《春秋穀梁傳》十三卷。」《經義考》云:「佚。」(卷十六)

此遍引〈穀梁序疏〉等於唐固《穀梁傳注》之載錄。又如范甯,亦詳引《晉書》、《隋志》、《新唐志》、《郡齋讀書志》、《書錄解題》、《四庫全書總目》於《集解》之論述,因文繁不錄。

柳氏之〈述經師〉可窺見歷代《穀梁》研習、著述之梗概,於穀梁學史之研究,有所助益,至其廣泛搜羅,〈自敘〉云:

自漢以來,《穀梁》師授既不敵二傳之多,……近阮相國刻《皇清經解》凡千四百卷,爲書百八十餘種,其中經師七十餘人,《公羊》《左氏》俱有專家,而《穀梁》缺焉。

凡例亦云:

《穀梁》久屬孤經,今日更成絕學。

漢儒師說之可見者唯尹更始、劉向二家,然搜獲者亦寥寥矣。

知以《穀梁》久微,不敵二傳之富,故雖一言略及,亦倍加珍惜,詳爲引錄;甚且未必相關者,亦摻雜其間,如其述後漢馮豹曰:

《後漢・馮豹傳》:「豹字仲文,好儒學,以《詩》、《春秋》教麗山下。」案:《詩》、《春秋》者,江博士家法也。班書云:「廣盡能傳其《詩》、《春秋》。」馮豹之以《詩》、《春秋》教授,不可謂非穀梁家也。(卷十五)

述婁壽曰:

隸釋九玄儒先生〈婁壽碑〉云:「先生諱壽,字元考,南陽人也。曾祖父修《春秋》,以大夫侍講,至五官中郎將。」又云:「先生童孩多奇,岐嶷有志,捥髮傳業,好學不倦,善與人交,久而能敬,榮且溺之耦耕,下學上達,有朋自遠,朝夕講習,樂以忘憂。」案:《穀梁傳》中多與《論語》文同,今此碑亦多《論語》文,知婁君世傳之家業,其《春秋》必《穀梁經》也。(卷十五)

其述馮豹以其教授《詩》、《春秋》,同於江翁、榮廣;述婁壽以其碑文多引《論語》,而《穀梁》亦多與《論語》文同,即推定二人必穀梁家,實屬一廂情願,不免武斷。

由柳氏敘例及其所述,知欲標榜《穀梁》微學之用心顯然;然貪多務得,摻雜不純，未明限斷，其缺失亦顯然可見。孫詒讓〈與梅延祖論穀梁義書〉云：

> 柳氏致力甚勤，而識鑒疏固，其書義例蕪雜，駢枝爲累。(《籀高述林》卷十)

所評是也。

七、述長編

凡例云：

> 《穀梁》久屬孤經，今日更成絕學，茲於所見載籍之涉《穀梁》者，以經史子集之序，循次摘錄，附以論斷，并著本經廢興源流，庶爲之集其大成，〈述長編〉第七。

柳氏於載籍之及於《穀梁》者，一一摘錄，此其篤志繼絕學之用心，而於〈述經師〉〈述長編〉之作，最爲顯明。

〈述長編〉自卷二十至卷三十，計經部、史部、子部各三卷，集部一卷、〈穀梁廢興源流〉一卷，凡十一卷。經部所述有《尚書疏》、《毛詩疏》、《周禮注疏》、《儀禮疏》、《禮記注疏》(以上卷二十)、《左傳注疏》、《公羊注疏》(以上卷二十一)、《論語疏》、《孝經疏》、《孟子疏》、《爾雅注疏》、《大戴禮》、《經典釋文》、朱子《儀禮經傳通解》及黃榦《通解續》(以上卷二十二)；史部所述有《史記》、《漢書》、《後漢書》(以上卷二十三)、《三國志》、《晉書》、《宋書》(以上卷二十四)、《南齊書》、《梁書》、《陳書》、《隋書》、《舊唐書》、《新唐書》、《新五代史》(以上卷二十五)；子部所述有劉向《列女傳》、王充《論衡》、《白虎通》、徐堅《初學記》、歐陽詢《藝文類聚》、杜佑《通典》、《文苑英華》(以上卷二十六)、《太平御覽》(卷二十七)、《玉海》、《唐類函》(以上卷二十八)；集部所述唯《文選》與《金廷棟文集・石經穀梁傳考》一文(以上卷二十九)；〈穀梁廢興源流〉則錄史傳於穀梁學者之著作、傳承、博士興廢等，並及《冊府元龜》、《玉海》各一條。

柳氏〈述長編〉之成績，約之有五：繼《穀梁》絕學一也，略見三傳之相通相異二也，明以《穀梁春秋》決斷史事，褒貶人物三也，明史家以《穀梁春秋》爲史法典範四也，可輯《穀梁》佚傳或先師經說五也。茲依次論述之。

1. **繼穀梁絕學**

柳氏歎《穀梁》式微，欲繼絕學以集大成，其〈述長編〉，引錄之典籍凡四十部，約七百條，其羽翼孤經之心志昭然。其錄《漢書・陳湯傳》云：

> 斬郅支首及名王以下車騎將軍許嘉，右將軍王商，以爲春秋夾谷之會，優施笑君，孔子誅之。方盛夏，首足異門而出，宜縣十日迺埋之，有詔將軍議是。

述曰：

> 此用《穀梁》說，然則許嘉、王商亦穀梁家也；顏《注》不明引《穀梁》亦疏。（卷二十三）

又云：

> 故宗正劉向上疏曰：「昔齊桓公前有尊周之功，後有滅項之罪，君子以功覆過而爲之諱行事。」

述曰：

> 以滅項爲齊桓罪，《公》《穀》說同，況劉向詔受《穀梁》，其所引必《穀梁》說，而顏《注》屬之《公羊》，足見《公羊》顯，《穀梁》微矣。此長編之輯，余亦有所不得已也。

此以顏師古引《穀梁》爲注，然一未明引，一屬之《公羊》，以見《穀梁》之隱微，不爲世重，故爲之述長編以繼絕學。

2. **略見三傳之相通相異**

〈述長編〉經部之《左傳注疏》與《公羊注疏》，所引《穀梁傳》說，可略明其相通相異處，茲舉二例以概見。《左傳疏》曰：

> 《公羊》《穀梁》之書，道聽塗說之學，或日或月，妄生褒貶，先儒溺於二傳，橫爲《左氏》造日月褒貶之例。

柳氏述曰：

> 孔又云「《左氏》以日月爲義例者，有卿卒、日食二事」，蒙謂先儒由此二事推之，爲《左氏》發日月之例，不得斥爲橫造也。（卷二十一）

又如：

> 文公十年《公羊傳》：「長狄也」，何《注》：「蓋長百尺」，《疏》：「《穀梁》《左氏》與此長短不同者，不可強合。」（卷二十一）

此皆可略見三傳之異同。

又柳氏於杜預之非《穀梁》，時有駁辯，亦舉例明之。襄十九年孔《疏》云：

> 《穀梁傳》曰：「還者，事未畢之辭也；不伐喪，善之也。善之則何爲未畢也？君不尸小事，臣不專大名，善則稱君，過則稱己，則民作讓矣；士匄外專君命，故非之也。然則爲士匄者宜奈何？宜墠帷而歸命乎介。」其意言待命乃還，杜言不必待君命，所以排《穀梁》也。

述曰：

> 《左氏》云「禮也」，《公羊》云「進退在大夫也」，說俱有弊，唯《穀梁》大義凜然，試問待命乃還，有何流弊？豈杜所宜排乎？（卷二十一）

3. 明以穀梁春秋決斷史事褒貶人物

〈述長編〉史部可要覽歷代以《穀梁春秋》朝議、奏議及決事斷義之大觀。如：

> 《三國志・魏志・楊阜傳注》：「皇甫謐《列女傳》：趙昂妻名黑，王氏女也，常曰：『婦人無符信保傅，則不出房闈，昭姜沈流，伯姬待燒，每讀其傳，心壯其節。』」（卷二十四）

此以伯姬遇災，待保傅而亡之事爲標榜。又如：

> 《晉書・秦秀傳》：「咸甯中爲博士，賈充薨，秀議曰：『充合宗族不授，而以異姓爲後，悖禮逆情，以亂大倫；昔繒養外孫莒公子爲後，《春秋》書莒人滅繒，聖人豈不知外孫親邪？但以義推之，則無父子耳。』」（卷二十四）

此以莒人滅繒之說議賈充之以異姓爲後。以上兩例，柳氏引而無述。

又如：

> 《新唐書・太宗紀》贊曰：「太宗除隋之亂，比跡湯武致治之美，庶幾成康，出漢以來，未之有也；至其牽於多愛，復立浮圖，好大喜功，動兵於遠，此中材庸主之所常爲。然《春秋》之法，常責備於賢者，是以後世君子欲成人之美者，莫不歎息於斯焉。

述曰：

> 《春秋》成之之美，隱元年《穀梁傳》文；即責備賢者，亦隱元年傳義也。（卷二十五）

〈穆宗紀〉贊曰：「《春秋》之法，君弒而賊不討，則深責其國，以爲無臣子也。憲宗之弒，歷三世而賊猶在，至於文宗，不能明弘志等罪惡，以正國之典刑，僅能殺之而已，是可歎也。」

述曰：

《穀梁》隱十有一年，傳云：「君弒賊不討，不書葬，以罪下也」，范《注》：「責臣子也」；《公羊》亦同。（卷二十五）

此二例皆以《穀梁春秋》事義爲論斷之理據。

4. 明史家以穀梁春秋為史法典範

《春秋》之褒貶、書法，影響後世史家甚鉅，〈述長編〉云：

歐陽公修《五代史》，仰師《春秋》。（卷二十五）

茲舉其言以證：

《新五代史・梁本紀》論：「予論次五代，獨不僞梁；而議者謂梁負大惡，當加誅絕，而反進之，非《春秋》之志也。予應之曰：『是《春秋》之志耳。魯桓公弒隱公而自立者，宣公弒子赤而自立者，鄭厲公逐世子忽而自立者，衛公孫剽逐其君衎而自立者，聖人於《春秋》皆不絕其爲君，此予所以不僞梁者，用《春秋》之法也。聖人於《春秋》用意深，故能勸戒，切爲言信，然後善惡明。夫欲著其罪於後世，在乎不沒其實，其嘗爲君矣，書其爲君，其實篡也，書其篡，各傳其實，而使後世信之，則四君之罪不得而掩爾。桀紂不待貶其王，而萬世所共惡者也，《春秋》於大惡之君，不誅絕之者，不害其褒善貶惡之旨也。能知《春秋》之意，然後知予不僞梁之旨也。』」（卷二十五）

此歐陽修以《春秋》筆法、義理爲著史依據之證，而柳氏引之，足見《春秋》爲史家所取法。

5. 可輯穀梁佚傳或先師經說

〈述長編〉所錄，或未見於今本《穀梁》，其中或爲佚傳，或爲先師經說，茲一一引錄。

《周禮注疏》：「《異義》：《公羊》以爲鸜鵒，夷狄之鳥，穴居，今來至魯之中國巢居，此權臣欲自下居上之象；《穀梁》亦以爲夷狄之鳥來中國，義與《公羊》同。（卷二十）

柳氏未有述，張慰祖《大義述補闕》云：

鸛鵒為夷狄之鳥，《公》《穀》二傳無明文，《異義》引以為《公》《穀》說者，蓋經師說也。

《史記‧趙世家》：「太后盛氣而胥之入」，《集解》：「胥猶須也。《穀梁傳》曰：胥其出也。」

述曰：

今本《穀梁》無此語。（卷二十三）

《白虎通‧爵篇》：「大夫功成，未封而死，不得追爵賜之者，以其未當股肱也。《春秋穀梁傳》曰：『追賜死者，非禮也』」。

柳氏注曰：

盧文弨校本云：「《通典》載許慎《五經異義》云：『《春秋公羊》《穀梁》說，王使榮叔錫魯桓公命，追錫死者，非禮也；死者有功可追而錫，如有罪又可追而刑耶？』然則此所引者，《穀梁》說也。（卷二十六）

柳氏未有述，張慰祖《大義述補闕》云：

此文所引《穀梁》說，今原書無此語，蓋穀梁家說也。

《白虎通‧嫁娶篇》：「陽小成於陰，大成於陽，故二十而冠，三十而娶，陰小成於陽，大成於陰，故十五而笄，二十而嫁也。一說《春秋穀梁傳》曰：『男二十五繫心，女十五娶嫁，感陰陽也』」。

柳氏注曰：

盧校：「此所引不見《穀梁傳》，疑是經師說；《穀梁》文公十有二年傳之文義，亦與前無異。」（卷二十六）

《太平御覽》：「霹靂，《穀梁傳》曰：『疾雷為霆蜺』」。（卷二十七）

柳氏未有述，張慰祖《大義述補闕》云：

此當為穀梁外傳、穀梁章句等書中語。

《唐類函》：「《北堂書鈔》：徐邈〈穀梁序〉云：『夫子感隱桓之事，明將讓之幽微，振王道於無王，故始自隱公，所感而興』」。（卷二十八）

此《唐類函》抄《北堂書鈔》所引錄之徐邈〈穀梁序〉，可為輯徐邈《注》之參考。

柳氏雖勤於搜羅，而少論斷，〈述長編〉七百條中，有述者僅一百有奇，其述之有見者亦少見，僅有搜羅之功，而乏闡發之能。

四、評　價

柳氏以《穀梁》久微，思欲集其大成，其成績清人曾有評述，陳澧〈柳賓叔穀梁大義述序〉云：

> 因求其書，得寄示所刻一帙讀之，歎其精博。(《東塾集》卷三)

孫詒讓〈與梅延祖論穀梁義書〉云：

> 柳氏致力甚勤，而識鑒疏固，其書義例蕪雜，駢枝爲累，未饜所聞也。(《籀高述林》卷十)

江愼中〈春秋穀梁傳條例敘〉云：

> 柳氏專事抄撮，絕無心得，其書內〈述例〉一篇，惟排比日月而不及其他，若不知日月之外，別有義例者，其於《穀梁》之學，入之不深，已可概見。(《國粹學報》六十八期)

三家之評，頗見差異。陳氏之評，似如酬答套語，江氏之評，則不免苛刻；惟雖褒貶有別，以爲廣博，則爲共認。柳氏《大義述》最顯而易見者，即其搜羅整理之功，如其〈述日月例〉之分類排比，〈述師說〉之彙聚眾家，〈述經師〉〈述長編〉之周詳靡遺，皆可見其用力之勤；而搜羅之宏富，足顯前人於穀梁學之成績，且可供後人研習《穀梁》之資。

又，《大義述》之分類論述，具明所由，體例分明，眉目清晰，爲當代《穀梁》著作所未及。

至孫氏評其「識鑒疏固」，江氏評其「絕無心得」，容或苛刻，亦非無因，乃以柳氏少精深之論，且無以貫通融會，蓋欲集其大成而未能者也。